T0148120

Printed in the United States
By Bookmasters

بسم الله الرحمن الرحيم

إدارة التغيير
التحديات والاستراتيجيات
للمدراء المعاصرين

محفوظة
جميع الحقوق

المملكة الأردنية الهاشمية
رقم الإيداع لدى دائرة المكتبة الوطنية
(2010 / 5/ 1821)

658.406

الطيطي، خضر مصباح إسماعيل.
إدارة التغيير التحديات والاستراتيجيات للمدراء المعاصرين/خضر مصباح إسماعيل الطيطي . - عمان : دار ومكتبة الحامد للنشر والتوزيع، 2010 .
(   ) ص .
ر. إ. : (2010/ 5/1821) .
الواصفات :إدارة التغيير//إدارة الأعمال//
*يتحمل المؤلف كامل المسؤولية القانونية عن محتوى مصنفه ولا يعبّر هذا المصنف عن رأي دائرة المكتبة الوطنية أو أي جهة حكومية أخرى.

- أعدت دائرة المكتبة الوطنية بيانات الفهرسة والتصنيف الأولية .

* (ردمك) ISBN 978-9957-32-507-7

دار الحامد للنشر والتوزيع
شفا بدران - شارع العرب مقابل جامعة العلوم التطبيقية
هاتف: 5231081 -00962 فاكس : 5235594 -00962
ص.ب . (366) الرمز البريدي : (11941) عمان – الأردن

Site : www.daralhamed.net
E-mail : daralhamed@yahoo.com
E-mail : info@daralhamed.net
E-mail : dar_alhamed@hotmail.com

إدارة التغيير
التحديات والاستراتيجيات
للمدراء المعاصرين

الدكتور

خضر مصباح إسماعيل الطيطي

الطبعة الأولى

1432هـ - 2011م

قائمة محتويات الكتاب

تمهيـــــــــــــد......

قال تعالى: (لَهُ مُعَقِّبَاتٌ مِنْ بَيْنِ يَدَيْهِ وَمِنْ خَلْفِهِ يَحْفَظُونَهُ مِنْ أَمْرِ اللَّهِ إِنَّ اللَّهَ لَا يُغَيِّرُ مَا بِقَوْمٍ حَتَّى يُغَيِّرُوا مَا بِأَنْفُسِهِمْ وَإِذَا أَرَادَ اللَّهُ بِقَوْمٍ سُوءًا فَلَا مَرَدَّ لَهُ وَمَا لَهُمْ مِنْ دُونِهِ مِنْ وَالٍ) الرعد: 11]

بسم الله الرحمن الرحيم والحمد لله رب العـالمين والصـلاة والسـلام عـلى رسـول الله خـاتم الأنبيـاء والمرسلين وعلى آله وصحبة ومن تبعهم بإحسان إلى يوم الدين وسلم تسليماً كبيراً واشهد أن لا الـه إلا الله وأن محمداً رسول الله، بلغ الرسالة وأدى الأمانة ونصح الأمة وجعلها على المحجة البيضاء ليلهـا كنهارهـا لا يزيغ عنها إلا زائغ، أما بعد فلله الحمد والمنة من قبل ومن بعد، اللهم لا علم لنا إلا ما علمتنا إنك أنـت العليم الحكيم، اللهم علمنا ما جهلنا وذكرنا ما نسينا واجعلنا من الذين يقولـون ويعملـون واجعلنـا مـن ورثة جنة النعيم برحمتك يا أرحم الراحمين يا رب العالمين، فلا معبود ولا إلـه سـواك، إيـاك نعبـد وإيـاك نستعين يا رب العالمين ويا أرحم الراحمين ويا أكرم الأكـرمين، رزقتنـا وسـخرت لنـا مـا في السـموات الأرض نستغفرك من كل ذنوبنا ونتوب إليك، ولا إله إلا أنت سبحانك وبحمدك أستغفرك وأتوب إليك إني كنـت من عبادك الظالمين أما بعد،،،

إن السؤال الذي يشغل بال كلّ مدير منظمة هو كيف أستطيع أن أحافظ على المنظمـة وأزيـد من أرباحها وفي نفس الوقت كيف أستطيع أن أستثمر في تقنيات المعلومات من أجل هذا لهدف؟

تتسارع عملية التغيير في حياتنا المعاصرة كمثل الأمواج الهائجة، فالبعض تصدى لهـذه الأمـواج فكـان ضحية لها، والبعض استطاع أن يركب الموجة ويستفيد

من قوة الموج فأصبح مستفيدًا من التغيير، وهذا الكتاب يعطيك الوسائل اللازمة لتكون مستفيداً من التغيير لا ضحية له.

في العصر الحديث أصبحت عملية التغيير عملية متسارعة مثل الرياح العظيمة حيث أن العديد من الأفراد أو المنظمات قد تصدى لهذه الرياح فكان ضحية لها والبعض الأخر استطاع أن يطير ويركب هذه الرياح بالتقنيات والأدوات الحديثة ويسخر هذه القوة لمصلحته فاستفاد منها كثيراً واستفاد من عملية التغيير، لقد تغيرت النظرة المعاصرة إلى عناصر الإنتاج التقليدية المكونة للثروة (العمل، المواد الأولية، رأس المال) وذلك بإضافة عنصر جديد هو "المعرفة" وتعدت ذلك للقول بأن هذا العامل هو الأهم في الإنتاج خصوصاً مع التغييرات و التطورات المعاصرة (العولمة الاقتصادية والاجتماعية والتكنولوجية) مما عزز الاهتمام بإدارة التغيير وهذا دفع بالكثير من المنظمات الإدارية إلى اعتماد إدارة التغيير الإستراتيجية لتحقيق الميزة التنافسية وضمان النمو والازدهار والتطور والاستمرار.

بدأت موجات التغيير تتقارب، ولم تعد هناك فترة للاستقرار لأخذ الراحة واسترداد النفس، ومن هذا المنطلق علينا أن نتعلم كيفية التعامل مع هذه المتغيرات ونطوعها لخدمتنا.

لا شك أنك تعرضت للتغيير، سواء كان من قريب أو من بعيد؛ في منزلك أو عملك أو ربما في ذاتك، فأنت تتعرض للتغيير شئت أم أبيت، وليست المشكلة في حدوث التغييرات إنما المشكلة تكمن في كيفية الاستجابة والتعامل مع هذه التغيرات، وهذا ما يعرف بمهارات التفوق في التعامل مع التغيير.

يختلف الأفراد في درجة تأثير المتغيرات عليهم، بيد أن الذين يتعرضون لتغيرات في حياتهم غالباً ما يصابون ببعض الأمراض والظروف السيئة، بينما نجد آخرين قد أتقنوا مهارات إدارة التغيير؛ فأصبح لديهم القدرة على الحد من تأثير الضغوط والأزمات عليهم، بل وأصبحت لديهم قدرات للتعامل البنّاء مع التغيير.

ونحن ندخل القرن الواحد والعشرين، أصبح التغيير وكيفية قيادتة بنجاح من أهم المواضيع التي تشغل عقلية القيادات الإدارية. وذلك لأسباب مقنعة: أن التغيير يحدث في كلّ مكان، وأن سرعتة في ازدياد وتعقد، وأن مستقبل نجاح منظماتنا يعتمد على كيفية قدرة القادة على قيادة التغيير. وربما تكون القيادة والتغيير من أعظم التحديات التي تواجة المنظمات في الوقت الحاضر.

التغيير هو العملية الوحيدة المستمرة بالمؤسسة والمؤسسة الفعالة هي التي تتخذ خطوات متأنية لتدير التغيير بسلاسة ولن تنجح المؤسسة دائماً ولكنها على الأقل ستحاول، فيمكن لعملية التغيير أن تحدث صداماً. ويمكن أن يكون الهدف الأدنى لمحاولات إدارة التغيير هو تخفيف آثاره على المؤسسة وعلى الموظفين.

إن المدخل لإدارة التغيير لا يسلم بأن مفتاح النجاح يكمن فقط في القائد الذي يميل للتغير والذي تسانده آليات التغيير الفعّالة بل يسلم أيضاً بأن التغيير ينفذه العاملون وأن تصرفهم ومساندتهم هما الأهم ومن أهم أهداف إدارة التغيير هو تحقيق الالتزام بالتغيير.

ما سبق يعني ان نجاح مبادرة إدارة التغيير في أية منظمة مبني على القيادة والأفراد ولنجاح هذا المشروع لابد من الاهتمام بالعوامل التالية:

- التركيز على القيم المؤسسية وقيم الموظفين الجوهرية.
- الاهتمام بمشاركة المعرفة.
- تحديد أهداف واضحة تؤدي إلى الاستفادة القصوى من التغيير.
- تبنى أساليب تحفيز تخدم عملية التغيير.
- تعدد أساليب عملية التغيير.
- تقديم حوافز مادية ومعنوية تساهم في خلق التغيير نحو الافضل.
- الالتزام والدعم التام من الإدارة العليا.

إن العالم في هذا الوقت يشـهد تغـيرات جوهريـة في مجـال التطبيـق التقنـي، خاصـة في مجـال المعلوماتية، بالإضافة إلى تغيرات جوهرية في تناول علم الإدارة كمـنهج وأسـلوب دون المسـاس بالمبادئ والأسس التي قام عليها. حيث تعتبر جودة التعامل مع المعلومـات مـن العوامـل الأساسـية التـي يمكـن أن تغير من الوضع الحالي غير المقبول في العمل الإداري في دول العالم الثالث وخاصة مع قدوم القرن الحادي والعشرين، قرن الاقتصاد المبني على المعرفة والإدارة بالمعلوماتية.

إن الكثير من المنظمات والشركات في الدول الناميـة تتجـه نحـو تبنـي سياسـات واسـتراتيجيات للعلم والتكنولوجيا، حيث أنها تشعر أكثر من السابق أنها لم تعط موضوع التطبيـق التنمـوي للتكنولوجيـا حقـه، مـما يتطلـب إجـراء تغيـيرات في منظومـة الإدارة التقليديـة وتفعيـل التكنولوجيـا كمـنهج يهـدف للتطوير القادر على إيجاد نظام إدارى متقدم يعتمد على تكنولوجيا المعلومات.

ان هذا العصر يسمى بعصر المعلومات، وعصر المنظمات و عصر التغيير فكـلّ شيء وكـلّ فـرد وكلّ مؤسسة قائمة على المعلومات حيث أن جميـع المؤسسـات الخاصـة والعامـة كلهـا مبينـة عـلى تـداول وتبادل المعلومات لذا فإن المعلومات هي المقياس الذي نقيس به قوة المنظمات فمـن يمتلـك المعلومـة في الوقت المناسب والمكـان المناسـب في هـذا العصر يمتلـك القـوة والمـال والسـيطرة والسـلاح الـذي يوصـل الأشخاص إلى تحقيق أهدافهم ويوصل الشركات إلى الريادة والسيادة والسـيطرة عـلى الأسـواق فمـن لديـه المعرفة ولدية القدرة التقنية على إدارة هذه المعرفة والتغيير سوف يسيطر ويظهر على غيره ولو بعد حين.

بالإضافة إلى ذلك فإن المعلومات الضخمة والتـي يـتم تبادلهـا تحتـاج إلى أدوات وأجهـزة تقـوم بمعالجتها وتنظيمها وحفظها واسترجاعها عند الحاجة بالسرعة

الممكنة كالحاسوب والإنترنت والبرمجيات المختلفة وأيضاً تحتاج إلى عناصر بشرية تضم عناصر إدارية ومستخدمين ومتخصصين.

إن أي مؤسسة أو منظمة تحتاج إلى من يقودها إلى النجاح وتحقيق الأهداف الموضوعة مثل الطائرة التي في تحلق في الفضاء فهي لديها هدف هو الوصول إلى الوجه المخطط لها، فنجاح تحقيق هذا الهدف يعتمد وبالأساس على قبطان الطائرة، حيث أن هذه الطائرة لا بدّ لها من أن تواجه العديد من المطبات والمشكلات فإذا كان هذا القبطان على دراية وقدرة عالية في قيادة الطائرة ولديه المعلومات والخبرة المناسبة فإنه سوف يوصل هذه الطائرة إلى وجهتها بسلامة وأمان، وأما إذا كان القبطان بدون خبرة وبدون معلومات كافية لمواجهة المطبات والمشكلات التي يمر بها فإن هذه الطائرة لن تصل إلى بر الأمان، بل ومن الممكن أن تسقط هذه الطائرة وهذا هو الحال بالنسبة إلى المنظمات فهي تعتمد بشكل أساسي على الإدارة الجيدة والتي تقوم بوضع الخطط والأهداف والعمل على تحقيقها بنجاح باستخدام كل التقنيات الحديثة المتوفرة. ففشل الإدارة يعني فشل الشركة وبالتالي الخسارة ومن ثم السقوط في المشاكل التي تتبع هذا السقوط..

هناك منظمات مثل شركة تويوتا والتي لها ميزانية تفوق ميزانية الكثير من الدول النامية حيث أن هذه الشركة استثمرت في تكنولوجيا المعلومات في العام 2006 م بقيمة 1.7 مليار دولار وهذا مبلغ كبير يشكل جانب استثماري من أجل تحسين أداء الشركة ومن أجل التغيير للأفضل.

إن عملية التغيير في الشركات شيء لا بدّ منه من أجل البقاء والمنافسة، إن إدارة عملية التغيير في المنظمات تحتاج إلى إدارة وخبرة ورأس مال ومعلومات ومعرفة وبدون الإدارة الجيدة لن يكون هناك تغيير الأفضل بل تغيير الأسوأ يؤدي إلى فشل الشركات وخسارتها في السوق.

إن مفهوم التغيير في الشركات كمحدد رئيسي للتنافس العالمي قد اكتسب الكثير من الاهتمام في السنوات الأخيرة لهذا العصر الحديث، حيث كانت هناك العديد من المناقشات المكثفة حول أهمية إدارة التغيير ضمن المجتمع الذي نعيش فيه، إن إدارة التغيير تعتبر من العوامل الأساسية لبقاء وتنافس وقوة الشركات على اختلاف أنواعها وأحجامها، حيث أن بقاء الشركات في الواجهة يحتاج إلى طاقة وحجم كبير من التدريب وتنظيم وتطوير الموظفين لديها.

إن السند الرئيسي الذي تقوم عليه نظريات إدارة التغيير هي عملية البحث والحفظ والارتقاء بالأصول المعلوماتية للشركة وهي أساس عملية الإنتاج والتنافس الناجح في العملية التجارية. حيث يقدم هذا الكتاب مفاهيم واسعة عن إدارة عملية التغيير وأنظمتها كما يناقش العديد من النقاط الأساسية والمهمة في إدارة التغيير.

ويهدف هذا الكتاب أيضاً إلى شرح المبادئ الرئيسية لإدارة التغيير من حلول وتحديات واستراتيجيات، حيث يشرح الكتاب المفاهيم والنظريات والتقنيات التي تزود بأساسات إدارة التغيير كما يهدف هذا الكتاب إلى تزويد القارئ بمنظور شامل عن التطبيق العملي في إدارة التغيير.

إننا في هذا الزمان نشهد ظهور عصر جديد عصر يتميز بكثرة التغير وبغزارة المعلومات وظهور معارف جديدة ومتجددة، حيث لعبت تكنولوجيا المعلومات وتكنولوجيا الاتصالات الدور الكبير في تعزيز التواصل بين الأفراد والشركات وسهلت من عملية الحصول على المعلومات بشكل سريع وبفعالية كبيرة جداً، حيث أن كل هذه العوامل تتطلب من الشركات أن توظف المهارات والخبرات والكفاءات المثالية والتي تعمل على إنتاج المعرفة في الشركة من اجل استمرار بقائها واستمرار تنافسها في بيئة العولمة والتي سهلت من عملية غزو الشركات العالمية الكبيرة لكل الأسواق في العالم اجمعه.

إن إدارة عملية التغيير تزداد أهمية كل يوم فهي تعمل على الترويج والتشجيع للابتكار، إضافة إلى ذلك فقد تم التركيز بشكل كبير على فوائد إدارة التغيير للشركات والأفراد.

إن الرؤيا المستقبلية لإدارة التغيير و للإدارة المعلوماتية المبنية على استخدام التقنيات الحديثة هو المشاركة مع المجتمع المحيط تأسيساً لمجتمع المعلوماتية من خلال وضع وتطبيق السياسات الإدارية المتوغلة في ثقافة المجتمع، وهناك ضرورة حتمية بمحو الأمية المعرفية و المعلوماتية لجميع المستويات الإدارية والمجتمعية في كافة المنظمات والشركات في دول العالم النامي ومنها دول العالم العربي.

فنحن ولأسف الشديد ما زلنا نعيش على هامش الثورة المعلوماتية وما زالت أطراف العالم متباعدة وصعبة المنال، وعلى الرغم من هذا فقد تحولت العديد من المنظمات السنوات القليلة الماضية إلى ما يشبه نظام القرية في صغره وبساطته- العولمة- وفي مواجهة ذلك تطورت النظرة إلي المعلومات ومعاييرها لكي تتمتع بمركز اقتصادي واستراتيجي فعّال و قوي يدعم الرؤية الإدارية لتحقيق تنمية شاملة وتطوير حقيقي يمكننا من الاستمرار والريادة وعلى مستوى العالم كله.

بعد قراءتك لهذا الكتاب سوف تتعلم العديد من الأمور التي تتعلق بإدارة المنظمات وفائدة استخدام التقنيات الحديثة في عملية الإدارة والتنظيم.

في هذا الكتاب قدم المؤلف المفاهيم والمبادئ الأساسية التي بنيت عليها أصول إدارة عملية التغيير وأساسياتها المبنية على استخدام تقنيات المعلومات والحاسوب والأدوات البرمجية المختلفة وتوضيحها بلغة سهلة بسيطة.

والحمد لله رب العالمين

المؤلف

د. خضر مصباح الطيطي

الفصل الأول

مقدمة إلى إدارة التغيير
Introduction to Change

محتويات الفصل:

الفصل الأول

مقدمة إلى إدارة التغيير

الأهداف التعليمية للفصل الأول:

يهدف هذا الفصل إلى التعريف بأهم المفاهيم الأساسية المتعلقة بعملية التغيير وإدارة التغيير في المنظمات، حيث يبين التعاريف المختلفة للتغيير وإدارة التغيير كما يوضح أنواع التغيير الرئيسية التي على القادة والإداريون الإلمام بها قبل إدارتها. كما يبين هذا الفصل أهمية التغيير لكل من الأفراد والمنظمات وما هي الحاجة إلى التغيير في العصر الحديث والذي هو السمة الرئيسية لهذا العصر، يوضح هذا الفصل ما هي أنظمة المعلومات المبنية على الحاسوب والفائدة منها لدى المنظمات.

ومن أهم أهداف هذا الفصل:

- شرح وتوضيح ماهية التغيير وعملية إدارة التغيير في العصر الحديث.

- التعرف إلى الأنواع الرئيسية للتغيير.

- توضيح أهم الأسباب الداعية إلى التغيير في المؤسسات كافة.

- توضيح ماهية التغيير وماهية إدارة التغيير وأسلوب كل منهما وتأثيرهما على المؤسسات في العصر الحديث.

- توضيح القوى الرئيسية الخمسة المهددة للمنظمات حسب نموذج بورتر.

- توضيح ما هي أنظمة المعلومات المبنية على التقنيات ومدى حاجة المنظمات إليها في العصر الحديث.

- شرح وتوضيح أهم أهداف التغيير في المؤسسات بشكل عام وخاص.

- التعرف على أهمية المعرفة وإدارة المعرفة وما هي الحاجة التغيير لكل من المؤسسات والأفراد على حد سواء.

- التعرف على استراتيجيات التغيير الفعال ومتطلباتها للأفراد والمؤسسات على حدّ سواء.

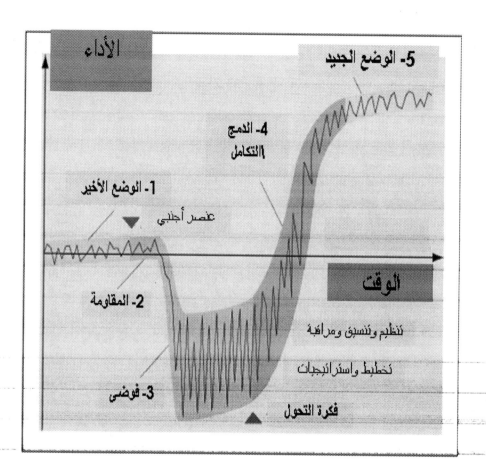

شكل 1-1 التغيير وإدارة التغيير

1-1 المقدمة:

إن المؤسسات أو المنظمات الخاصة أو العامة على اختلاف حجمها ونوعها عبارة عن كينونة ونظم اجتماعية يجري عليها ما يجري على الكائنات البشرية، فهي تنمو وتزدهر وتتطور وتواجه العديد من التحديات والمشكلات، وتصارع وتتكيف وتتغير حتى يصبح التغيير ظاهرة طبيعية تواجهها كل منظمة.

إن المنظمات لا تتغير من أجل التغيير نفسه، بل تتغير لأنها جزء من عملية تطوير واسعة، ولأنها يجب عليها أن تتفاعل مع التغييرات والمتطلبات والضرورات والفرص في البيئة التي تعمل بها وتتغير لكي تنافس غيرها من المنظمات وتتغير لكي تبقى وتستمر حيث أنه بدون عملية التغير لن تستطيع هذه المنظمات أن تنافس المنظمات الأخرى التي تتطور وتتغير وتتكيف مع ما يستجد من تقنيات ووسائل جديدة، حيث أن هذه المنظمات مجبرة أن تتكيف وتتأقلم مع البيئة التي تتواجد فيها، مستخدمة التقنيات الحديثة التي أصبحت مهيمنة ومنتشرة بشكل واسع، وبهذه الطريقة فإنها تعمل على تغيير البيئات المحلية والإقليمية والعالمية.

ومن أجل أن تحافظ الشركات على بقائها واستمرارها وتنافسها في العصر الحالي والذي يسمى أحياناً بعصر الحاسوب أو عصر التغيير وعصر المعرفة والعلوم، لا بدّ لها من أن تتبنى مشاريع مستمرة من أجل التغير والتطور، حيث أن الشركات لا يمكنها أن تتبنى عملية التغيير التي تهدف إلى التطور والتقدم والازدهار بدون أن تكون مبنية على بنية تحتية قوية من تقنيات المعلومات كالحاسوب والانترنت والاتصالات السلكية واللاسلكية.

عموماً فإن الأفكار والظروف المحيطة بالمنظمات وعلى اختلاف أنواعها دائماً في تغير وفي الغالب بشكل سريع وخاصة في الشركات التجارية المعاصرة،

حيث أن هناك العديد من الأسباب المختلفة والتي تقود الشركات إلى التغيير والى الأخذ بعين الاعتبار تحديث المنظمة أو حوسبة أعمالها التجارية اليدوية أو حتى تطوير وتحديث الأنظمة المحوسبة لديها إلى أنظمة أكثر تقدماً ومن هذه الأسباب:

- ازدياد وتطور الأعمال التجارية أو أحوال التغير في السوق قد تجلب معها العديد من التحديات والعقبات الجديدة والتي لم يسبق مواجهتها في السابق.
- تغير احتياجات وطلبات العملاء، حيث أنه وفي هذا العصر الذي يشهد ظهور العديد من المنتجات والخدمات الجديدة والتي لم تكن موجودة من قبل، حيث ظهرت هذه المنتجات نتيجة لظهور تقنيات الانترنت وشبكات الحاسوب والاتصالات مثل التجارة الإلكترونية والتعليم الإلكتروني والبنوك الإلكترونية والمزادات الإلكترونية... الخ.
- في كثير من الأحيان تقوم إحدى الشركات التجارية بحوسبة نظام الشركة حيث يكون هناك شركات أخرى منافسة لا تستطيع أن تتحمل أن تبقى متخلفة ولا تتبنى التقنيات الحديثة كما فعلت الشركات المنافسة.
- أدت كثير من الدراسات والأبحاث العلمية حول استخدام الحاسوب وفوائده في الأعمال التجارية والشركات وفي كافة الصناعات إلى إدراك الإدارة لفوائد التقنيات الحديثة والتحسينات التي تسببت بها هذه التقنيات وبالتالي محاولة التغيير والتطور.
- يمتلك الموظفين الجدد حديثي التخرج وخاصة على المستوى الإداري خبرة كبيرة باستخدام الحاسوب والتقنيات الحديثة حيث أنه من الممكن أن يكون لديهم أفكار جديدة معاصرة بما يخص استخدام تقنية المعلومات والحاسوب في الشركات.
- إن هناك فهم عام وإدراك كبير للفوائد المحتملة والتحسينات والتي يمكن الحصول عليها من عملية الحوسبة واستخدام تقنية المعلومات في الشركات.

1-2 الحاجة إلى التغيير:

تعد قضية التغيير قضية العالم في العصر الحديث، بسبب المتغيرات والتقنيات والاختراعات السريعة التي تحدث كلّ يوم، في عالم تتغير فيه الثوابت، وتتفجر فيه المعرفة من كلّ مكان حتى أصبحت هناك ثورة تسمى ثورة المعلومات، والبحث الدائب عن التغيير الشامل والمتكامل، الذي يتسع ليشمل كافة مجالات الحياة بأبعادها المختلفة التجارية والإدارية والتربوية الاقتصادية والاجتماعية والثقافية وفوق كل هذا الإنسانية، فالتغيير يتمّ بالعنصر البشري وبه باعتباره أداة ووسيلة وغاية في الوقت نفسه، وعلى الجميع أن يتغيّر ويغيّر من أساليبه وأفكاره وذلك طبعاً إلى الأفضل والأحسن له وللبشرية، ابتداء من الدول وأنظمة الحكم إلى المؤسسات وحتى الدوائر الاجتماعية الصغيرة كالأسرة، ولعلّ قول الله سبحانه وتعالى في كتابه الكريم:

قال تعالى: ﴿لَهُۥ مُعَقِّبَٰتٞ مِّنۢ بَيۡنِ يَدَيۡهِ وَمِنۡ خَلۡفِهِۦ يَحۡفَظُونَهُۥ مِنۡ أَمۡرِ ٱللَّهِۗ إِنَّ ٱللَّهَ لَا يُغَيِّرُ مَا بِقَوۡمٍ حَتَّىٰ يُغَيِّرُواْ مَا بِأَنفُسِهِمۡۗ وَإِذَآ أَرَادَ ٱللَّهُ بِقَوۡمٖ سُوٓءٗا فَلَا مَرَدَّ لَهُۥۚ وَمَا لَهُم مِّن دُونِهِۦ مِن وَالٍ ١١﴾ [الرعد: 11]

وأيضا، يشير إلى بعض من ذلك التغيير أهمية قول علي بن أبي طالب رضي الله عنه **((ربوا أولادكم لزمان غير زمانك))** **((لا تأدبوا أولادكم بأخلاقكم لأنهم خلقوا لزمان غير زمانكم))**، كما وأن ثقافة الغد ليست تكراراً لثقافة اليوم، فلكلّ

جيل أفكاره وطموحاته ومشكلاته وتحدياته، والتي قد تتفق معها الأجيال الأخرى أو قد تختلف.

إن المؤسسات والأفراد بحاجة إلى التغيير وفي كلّ وقت وكلّ زمـان فالـذي لا يتغيـر هـو الله الواحد الأحد الفرد الصمد أما باقي خلقه من نباتات وجمادات فكلّها في تغيير وتطور مستمر، فالفرد أو المؤسسـة التي لا تتغير مصيرها الموت وعدم القدرة على التنافس والتطور، فهناك تقنيات جديدة ومنتجات جديدة وخدمات جديدة وعملاء جدد يختلفون عن العملاء السابقين فالإنسان في هـذا العصرـ أو العميـل وحتـى المزودين والذين يزودون المؤسسات بالمواد الخام كلّهم يضغطون عـلى المؤسسـات لكي تتبنـى التقنيـات الجديدة في عملها، فعلى سبيل المثال لا الحصر، يشهد العالم في هذا الوقت استخدام الانترنت والهواتـف النقالة والبريد الإلكتروني بشكل كبير، وهذا يـؤدي إلى أن تغير المؤسسـات طريقـة عملهـا، فظهر الآن مـا يعرف بالتعليم الإلكتروني والتعليم عبر الهاتف النقال ولم يعد العملاء الجدد يستخدموا الطريقة التقليدية للاتصال بالمؤسسات كاستخدام الفاكس او الهاتف الثابت او غيرها مـن التقنيـات التـي تطورت وظهـرت تقنيات جديدة حلت محلها.

ولعل قوال الله تعالى:

وَالْخَيْلَ وَالْبِغَالَ وَالْحَمِيرَ لِتَرْكَبُوهَا وَزِينَةً وَيَخْلُقُ مَا لَا تَعْلَمُونَ

[النحل: 8]

فيه دلالة واضحة على التغيير والتطور وظهور تقنيات جديدة سوف يـتمّ استخدامها في كلّ زمن وهذه الآية تدل أيضاً على استمرارية عملية التغيير وحاجتنا إليها، فها نحـن الآن نعيش في عالم السرعة وقلة البركة في الوقت، لذلك سخر الله جلّ شأنه لنا في هـذا العصرـ الهـاتف الخلـوي والحاسوب والطائرة وهي وسائل

سريعة تعيننا بشكل سريع على التنقل والاتصال مع الغير بجهد أقل ووقت أقل، حيث أننا نعاني من ضيق الوقت وعدم الفراغ وكثرة المشاغل.

كل هذه الأدلة تؤيد أن هناك تغييراً في المستقبل سوف يكون وأننا يجب أن نؤقلم انفسنا على هذا التغيير فإذا لم نبدأ بتغيير أوضاعنا وتطويرها بحريّة وعقلانية وتوجيه، فإنه سيُفرض علينا التغيير، اي اننا اذا لم نخطط للمستقبل فسوف نكون ضمن خطة غيرنا في التغيير، وربما في أشكال غير محمودة العواقب، والمنظمات على اختلاف أنواعها وإحجامها مستهدفة بعملية التغير هذه، وعلى رأس هذا التغيير فيها هو عملية تغيير الأداء، وذلك من أجل هجر الأسلوب التقليدي القديم ذو الإنتاج المحدود والضيق والاتجاه إلى التغيير والتوجه نحو أنماط جديدة ذات طاقة إنتاجية عظيمة وقادرة على مواجهة التحديات.

3-1 ما هو التغيير وما هي إدارة التغيير؟

يعد مفهوم التغيير وإدارة التغيير موضوعاً مثير للجدل بين الباحثين والممارسين في مجال الإدارة، ويرجع ذلك لعدة أسباب منها:

- أنه لا يوجد تعريف محدد لإدارة التغيير ومتفق عليه بشكل عالمي وبين كلّ الأساتذة والباحثين، لذا سوف أقوم إن شاء الله بسرد بعض الحقائق والتعريفات المتعارف عليها في الأوساط العلمية المختلفة حول التغيير وإدارة التغيير ومنها:
- أن عملية التغيير تشمل كافة أنواع المنظمات والأفراد وتتم في معظم الأقسام وفي مختلف المواضيع.
- هناك عدة أنواع من التغيير، لكل منها مسمى مختلف:

1- التغيير المخطط.

2- التغيير الطارئْ (Wilson, 1992).

3- التغيير الاستراتيجي.

4- التغيير الغير استراتيجي (Pettigrew, 1987).

5- التغيير الجذري.

6- التغيير التدريجي (Burnes, 1996) وسوف يتم التطرق إلى أنواع التغيير في الفصل الثالث إن شاء الله السميع العليم.

يستخدم مصطلح إدارة التغيير والتغيير لوصف عملية التنفيذ لعملية التغيير وقد وردت في الأدبيات تعاريف عدة لإدارة التغيير منها على سبيل المثال:

- تعريف (1995) Recordo أن التغيير عملية تستخدمها المنظمة لتصميم تنفيذ وتقييم المبادرات الملائمة للتعامل مع المتطلبات التي تفرضها البيئة الخارجية حيث تتطلب إدارة التغيير قيادة حكيمة قادرة على التطور والازدهار والتقدم وذلك حسب الظروف المحيطة بالمؤسسة.
- ويرى (1998) Harper أن إدارة التغيير تتعلق بنشر وهج جديد، وصياغة رؤية جديدة والدفع بشكل مستمر لتحقيقها وفى أى جهد للتغيير.
- يمثل تنفيذ التغيير مصدر لتحقيق الميزة التنافسية. (Tushman and Anderson, 1997).
- يوضح (1997) Tushman and Anderson أن إدارة التغيير تتضمن الانتقال بالمنشأة من وضعها الحالى إلى وضع آخر مرغوب فية خلال فترة انتقالية.

- فى إدارة جهود التغيير تظهر الحاجة لإيجاد حالة من عدم الرضا عن الوضع الحالي (Kotter, 1997) ورغبة جادة للانتقال لوضع مستقبلي والاحتكام إلى إستراتيجية واضحة لتحقيق الرؤية (Kotter, 1997). وللقيادة أيضا دور فعال وبارز في التغيير التحويلي (Transformational change) وذلك من خلال تحديد طريق لمسيرة المنظمة، وإيجاد زخم للتغيير حتى وإن لم يتم تحديد الوضع المستقبلي للمنظمة.

- وعرف (أفندي 2004) التغيير بأنه ناتج الجهد البشري في محاولاته لإصلاح واقعه للتغلب على المشاكل والقيود التي تحد من إشباعه لاحتياجاته.

إن إدارة التغيير يمكن أيضاً تعريفها بأنها الآلة أو الدافع التي تحرك الإدارة والمؤسسة لمواجهة الأوضاع الجديدة وإعادة ترتيب الأمور بحيث يمكن الاستفادة من عوامل التغيير الإيجابي (التغيير المحمود ذو الفوائد العديدة للمنظمات والأفراد)، وتجنّب أو تقليل عوامل التغيير السلبي (وهو التغيير إلى الأسوأ)، أي أنها تعبّر عن كيفية استخدام أفضل الوسائل الاقتصادية والفعالة، لإحداث التغيير وذلك لخدمة الأهداف المنشودة ، إن إدارة التغيير هي عملية يقوم بها مجموع من القادة الإداريين بعمل خطة محكمة في فترة زمنية محدودة ويتم تنفيذها بدقة وبتنسيق وبتنظيم وضبط مدروس للوصول إلى تحقيق الأهداف المنشودة للتغيير من خلال التوظيف العلمي السليم للموارد البشرية والإمكانات المادية والفنية المتاحة للمنظمات على اختلاف أنواعها.

وهناك أيضاً عدة تعريفات أخرى كثيرة من مصادر عربية وأجنبية حيث عرف بيكارد Bikard التطوير والتغيير التنظيمي بأنه "جهد تمّ تخطيطه يشمل

المنظمة بأكملها حيث يتمّ إدارته من القمة بغية زيادة فعالية التنظيم وتقويته من خلال تداخلات مدروسة في عملية التنظيم وذلك باستخدام نظرية العلوم السلوكية".

وعرفه فرنش Frensh أن التغيير هو " جهد و نشاط طويل المدى يهدف إلى تحسين قدرة المنظمة على حلّ مشكلاتها وتحديث ذاتها من خلال إدارة مشتركة متعاونة وفعالة لبيئة التنظيم تشدد على العمل الجماعي الشامل".

وفي تعريف آخر للتغيير " هو سلسلة الجهود المستمرة والبعيدة المدى الهادفة إلى تحسين قدرات المنظمة على إدخال التجديد ومواكبة التطور وتمكينها من حلّ مشاكلها ومواجهة تحدياتها من خلال توظيف النظريات والتقنيات السلوكي المعاصرة الداعية إلى تعبئة الجهود الجماعية وتحقيق المشاركة والعمل الجماعي واستيعاب الحضارة التنظيمية وإعادة صياغتها واعتماد البحوث الميدانية ودراسات العمل والاستعانة بخبراء التغيير والتطوير من داخل المنظمة وخارجها لوضع خططها والاسهام في متابعة تنفيذها".

ويعرفه جبسون Jepson بأنه "الجهود الهادفة إلى زيادة فاعلية المنظمة عن طريق تحقيق التكامل بين الاحتياجات والمتطلبات والأهداف الشخصية للأفراد مع أهداف المنظمة بوضع البرامج المخططة للتغيير الشامل لكلّ المنظمة وعناصرها".

ويعرفه ألدرفر Aldrofer بأنه "يتوق إلى تحسين نوعية حياة الجانب الإنساني للمنظمة وزيادة فعالية بعده التنظيمي".

يلاحظ من معظم هذه التعريفات أن التطوير التنظيمي عند أحدهم هو (تغيير) وعند الآخر (تحسين) وعند ثالث هو (تجديد) وعند رابع ما هو إلا عملية تحديث. و يلاحظ أيضاً من تعريفات التغيير وإدارة التغيير أن هذه التعريفات تتفق على أن: "جوهر عملية التغيير والتطوير التنظيمي مرتبط بسلوك الفرد وسلوك جماعة العمل في منظمات العمل سواء كانت حكومية أو غير حكومية. وتكون أداة

تنفيذ التغيير عن طريق تطوير القدرات والمهارات الإنسانية وحلّ مشكلتها باستمرار وفقاً للمتغيرات البيئية الاقتصادية منها أو الفنية أو التقنية، وأيضا نلاحظ بأن عملية التغيير هي عملية تحول وتطور وتقدم في المؤسسات تهدف إلى تحسين العمل وزيادة الإنتاج والتنافس والريادة في السوق.

ستظل عملية التغير و إدارة التغيير وعمليات التطوير التنظيمي من أهم التحديات التي تواجه الإدارة أو القيادة في المنظمات على اختلاف أنواعها وأحجامها، باعتبار ما تتطلبه عمليات التخطيط لها وحشد الموارد المتنوعة لتنفيذ هذه المخططات للتمكن من التفاعل الإيجابي مع التغيرات المستمرة على مستوى بيئتي العمل الداخلية والخارجية، وعن طريق اغتنام الفرص والتقليل من تأثير التهديدات الخارجية للمؤسسة والتي قد تنشأ من المنافسين أو العملاء أو غيرها من القوى الموجودة في السوق حيث يجب على المؤسسات أن تعمل على ترشيد استغلال نقاط القوة لديها وإيجاد الحلول المناسبة والسريعة لنقاط الضعف. والشكل التالي (1-2) يبين أهم القوى المؤثرة على المؤسسات حسب تحليل بورتر للقوى الخمس وهو عبارة عن إطار يستخدم لتحليل ما يهدف إلى تطوير استراتيجيات للاعمال التجارية فيها تمّ وضعه من قبل "مايكل بورتر بجامعة " هارفارد " عام 1979، حيث يستخدم هذا الاطار التحليلي مفاهيمَ طورت في العلوم الاقتصادية للمنظمات الصناعية ليتم استخلاص القوى الخمس التي تحدد شدة المنافسة في السوق التجاري والصناعي وبالتالي يحدد مدى جاذبية ذلك السوق. و في هذا السياق يقصد بجاذبية السوق الصناعي أو التجاري الربحية الإجمالية التي يمكن للشركة ادراكها في تلك الصناعة، فالصناعة "غير الجاذبة" هي تلك الصناعة التي تعمل فيها القوى الخمس بالاجماع على خفض الربحية الإجمالية. وهي صناعة تكون أقرب بالمفهوم إلى المنافسة بروح رياضية.

تتألف القوى الخمس لبورتر من: تهديد المنتجات البديلة، وتهديد المنافسين القائمين الموجودين، والتهديد من المنضمين الجدد وتهديد القوى التنافسية وتهديد قوة الموردين وقوة العملاء (الزبائن) للمفاوضة.

القوى الخمسة:

- **تهديد المنتجات البديلة:** إن عملية ظهور منتجات جديدة قد يكون تهديداً للمنظمات التي تنتج منتجات شبيه حيث أدى التطور في الاتصالات والانترنت إلى ظهور منتجات جديدة مثل: التعليم الإلكتروني والبنوك الإلكترونية وغيرها مما أثر على كثير من الشركات التي لم تستخدم هذه التقنيات الجديدة وأدى إلى ضياعها أو ضعفها أو موتها.

- **التهديد من دخول منافسين جدد:** وهذا أمر طبيعي أن عملية زيادة المنافسين في السوق قد تؤثر على العائدات والأرباح للمنظمات.

- **حدة المنافسة من الخصوم:** إن وجود منظمات منافسة له أثر كبير على عائدات المنظمات.

- **القوة التفاوضية للعملاء:** أن كثير من العملاء يصر على التفاوض من أجل إجراء تغيير أما في السعر أو وقت التسليم أو طريقة التسليم.. الخ مما قد يشكل تهديداً وعبئاً إضافياً على المنظمات.

- **القوة التفاوضية للموردين :** كما أن هناك خطر من العملاء فأيضاً هنا خطر من المزودين الذين يعملون على تزويد المنظمات بالمواد الخام فقد تعمل هذه على زيادة الأسعار أو تأخيرها.. الخ مما قد يشكل خطراً على المنظمة.

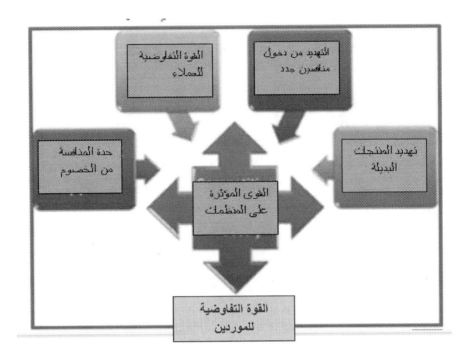

شكل 1-2 نموذج بورتر:القوى المؤثرة على المؤسسات

4-1 الحاجة إلى نظام معلومات:

تحتاج المنظمات إلى توظيف ما يعرف بنظام المعلومات من أجل المساعدة في إدارة المعرفة ، حيث أنه يمكن تعريف نظام المعلومات على أنه:

مجموعة من المكونات المتداخلة والتي تعمل على جمع ومعالجة وتخزين وتوزيع المعلومات بهدف المساعدة في دعم عملية اتخاذ القرارات والتحكم والسيطرة على المنظمة، بالإضافة على دعم عمليات التنسيق والتنظيم والتخطيط ومساعدة المدراء والموظفين في عمليات تحليل المشكلات ورؤية المواضع المعقدة وبناء منتجات جديدة.

إن أنظمة المعلومات تتكون من مجموعة من المعطيات عن المواقع والمنتجات والأصول وغيرها داخل المنظمة أو التي تحيط بها ومعلومات عمن له علاقة بالمنظمة من عملاء ومزودين وشركاء العمل وغيرهم، كما أن نظام المعلومات يتضمن معلومات عن الشركات المنافسة والتقنيات الجديدة والموجودة في المؤسسة، إن هذه المعلومات التي تضم نظم المعلومات يجب أن تكون في صورة ذات معنى ومفيدة للجنس البشري، وفي المقابل فإن البيانات هي عبارة عن مجموعة من الحقائق تمثل أحداث حصلت في الشركة أو تمثل البيئة المادية قبل أن يتم تنظيمها على شكل مفهوم وقابل للاستخدام من قبل الجنس البشري.

البيانات: Data

وهي المادة الخام للمعلومات والتي تكون عادة مبهمة وغير مفهومة للجنس البشري حيث أنها تمثل أحداث وقعت في الشركة ولم يتم تنظيمها وترتيبها بشكل مناسب.

المعلومات: Information

مجموعة من البيانات التي تمت معالجتها وتمّ ترتيبها ووضعها بشكل مفهوم وذا معنى ومفيد للجنس البشري.

يوجد ثلاث نشاطات أساسية في نظام المعلومات والتي تعمل على إنتاج المعلومات والتي تحتاج إليها المنظمات للمساعدة في اتخاذ القرارات وهذه النشاطات هي:

1- عناصر المدخلات.

2- المعالجة (عمليات الحساب، الترتيب، الفرز، التصنيف،...الخ).

3- عناصر المخرجات.

إن هذه النشاطات الثلاثة تساعد المدراء في العديد من النشاطات مثل:

• اتخاذ القرارات.

• تحليل المشكلات.

• التحكم والسيطرة على المعاملات والعمليات التجارية.

• بناء وإنشاء منتجات وخدمات جديدة.

حيث يعمل عنصر المدخلات على جمع المادة الخام من داخل المؤسسة أو من البيئة الخارجية لها، أما عنصر المعالجة فيعمل على تحويل المادة الخام من البيانات إلى شكل قابل للفهم ومفيد للعنصر البشري، أما عنصر المخرجات فيعمل على نقل البيانات التي تمت معالجتها إلى العناصر البشرية التي سوف تقوم باستخدامها أو تعمل على نقل النشاطات إلى حيث يتم استخدامها واستفادة منها وهناك عنصر رابع لا بدّ من التطرق إليه وهو عنصر التغذية الراجعة حيث أن أنظمة المعلومات تتطلب هذا العنصر ـ من أجل عمليات التقييم والتحسين والتطور.

إن نظام المعلومات الذي يعنينا في هذا الكتاب هو نظام معلومات مبني على الحاسوب وغيرها من تقنيات المعلومات (تكنولوجيا المعلومات) مثل الإنترنت والماسحة وشبكات الحاسوب والبرمجيات المختلفة وغيرها.

5-1 تكنولوجيا المعلومات:

هي عبارة عن استخدام التقنيات (الوسائل) الحديثة مثل الحاسوب والطابعة والإنترنت والماسحات الضوئية والأجهزة الخلوية وأجهزة المراقبة والبرمجيات وغيرها من الوسائل في عمليات جمع البيانات وحفظها ومعالجتها وتوزيعها وبثها بسرعة ودقة كبيرة من أجل المساعدة في عمليات دعم اتخاذ القرارات وحل المشكلات وتحليل البيانات.

إذن فنظام المعلومات المبني على الحاسوب ما هو إلا نظام معلومات يعتمد على معدات وبرمجيات الحاسوب في معالجة وحفظ واسترجاع وبث المعلومات.

أما النظام فيمكن تعريفه كما يلي:

النظام System: عبارة عن مجموعة من العناصر المترابطة مع بعضها البعض من أجل تحقيق هدف ما، فعلى سبيل المثال هناك النظام الشمسي والذي يتكون من الأرض والقمر والشمس والنجوم..... الخ وهذه العناصر مرتبطة مع بعضها البعض من أجل تحقيق الهدف وهو الحياة. وهناك نظام الطائرة حيث تتكون الطائرة من المحرك والأجنحة وأجهزة الحاسوب وغيرها من العناصر والتي تتضافر مع بعضها البعض من اجل تحقيق الهدف وهو الانتقال من مكان إلى آخر.

ولا يوجد أي اتفاقية حول ماهية المعلومات أو كيف سوف يتم حفظها ومعالجتها إلا أن هذه المعلومات ضرورية لبقاء المنظمة وتنافسها في السوق، أما انظمة المعلومات الرسمية فهي إما أن تكون مبنية على الحاسوب أو يدوية مبنية

على الورق والملفات حيث تقوم هذه الأنظمة اليدوية بالمهمات الضرورية التي تحتاج إليها الشركات التقليدية والتي لن تكون ضمن دراستنا في هذا الكتاب، أما بالنسبة لأنظمة المعلومات المبينة على الحاسوب والتي تستخدم تقنيات الحاسوب لمعالجة المادة الخام وتحويلها إلى معلومات مفيدة جداً للمدراء والموظفين في الشركة فأجهزة الحاسوب التي تكون المعدات لتخزين ومعالجة المعلومات وبرمجيات الحاسوب ما هي إلا مجموعة من تعليمات تسيطر وتتحكم في عمليات المعالجة التي تتم في الحاسوب حيث أن معرفة مبدأ عمل الحاسوب مهم جداً في تصميم الحلول التجارية لمشكلات الشركات إلا أن الحاسوب يعتبر جزء من نظام المعلومات والذي يمثل الجزء الأساسي والمهم للمنظمات الحديثة.

1- 6 لماذا نحتاج لأنظمة المعلومات ؟

كما بينا سابقاً فإن نظام المعلومات يمكن تعريفه على أنه مجموعة من العناصر المتداخلة مع بعضها البعض تقوم بجمع ومعاجلة وحفظ وتوزيع وبث المعلومات من أجل المساعدة في عمليات اتخاذ القرارات من قبل الإدارة كما يساعد الإدارة في كل الوظائف الإدارية كالتنسيق والتحكم والتحفيز والتنظيم وغيرها. إذن بدون هذه نظام معلومات ذا كفاءة عالية لن يكون هناك وظائف إدارية فعالة ولن تكون هناك قرارات صائبة فالمدير من أجل أن يتخذ قرار ما لا بد له من الحصول على المعلومات المناسبة وبالكمية المناسبة وفي الوقت المناسب وبالسرعة المناسبة عندها يستطيع أن يتخذ القرار المناسب.

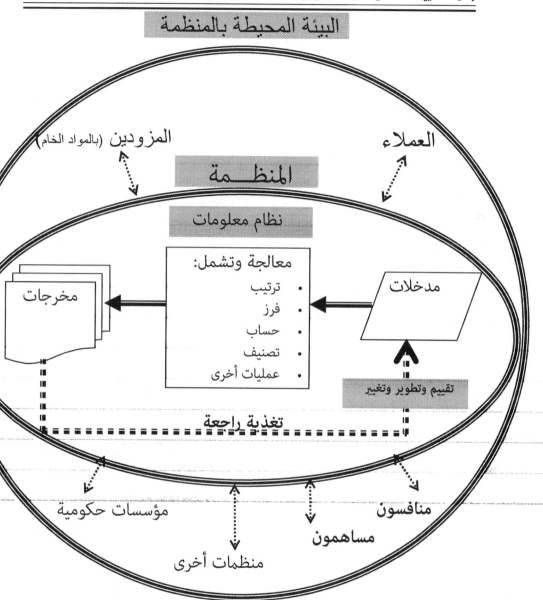

شكل 1-3 وظائف نظام المعلومات

7-1 أهداف التغيير:

إن عملية التغيير هي في الحقيقة نوع من التعديل أو التحسين لسلوك مجموعة مختلفة من الأفراد سواءً من العاملين بالمنظمة أو من الذين يتعاملون معها، حيث أن المبادرة بالعمل الجاد والهادف المنظم والمنسق والمخطط له مسبقاً هي المحاور الأساسية في عملية إعداد الفرص المناسبة لنجاح عملية إدارة التغير وعملية التغيير، حيث ينبغي تنسيق مبادرات التغيير كجزء من البناء الاستراتيجي للمنظمة وليس باعتباره أجزاءً منفصلة عنه. إن عملية التغير هي العملية الوحيدة المستمرة بالمنظمة حيث أن المنظمة الفعالة هي التي تتخذ خطوات حكيمة من اجل إدارة عملية التغير بسلاسة ويسر- ولن تنجح المنظمة دائماً ولكنها على الأقل ستحاول فيمكن لعملية التغيير أن تجلب معها العديد من المطبات والعقبات والمشكلات. ويمكن أن يكون الهدف الأدنى لمحاولات إدارة التغير هو تخفيف آثاره على المؤسسة وعلى الموظفين والمدخل لإدارة التغيير لا يسلّم بأن مفتاح النجاح يكمن فقط في القائد الذي يميل للتغير والذي تسانده آليات التغيير الفعّالة حيث أن عملية التغيير يقوم بتنفيذه العاملون وأن تصرفهم ومساندتهم مهمة جداً لنجاح عملية التغيير حيث يعتبر من أهم أهداف إدارة التغيير هو تحقيق الالتزام بالتغيير.

إن من أهم أهداف وغايات التغيير هي العمل على تطوير وتفعيل مجموعة من المقاييس أو المعايير والتي تناسب طبيعة المنظمة وعملها التجاري وذلك للتعرف على حالات التغيير المطلوب تنفيذها وذلك من أجل تقويم نتائجه حيث تعتبر هذه عملية مهمة وأساسية في إدارة التغير والتغيير.

تعتمد خطة التغيير الفعّالة على العديد من العناصر والأمور المهمة والتي تؤدي إلى تحقيق النتائج والوصول إلى الأهداف المنشودة مثل:

- تعتمد على عناصرة إدارة السلوكية وذلك بتمكين العاملين للمساهمة في عملية إدارة التغيير.
- تعتمد الإدارة أو القيادة القادرة على الاتصال والتواصل وتنمية الاتصالات بين كافة المشاركين في خطة التغيير.
- تعتمد أيضاً على الإستراتيجية المستخدمة في إدارة التغيير وعملية التغيير حيث أنه ينبغي على الإدارة أن تتبنى الإستراتيجية المناسبة من أجل عملية التغيير وأن تكون هناك منهجية إدارية معاصرة يتم تفعيلها بطريقة مناسبة ومتناسقة مع حركة المتغيرات وتدفق المعلومات كما ينبغي على الإدارة أن تدرك أن عملية التغيير هي عملية ليس عرضية أو استثنائية أوعملية طارئة بل حقيقة ثابتة في نظام الأعمال المعاصرة وفي نظام الحياة عموماً.
- إن عملية التغيير تعتمد فعاليتها على وضوح الرؤية الإستراتيجية للمنظمة وواقع واستكشاف بوادر ومؤشرات الحركة الداعية إلى التغيير حيث تعتمد استراتيجيات التغيير الفعّال ومتطلباتها المعرفة على العديد من العوامل منها:
  - التركيز على الجوانب الإنسانية في عملية التغيير.
  - البدء بالقمة واكتساب دعم وتأييد القيادات الإدارية للتغيير.
  - اشراك الجميع في عملية التغيير.
  - توضيح مبررات ودواعي التغيير وبيان العوائد المنتظرة بأسلوب موضوعي.

- الاستفادة من جهود قادة التغيير واعتبارهم أصحاب مصلحة كبيرة مهمة.

- تسهيل عمليات الاتصالات ونقل المعلومات الخاصة بالتغيير ومتطلباته ونشرها بين الجميع.

- تقويم المناخ الثقافي في المنظمة ومدى تقبله لأفكار التغيير.

- محاولة احداث تغيير في ثقافة المنظمة لتصبح أكثر تقبلاً للتغير والاستعداد لمواجهة التطورات والأحداث غير المتوقعة نتيجة اطلاق الدعوة للتغيير وبدء الأنشطة المؤدية إليه.

- الاتصال المباشر بالأفراد ذوي العلاقة واعطائهم الشعور بالأهمية والمشاركة.

وسوف نتعرف على المزيد من أهداف عملية التغيير في المنظمات في الفصول القادمة إن شاء الله السميع العليم.

الفصل الثاني

حوافز إدارة التغيير

Change Management Drivers

الفصل الثاني

حوافز إدارة التغيير

Change Management Drivers

الأهداف التعليمية للفصل الثاني:

يهدف هذا الفصل إلى التعريف بأهم الدوافع التي تدفع المؤسسات إلى تبني سياسة التغيير من أجل تحقيق الأهداف المنشودة حيث يلقي هذا الفصل الضوء على أسباب فشل كثير من المؤسسات في تحقيق عملية التغيير كما ويعالج ويشرح مواقع الأفراد وكيفية إدارتها بشكل صحيح.

أهداف الفصل:

- شرح وتوضيح طبيعة المنظمات وأهمية التغيير لهذه المنظمات من أجل التقدم.

- التعرف إلى الحوافز في المنظمات وأنواعها وكيفية تسخيرها من أجل غرس روح الابداع والابتكار والتجديد فيها.

- التعرف على أهمية التغيير وإدارة التغيير وما هي الحاجة إلى التغيير لكل من المؤسسات والأفراد على حدّ سواء.

- بيان مواقف الأفراد من معارضين وموافقين وكيفية إدارة مواقفهم وعلاجها بالطريقة الادارية الصحيحة.

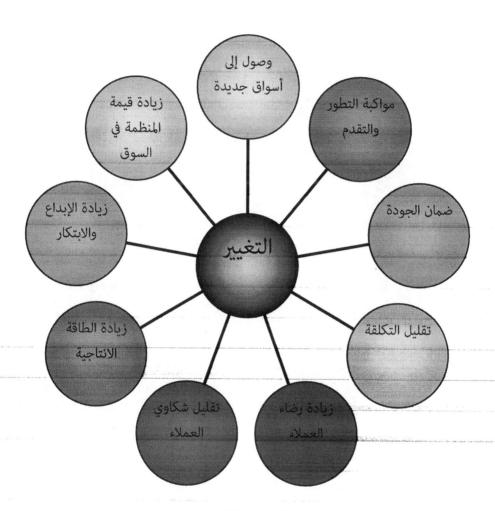

شكل 2-1 دوافع التغيير

1-2 المقدمة Introduction:

تعتبر المنظمات الحديثة منظمات أو مؤسسات اجتماعية يجري عليها ما يجري على الكائنات البشرية فهي تزدهر وتنمو وتتطور وتتقدم وتواجه الصعوبات والتحديات، وتصارع وتتكيف مع البيئة المحيطة بها والتي تشتمل على المنافسين والعملاء والمؤسسات الحكومية وغيرها حيث إن عملية التغيير تصبح ظاهرة طبيعية تعيشها كل مؤسسة وتصبح جزءاً لا يتجزأ من سياساتها.

إن المنظمات المعاصرة لا تتغير من أجل التغيير نفسه، بل تتغير لأنها جزء من عملية تطوير واسعة، ولأنها يجب عليها أن تتفاعل مع التغييرات والمتطلبات والضرورات والفرص التي قد تظهر بين فينة وأخرى في البيئة التي تعمل بها. إن المنظمات مجبرة أن تتكيف وتتأقلم مع البيئة التي تتواجد فيها من أجل أن تبقى وتعيش، ولعل قول الله سبحانه وتعالى في كتابه الكريم:

قال تعالى: (لَقَدْ خَلَقْنَا الْإِنْسَانَ فِي كَبَدٍ) [البلد: 4]
أن الإنسان سوف يعيش حياة متقلبة فيها مشقة نتيجة للتغيرات التي سوف تظهر له في المستقبل وأحداثه وكذلك الحال بالنسبة للمنظمات على اختلاف أنواعها، والأكثر من ذلك فإنها تنتج تغيرات في البيئة المحيطة عن طريق تطوير وتقديم منتجات أو خدمات جديدة مبنية على التقنيات الحديثة ومبنية على تبني أنظمة معلومات مبنية على التقنيات الحديثة مثل الحاسوب والانترنت ووسائل الاتصالات الحديثة حتى تصبح مهيمنة ومقبولة بشكل واسع من قبل البيئة المحيطة بها، وبهذه الطريقة فإنها تعمل على تغيير البيئات الاقليمية والعالمية لكي تحذو حذوها وتتطور وتنافسها في التقدم والازدهار.

إن عملية التغيير تعتبر جزء من عملية الابتكار والإبداع حيث يعتبر أساس الإبداع والتفكر والشعور بوجود نقص أو الشعور بامكانية استحداث وسائل أو أنظمة أفضل من الوسائل والأنظمة الحالية حيث أن عملية التفكر هي عملية ضرورية يكون الإنسان المصدر الأول، لها فالمعرفة الجديدة والفكرة الحسنة هما عنصران مهمان وأساسيان لتطوير المنظمات والمجتمعات و يعني ذلك أن على المنظمات الحريصة على الريادة والتميز أن لا تألوا جهداً في إتاحة المجال للعاملين لديها بالتنمية والإبداع والعمل على التنقيب عن المعلومات الجديدة والقوانين والنماذج التي لم يسبق أن تمّ اكتشافها من قبل وأن تعمل على اظهار الإمكانيات والإبداع بطريقة منظمة وذلك بتوفير كافة الوسائل والبيئة المناسبة لذلك.

إن المحور الأساسي للمنظمات المختلفة والمتميزة يقوم على تبنيها لبيئة تنظيمية تعطي الاتجاهات الإبداعية لشرعيتها، ولتبلورها وذلك حسب منهجين مختلفين هما:

- **المنهج فكري Intellectual Methodology**
- **المنهج العلمي Scientific Methodology**

حيث يقوم هذان المنهجان على قيم وممارسات عملية ووظيفية تغرس وتؤصل الإبداع كهدف متجدد ومطلوب حيث يتحقق ذلك من خلال استخدم الحوافر المناسبة والأساليب وأنظمة تعمق عملية الاعتقاد اليقيني للعاملين بهذه المبادئ , حيث تشترك المنظمات وعلى اختلاف أنواعها وأحجامها والتي تكون ذات طبيعة إبداعية في عدد من القيم والمبادئ منها:

- الرغبة في الإنجاز وإعطاء الأولوية دائماً للعمل والشروع في الأداء.

- غرس روح ومفهوم الإنتاجية وتنمية قدرات العاملين ومشاركتهم في مخرجات الانتاج.

- إعطاء أسبقية متميزة لتنمية قدرات وحفز العاملين للأداء المتميز.

- غرس روح العمل الجماعي من أجل مصلحة المنظمة والأفراد على حدّ سواء.

وحتى يكون هناك بيئة ذات وسط تنظيمي وإبداعي يجب أن تتوفر ثلاثة عناصر أساسية، هي:-

أولاً: على المنظمات أن تتبنى مجموعة من القيم التي تعمل على تنمية الاتجاهات الإبداعية.

ثانيا: يجب على المنظمات أن تعمل على صياغة هذه القيم وتحويلها إلى نظم وأساليب تحقق الإبداع في كلّ نشاطات المنظمة.

ثالثاً: على المنظمات أن تعمل على ابتداع النظم والأساليب والحوافز التي تعمق اعتقاد العاملين بهذه القيم والمبادئ بالقدر الذي يحقق التزاماتهم بها.

لقد أثبتت كثير من الدراسات أن الحوافز تقدم دافعاً ومقوماً رئيسياً في المنظمات المبدعة بل ونقطة أساسية لوجود الإبداع وتنميته في هذا المجال، ولا ينبغي الاهتمام فقط بوضع الحوافز، بل لابدّ من ربطها بالأداء والإبداع بحيث توضع معايير محددة وعادلة وموضوعية حتى تؤتي تلك الحوافز ثمارها المرجوة.

ويجب ألا ننسى أن الحوافز قد يكون لها نتائج سلبية إذا ما استخدمت بطرق غير مشروعة بحيث تتناقض فيها العدالة والموضوعية أو تتناقض مع الدين أو العرف الموجود في محيط المنظمة، وهذا يشير إلى أن استخدام الحوافز ليس بالضرورة دائماً يؤدي إلى نتائج إيجابية، مثل مكافأة موظف متسيب بدلاً من الموظف المحافظ

على عمله وواجبه بالشكل المطلوب منه، إلا أنه من المهم التعرف على حاجات الأفراد ومحاولة استنفارها واخراجها ودفعها من خلال الحوافز سواءً كانت مادية أو معنوية فللحوافز دور واضح في تشجيع الموظفين على الإبداع والابتكار والتجديد.

إن عملية التحفيز هي عملية مباشرة تتعلق بالقوى البشرية التي تعمل في مشروع معين وهي تتطلب وتتعلق بتشجيع كلّ الأفراد المعنيين لكي يعملوا بشكل جيد وبجد وبنشاط بإرادتهم وفي طريقة اقتصادية ليعملوا لمصلحة الشركة ومصلحتهم.

إن أهداف المشروع سواء كانت مبنية على تقنيات المعلومات الحديثة كالحاسوب والانترنت أم لا يمكن فقط تحقيقها من خلال الجهود التي يقوم بها هؤلاء الأفراد لذا يحتاج هؤلاء الأفراد إلى حافز وتشجيع من أجل أن يقوموا بعملهم على أكمل وجه إلا أن هذا التحفيز أو الحافز قد يختلف من فرد إلى آخر أو من مجموعة من الموظفين إلى أخرى لذا يجب على المدير أو المشرف أن يعرف كيف يقوم بوضح الحافز المناسب لكل فرد أو مجموعة من الموظفين ومن الحوافز التي يمكن توظيفها ما يلي:

- صرف المكافآت المالية حيث أن هذا الحافز يعتبر من أكثر الحوافز تأثيراً للعديد من الأفراد، حيث أن العديد من الأفراد يطمحوا أن يحصلوا على المزيد من الذين وظفوهم ليس فقط المال بل الرضاء أو الأمن الوظيفي أو القيام بالعمل الذي يفضلونه ويستمتعوا بأدائه والذي يشعرهم بأن مهاراتهم وامكانياتهم قد تمّ استخدامها وتوظيفها على اكمل وجه.

- العديد من الأفراد يطمحوا إلى أخذ المزيد من الدورات والتدريب وزيادة مهاراتهم ومعرفتهم وهذا يعتبر حافزاً كبيراً بالنسبة لهم.

- بعض الأفراد يفضلون أن يعملون ضمن مجموعات أو فريق عمل.
- بعض الأفراد يطمحون إلى المزيد من الترقيات أو اكتساب المراكز الوظيفية الأعلى والتي فيها المزيد من السلطات والصلاحيات المعطاه لهم حيث أنهم سوف يقومون بعملهم بجد ونشاط ليثبتوا تحملهم لهذا المنصب والمسئولية الجديدة.
- بعض الأفراد يهتمون كثيراً بالاعتراف فيهم ويهتمون كثيراً بالمعاملة والشعور بهم.
- بعضهم يحفزه العمل باعطائه ومنحه الإجازات المتكررة والتي تعمل على تجديد نشاطه في المؤسسة.
- بعض الأفراد يرغبون كثيراً بالأعمال التي تبعدهم كثيراً عن الأعمال المكتبية أو الأعمال الروتينية وبعضهم يرغب بالعمل وفق الروتين وبنفس العمل طوال الوقت.

لذا نستطيع أن نرى فإن مدى المحفزات يمكن أن يكون كبيراً لذا على المدير أن يرى الطريقة المناسبة لكل فرد أو مجموعة من تحفيزهم وتشجيعهم على العمل وهذا يتطلب تحفيز مختلف الأفراد بوسائل مختلفة.

إن عملية التحفيز تتطلب أيضاً بناء جو عمل جيد مبني على روح الثقة و التعاون بين الإدارة والأفراد، إن ظروف العمل الجيدة تساعد كثيراً على بناء علاقات عمل ممتازة تخدم مصلحة الشركة والأفراد على حدّ سواء.

يجب أن يكون في الشركات العديد من طرق الاتصال بين الأفراد والإدارة وبين كل الأفراد في المؤسسة باستخدام كافة التقنيات المتوفرة والحديثة مثل:

- الهاتف الثابت والنقال.

- البريد الالكتروني الداخلي.

- الاتصال المباشر بين الأطراف.

- استخدام الحاسوب والانترنت والشبكات المحلية سواءً كانت شبكات سلكية أو لاسلكية (الدردشة، مؤتمرات الصوت والنص والفيديو،...الخ).

إن الأمن والرضاء الوظيفي مهم جداً لخلق بيئة من العمل الفعال، ويعمل على تشجيع الأفراد لكي يقوموا بعملهم على أكمل وجه حيث أن التهديد من الممكن أن يؤدي على المدى القصير إلى زيادة العمل ولكن على المدى البعيد فإنه يشكل خطر وتهديد للشركة حيث أنه لا يوصى به للإدارة وعلى جميع المستويات حيث يؤدي إلى هروب الأفراد وبحثهم عن شركات أخرى.

إن الأفراد يأملون وينتظرون أن ينظر إليهم ليس فقط كأجهزة ومعدات تقوم بعمل ما بل كإنسان له مشاعر وأحاسيس لا بدّ من مراعاتها لذا فهو من المهم لكل هؤلاء الذين يتعلق عملهم بالإدارة والإشراف أن يفهموا أن التحفيز الناجح من قبل المدير الجيد ينتج عنه معايير من الانضباط الذاتي للأفراد حيث أنه عندما يكون للأفراد احترام وتقدير فإنهم سوف يكونون على درجة كبيرة من الإخلاص لمدرائهم لكي يقوموا بعملهم بشكل جيد وبإرادتهم وبدون الحاجة إلى مراقبة مستمرة عليهم.

لذلك على القيادة الجيدة أن تختار الحافز المناسب لكل العاملين وتعتمد علاقة الحوافز بالإبداع على ظروف منحها وهدفها فإذا ارتبطت بأهداف محددة لهذا الحافز فإنها تصبح ذات أثر مهم على الإبداع، أما إذا ضعفت العلاقة بين الحوافز والأداء المتصل بالإبداع فيكون أثره ضعيفاً أو معدوماً. ويقتضي نظام الحوافز السليم أن تكون هنالك مقاييس عادلة وموضوعية لقياس الإبداع، مع تحديد اختصاصات وواجبات الوظائف التي يشغلها الأفراد تحديداً واضحاً، وتلعب الحوافز

المادية والمعنوية دوراً مهماً في تشجيع الإبداع الإداري فالحوافز المادية مثل المكافآت والرواتب المجزية تحرك جهود الأفراد نحو أهداف معينة تسعى المنظمة إلى تحقيقها، وتتمثل في حسن استغلال إمكانات وطاقات الأفراد الإبداعية لأن الفرد يرى نتيجة مادية ملموسة مرتبطة بسلوكه. والفرد عندما يكافأ على أفكاره الجيدة يقدم المزيد منها، أما إذا كان الجزاء سلبياً أو متأخراً أو غير عادل، أو لا يتناسب مع هذا الجهد المبذول، فالاحتمال الأكبر أن يصاب الفرد بإحباط ويمتنع عن تكرار هذا السلوك الذي أدى إلى هذه النتيجة.

كما أن الحوافز المعنوية تؤثر بدرجة كبيرة على الإبداع لأن الفرد بحاجة إلى الاعتراف بجهوده من خلال تقدير رؤسائه وزملائه، حيث أن مناخ العمل الذي تسوده المحبة والوئام والتعاون والعمل على تقليص المعوقات التي تعترض عملية الإبداع الإداري فيما يتعلق بسياسة الحوافز ومنها:

1. عدم تهيئة الظروف الملائمة لخلق الجو المشجع على الإبداع من حيث غموض الدور وعدم وضوح الأهداف والخوف من السخرية عند طرق أفكار وتصورات جديدة تخالف المألوف إضافة إلى عدم المشاركة في الآراء بين الرئيس والمرؤوس والتمسك الشديد بالأنظمة وتغريب المتميزين داخل المنظمة.

2. وضع نظام موحد للحوافز فمن الخطأ وضع نظام موحد لعدد من المنظمات التي تختلف أنشطتها إذ تختلف الحوافز بما يتناسب وكل بيئة أؤ منظمة أو نشاط وحسب العاملين، كذلك من الأمور المحبطة للإبداع الإداري المساواة بين الفرد المبدع وغير المبدع.

3. استخدام العقاب كأسلوب للتحفيز، فمن الممكن استخدامه للأداء المحدد أما الإبداع فإنه لاينمو في ظلّ التحفيز السلبي لأنه قدرات مبتكرة وجديدة

تحتاج إلى مناخ ملائم لذلك يجب عدم وضع الحوافز السلبية في إطار التشجيع على الإبداع.

2-2 الأسباب المؤدية إلى التغيير:

هناك عدد من الأسباب التي تدعو إلى التغيير في المنظمات على اختلاف أنواعها وذلك للوصول إلى مستوى تنافسي منها:

- عدم الرضا عن الوضع الحالي للمنظمة والشعور بأن التغيير حقيقة لا بدّ منها أجلاً أو عاجلاً.

- الطموح إلى الوصول إلى وضع أفضل للمنظمة وللأفراد كي تحقق طموحات كل المنظمة والعاملين فيها.

- الوصول إلى شريحة أكبر من العملاء.

- الوصول إلى الأسواق العالمية وتخطي كل الحدود.

- تحسين المنتجات أو الخدمات أو العمل على ابتكار منتجات أو خدمات جديدة.

- العمل على المزيد من ارضاء العملاء.

- الوصول إلى مستوى عالي الجودة يتماشى مع المقاييس العالمية.

- مواكبة التقدم التقني التكنولوجي والتي تتضمن استعمال الطرق الحديثة في عمليات الإنتاج من أجل زيادة الإنتاجية أو تحسين نوعية الإنتاج. مما أوجب الاهتمام بالتغيير التكنولوجي حتى أصبح مطلباً أساسياً للنهوض في ظل التغييرات المتسارعة في بيئة العمل.

- انخفاض الإنتاجية للمنظمات وعدم مقدرتها على سدّ احتياجات العملاء أو السوق.

إن الدواعي التي ينشأ منها التغيير عديدة وربما نلخص بعضها فيما يلي:

1- المجتمع أو البيئة المحيطة سواء أكان أيديولوجياً أم اجتماعياً أم تكنولوجياً.

2- المسئولون والعاملون في مختلف الشؤون والمجالات باعتبار أن التغيير والمواكبة للظروف وسيلة للحفاظ على المؤسسة وضمان بقائها في مجتمع متغير ومتطور بشكل مستمر.

3- الضرورات والحاجات والتطلّعات.

4- الضغوطات الخارجية.

إننا في هذا العصر نشاهد دخول أنظمة الحواسيب والطفرات العلمية المتسارعة في جميع المؤسسات والدوائر (كنموذج إداري)، كما نلمس وبوضوح التطلّعات الكبيرة التي تحفّز في الجيل الجديد نوازع الحرية والانفتاح والتعايش مع أنظمة الشورى وعقد الاجتماعات من أجل مشاركة الآراء وطرح الأفكار والتخطيط الجماعي لمصلحة المنظمة مما يخلق معايشة إيجابية فاعلة بين الأفراد كافة.

هذه بعض النماذج للضرورات والدواعي التي تشكّل بالتالي القوة الدافعة إلى التغيير في بعض المؤسسات والمنظمات التي تتعامل إدارياً بالروتين القديم والأنظمة البدائية، وتظهر هذه الضغوطات ليس في قوة الدفع والتحريك فقط. بل تظهر آثارها أيضاً في مستوى الأداء وتحسينه أو سرعته وتطوره؛ فلا يقدر أحد أن يراهن على بقائه إذا وقف أمام عجلة التطور والنمو، ولا يمكن لأحدنا أن يزعم أنه

الأقوى على تحدي ضرورات الحياة ومخالفة سننها، فضرورة العقل والحكمة تدعو إلى عقلنة التغيير وتوجيهه نحو الأفضل.. لأننا لا نريد من التغيير مجرد التحول إلى وضع معين على خلاف ما كنا عليه من قبل، بأيّ شكل كان، لأن هذا إخلال بالتوازن غير معروف المصير، بل نريد من التغيير التطوير ذا الطموحات العالية والانفتاح الإيجابي، والخطط البناءة للوصول إلى الأهداف، لذا من الممكن اعتبار المبادىء الرئيسية التالية أساس التغيير الإيجابي والذي يكون غايته مصلحة المنظمة والأفراد والمجتمع:

1- أن يكون الأهداف والوسائل المستخدمة لعملية التغيير وفي عملية التغيير واضحة وغير مبهمة.

2- أن تكون عملية التغيير ضمن خطة مدروسة ومتوازنة وأن يتم تنفيذها حسب المخطط.

3- أن يكون ضمن الضوابط والتوجيه الصحيح لكي لا يخرج عن السيطرة المتوازنة.

4- أن يأتي بطموحات وتطلّعات جديدة للمؤسسة والعاملين فيها ويزيدهم حماساً وتماسكاً.

5- أن يأتي بفرص عمل جديدة تأخذ بأيدي الجميع إلى التقدم.

6- رفع مواقع الضعف والاختلالات السابقة عبر إزالة النواقص والسلبيات القديمة التي تسببت في عملية التغيير.

7- يجب أن يكون من أهداف عملية التغيير إزالة العوائق التي كانت تزيد من ضعف المؤسسة أو تقلل من إيجابياتها.

8- اكتساب الإدارة عناصر أو مهارات جديدة لتحقيق الأهداف. وغير ذلك من السمات التي في مجموعها تعدّ مؤشراً حقيقياً للتغيير الإيجابي الذي يحقق طموح المؤسسة في البقاء ويضعها في قائمة المؤسسات المنافسة.

يجب أن تكون إدارة (التغيير) الجهاز الذي يحرك الإدارة والمؤسسة لمواجهة الأوضاع الجديدة وإعادة ترتيب الأمور بحيث يمكن الاستفادة من عوامل التغيير الإيجابي، وتجنّب أو تقليل عوامل التغيير السلبي، أي إنها تعبّر عن كيفية استخدام أفضل الطرائق اقتصاداً وفعالية، لإحداث التغيير لخدمة الأهداف المنشود، حيث تستخدم إدارة التغيير أسلوبين في ذلك:

الأول - أسلوب دفاعي: ويتمثّل في الغالب في محاولة سدّ الثغرات وتقليل الأضرار التي يسببها التغيير، إذ أنه من الواضح أن كل تغيير أو تجديد أو تطوير يستلزم هدم غير النافع أولاً قبل البناء. والإدارة التقليدية حيث لا تؤمن بضرورة التغيير، أو لا تملك شجاعة الإقدام عليه أصلاً أو أسلوباً، فإن حكمتها تدفعها لسدّ الثغرات والنواقص التي تنجم عن العملية التغييرية، لأن ذلك في نظرها أفضل أسلوب يحفظ إلى حدٍّ ما كيان المؤسسة مع خسائر أقل؛ لذلك فإن هذا الأسلوب يتّسم بأنه دفاعي، ويتخذ شكل ردّ الفعل عن فعل التغيير، أي أن الإدارة تنتظر حتى يحدث التغيير ثم تبحث عن وسيلة للتعامل مع الأوضاع الجديدة.. وغالباً ما تكتفي فيه الإدارة بمحاولة التقليل من الآثار السلبية الناجمة عن التغيير.

بينما قد تستدعي الحكمة في بعض الأحيان مواكبة التغيير بأسلوب مدروس والسعي للاستفادة من الفرص الجديدة التي يتيحها في تبديل بعض المواقع أو الأفراد والعاملين أو تطوير أساليب العمل، لأن هذا أضمن لبقاء المؤسسة وأحفظ لها من السقوط.

الثاني: **أسلوب الاحتواء**: وهو أسلوب هجومي في الغالب يقوم بالتنبؤ بما تتطلبه المرحلة من طموحات وآمال وما تملكه من قدرات، وتوجهها بالحكمة والحنكة نحو تحقيق الأهداف برويّة وموازنة، وهذا يتطلب من المدراء توقع التغيير بل والتنبؤ به ليمكّنهم من التعامل معه ثم تحقيق النتائج الأفضل.

وهذا الأسلوب يتطلب من الإدارة المبادرة لاتخاذ خطط وبرامج من جانبها لإحداث التغيير أو تنظيمه وضبطه ليصبّ في الصالح العام، هذا في البعد الإيجابي، أما في البعد السلبي فإنه يتطلب منها اتخاذ الإجراءات الوقائية لمنع التغيير السلبي المتوقع أو تجنبه.

إن التغييرات التي تحدث في المؤسسات غالباً ما تهزّ توازنها كلياً أو جزئياً، ولذا تتطلب أسلوباً إدارياً يختلف عن الأسلوب التقليدي لتكون الإدارة قادرة وعلى مستوى جيّد من الحكمة والهدوء على احتوائه وتنظيمه وتحقيق التوازن الجديد للمؤسسة وفق مبدأ عمل الأشياء الصحيحة بطريقة صحيحة بدلاً من مبدأ عمل الأشياء بطريقة صحيحة فقط، والذي يعتمد عليه الأسلوب التقليدي في الغالب.

وبهذا يظهر الفرق الجوهري بين الأسلوبين الدفاعي والهجومي؛ فإن الأول يعتمد على الضوابط لإعادة الأمور إلى نصابها، فإذا تجاوزت النصاب انفلت الزمام من أيدي الإدارة وعاد عليها بالضرر.

بينما الأسلوب الهجومي يدرس الصحيح ويقبله، ويردّ الخطأ ويتجنبه؛ لذلك فإنه ينحى منحىً وسطاً يواكب الطموحات والتطلّعات، فيأخذ بالصحيح ويتجنّب الفاسد؛ وبذلك فهو يعدّ أسلوباً أفضل لإبقاء المؤسسة والمحافظة على كيانها وعلى تفوّقها في الأداء.

3-2 الحافز التقني (التكنولوجي) Technological Driver :

يتوقف النجاح المنظمي لأي منظمة على مدى قدرتها على مواكبة التغييرات المستمرة في البيئة التي تعمل فيها وخصوصاً التغييرات التكنولوجية والتي تتضمن استعمال الطرق الحديثة في عمليات الإنتاج والادارة من أجل زيادة الإنتاجية أو تحسين نوعية الإنتاج. مما أوجب الاهتمام بالتغيير التكنولوجي حتى أصبح مطلباً أساسيا للنهوض في ظل التغييرات المتسارعة في بيئة العمل. حيث أن العديد من المنظمات تعاني من انخفاض الإنتاجية وعدم قدرتها على سدّ احتياجات السوق من المنتجات أو الخدمات التي تقدمها مما يدفعها إلى إجراء تغييرات تكنولوجية في عملياتها بهدف الوصول الى أفضل انتاجية إلا أن ضعف إدراك الكثير من المنظمات لذلك جعلها غير مهتمه بأحداث التغيير مما كان له الأثر في ضعف انتاجيتها.

وفي عالم الأعمال في هذا العصر الحديث فإن من المحتمل أن تخرج أو أن لا تستطيع البقاء أي منظمة لا تتطور أو تكتسب أو تتكيف مع تكنولوجيا جديدة بشكل مستمر فعالمنا الحاضر يتميز بدرجه عالية من التطور العلمي والتفوق التكنولوجي في كافة المجالات إلى حدّ باتت معه القدرة على إبداع المعرفة العلمية والتكنولوجيا أحد المقومات الأساسية للنمو الاقتصادي وكلّ ذلك شجع المنظمات على الابتكار وتطبيق التكنولوجيا الحديثة للتكيف مع البيئة والإنتاج بكفاءة عالية وتقديم منتجات جديدة.

إن التغيير التكنولوجي يتضمن استعمالات الطرق الحديثة لتحويل المواد إلى منتجات أو لتحسين الخدمات حيث أن التكنولوجيا تعني استخدام الوسائل الحديثة من الهاتف النقال والحاسبات والانترنت والشبكات السلكية واللاسلكية و المكائن الجديدة وذلك من أجل القيام بكافة النشاطات الفنية والإدارية في المؤسسة ولكن التغيير

التكنولوجي من حيث المفهوم يعني إدخال كل التقنيات الجديدة، إذ يتضمن الكومبيوترات والروبوتات التي تستخدم في الصناعة وخدمة المنظمات حيث أن الكومبيوترات الآن كل منها يساعد الموظفين بالقيام في مهمات متنوعة واسعة مثل إعداد الصفقات البنكية، وتقوم الروبوتات بأعمال الخدمة كما وتتحكم الكومبيوترات الآن بجزء كبير من عمليات الصناعة مثل تسليم المعدات،ومراجعة الجودة، والاجتماعات ومن ناحية أخرى هناك بعض المنظمات ابتكرت أنظمة التصنيع المرن وهذه الأنظمة ولدت أجزاء أو إنتاج كلي بواسطة التشغيل الآلي من التصميم الأولي إلى التسليم بدون تدخل الإنسان.

إن التغييرات في العملية التكنولوجية والمواد التكنولوجية والإنتاج والخدمة التكنولوجية وأنظمة المعلومات وأنظمة الإدارة لأي عملية تؤثر بشكل كبير ومهم على السياسة التي تتحكم بالعمل والمهارات العمالية المتطلبة للعملية بالإضافة لتأثيراته الواضحة في محيط العمل وطبيعة الحياة العملية وفي متطلبات إعادة التدريب في المنظمة كما أوضحSkinner أحد الباحثين الغربيين أن التكنولوجيا هي الموجه الأساسي لمحيط العمل وتطوره وزيادة فاعليته للعديد من الأسباب منها:

- أن التكنولوجيا الحديثة تتطلب مهارات جديدة ومختلفة.
- أن التكنولوجيا الحديثة تؤثر في النظام الداخلي للعملية ومن ضمنها عملية الإدارة والسياسة والمهارات الجسدية أو (مهارات المنظمة المختلفة) متضمنا التدريب الجسدي وغالباً ما يظهر في سياسة تدريب مشتركة.
- أن التغيير التكنولوجي يتضمن كل ما هو جديد من مكائن حديثه تستخدم في الإنتاج من أجل زيادة الإنتاج أو تحسين النوعية.
- أن التغيير التكنولوجي من حيث تغيير هيكل الطلب نحو القوى العاملة التي تمتلك الخبرة الحديثة.

- دوره من حيث تكوين الفرص أو إنشاء التهديدات في البيئة تجاه المنظمة.
- أن التغيير التكنولوجي يؤدي إلى التخلص من الإعمال الروتينية.

فإذا كانت تكنولوجيا إحدى المنظمات متقدمة على منافسيها مما يعني أنها قد منحت فرصة استثمار هذا التقدم وعلى العكس من ذلك تواجه المنظمات ذات التكنولوجيا القديمة تهديدات وضغوط عديدة تؤثر في موقعها في السوق ومن هذا الأساس يبرز بوضوح ضرورة الاهتمام بالتغيير التكنولوجي إذ أصبح الاستغلال الكفؤ والفعاّل لأساليب التكنولوجيا الحديثة ضروري لبقاء المنظمة واستمرارها.

حدد كثير من أساتذة الجامعات والباحثون عدة أسباب دفعت منظماتهم لأحداث التغيير التكنولوجي ومن هذه الأسباب ما يلي:

- زيادة الطاقة المقررة لمقابلة الطلب إذ قامت الأسواق المركزية مثلاً بنصب خزانات النقود الإلكترونية بدلاً من المكائن القديمة فضلاً عن ذلك فقد سمحت السجلات الإلكترونية بخدمة سريعة والتي زادت من عدد الزبائن الذين تمكنوا من خدمتهم في الوقت المحدد والتسجيل الإلكتروني الذي خفض الكلف وزاد من الدقة.
- تستطيع التكنولوجيا أن تخفض الكلفة في عدة جوانب منها:
  - تقليل المواد.
  - كفاءة العمل.
  - توزيع تكلفة المواد يمكن أن تقلل بواسطة ترجيح أعلى كلفة مواد مستخدمة لصنع منتجات بكلفة منخفضة.
  - تقليل المواد المستخدمة لصنع المنتجات في العموم.

o تخفض التكنولوجيا تكلفة التشغيل عبر خفض وقت الشغل اللازم لصنع المنتجات.

o زيادة الجودة حيث أن العديد من التكنولوجيا تحسن الجودة للمنتج أو الخدمة وبالتالي زيادة حجم المبيعات.

o تمييز المنتج عن المنتجات المنافسة.

o تحقيق المرونة من خلال زيادة تنوع المنتجات وزيادة الحصة السوقية في البيئة التنافسية فضلا عن ذلك تقديم منتجات بدورة حياة إنتاجية قصيرة.

لقد حدثت التغييرات التكنولوجية بشكل واسع بسبب الطاقة التكنولوجية العالية لرفع الإنتاج وتطوير النوعية وبالرغم من أن الكومبيوتر وتقنيات الروبوت لها تأثير على الأعمال الفنية التنفيذية في كثير من الدول المتقدمة فقد تناقصت كثيراً في بعض المشاريع وذلك بسبب بعض التغييرات التكنولوجية وعدم الحصول على نتائج موفقه والعديد من الملاحظين يؤمنون أن الأداء المخيب للآمال في هذا النوع من التغييرات التكنولوجية يعزى إلى الإهمال الإداري للتغييرات الهيكلية والسلوكية التي يجب أن تتبعها المنظمة و تساهم التغييرات التكنولوجية في تحسين صورة المنظمة في النهاية وكذلك أجراء التغيير على المهن وتأتي بفرص أكثر وتنمي الخبرات.

وهناك مجموعة من الخطوات التي يجب على المنظمات القيام بها عند إجراء التغيير التكنولوجي وهي:

أ. **إعادة التصميم**: إن تنفيذ خطة إعادة التصميم تأخذ تخطيط كفوء واستراتيجية متطورة للتدخل وتتم عملية إعادة التصميم بأربع خطوات هي:

1. يجب على المنظمة أن تقرر من سيعمم التغيير بالاعتماد على الظروف الخارجية.

2. يجب تعيين الفريق الذي سوف يأخذ على عاتقه التصميم الحقيقي للتغيير المبني على نظرية تصميم العمل والاحتياجات والأهداف وظروف المنظمة.

3. الفريق يقرر التوقيت للتنفيذ الذي من الممكن أن يتطلب فترة انتقال رسمي.

4. المخطط الإستراتيجي يجب أن يؤخذ بعين الاعتبار أن تغيرات العمل تتطلب تعديل وتزويد التغيير بعناصر منظمة مثل علاقات مسجلة ونظام التعويض .

يتضح من خلال ما سبق عرضه أهمية غرس روح التغيير من خلال دراسة الدوافع المختلفة للإدارة من أجل تنشيط وتحفيز وتشجيع عملية التغيير والتي تعتمد بشكل أساسي على الإبداع الإداري في المنظمات على اختلاف أنواعها وأحجامها كون ذلك ركيزة للتغيير وللتطوير الهادف إلى رفع مستوى الأداء، ولا يمكن أن يتحقق ذلك إلا من خلال تذليل عوائق الإبداع الإداري داخل وخارج المنظمات، إذ تُعد تهيئة الأجواء المناسبة للعاملين في المنظمة هي الركيزة الأساسية لإطلاق مواهبهم وإبداعاتهم في إنجاز الأعمال وحلّ المشاكل وتنفيذ الاستراتيجيات والخطط. ويلاحظ أن المنظمات الغربية تولي هذا الجانب أهمية قصوى من خلال البحث والدراسة المتعمقة لمعوقات الإبداع في المنظمات بهدف معالجتها، ولا ريب أن ما وصلوا إليه من تقدم ليس وليد الصدفة بل يعتمد على تهيئة الأجواء الملائمة للموهوبين في إبراز طاقاتهم واستثمارها الاستثمار الأمثل، إذ إن حضارات الأمم والشعوب تنهض على أكتاف المبدعين من أبنائها، ومن المؤسف أن كثير من

الدراسات أشارت إلى معوقات كثيرة في بيئة المنظمات العربية تحول دون استثمار المواهب الإدارية بالشكل المناسب ومنها:

1. قلة الحوافز المادية والمعنوية.

2. عدم توفر العدالة الموضوعية عن استخدام الحوافز في أحيان كثيرة،

3. شيوع ثقافة تنظيمية غير محفزة على الإبداع منها الانتقاد أو تحييد أصحاب الموهبة والإبداع.

وتؤكد خطط التنمية في كثير من البلدان على أهمية إيلاء العنصر- البشري العناية التامة باعتباره ركيزة التنمية، وتضمنت أنظمة الخدمة فيها العديد من الحوافز، وقد أشارت بعض الدراسات إلى قصور في تلك الأنظمة، ولعل لتلك الأنظمة أثر على فعاليتها كمحفز على الإبداع، كونها صيغت لفترة زمنية لم تعد ظرفها قائمة الآن لذلك فالحاجة قائمة على اتباع انتهاج سياسة تحفيز ملائمة تنمي الإبداع وتساعد على استثمار طاقة الموهوبين، حيث ثبت أن الحوافز تتأثر بعوامل الزمان والمكان والأشخاص، فما يعد حافزاً اليوم قد لا يعد غداً محفزاً للإبداع، لذلك يجب تلمس المعوقات في سياسة التحفيز المتبعة من حيث كونها تشجع على الإبداع من عدمه ومنها:

1- وضع نظام موحد للحوافز لعدد من المنظمات التي تختلف أنشطتها فالحوافز تختلف حسب البيئة والمنظمة والنشاط والعاملين لذا يجب أن تختلف الحوافز حسب نوع المنظمة ونشاطها.

2- استخدام العقاب كأسلوب للتحفيز إذ يجب عدم وضعه في إطار التحفيز على الإبداع.

3- عدم وجود الأجواء الملائمة للإبداع بسبب غموض الدور وعدم وضوح الأهداف وهذا من أقوى محددات ومعوقات الإبداع.

يجب أن لا ننسى أن من المهمات الأساسية للإدارة في المنظمات هي عملية التركيز على الرؤية والتوجهات الإستراتيجية والاهتمام بالمستقبل. وقد اهتمت الدول المتقدمة الغربية بشكل كثير بعملية التخطيط والتنبؤ بالمستقبل وكان هذا من أهم أسباب نجاح المنظمات في الدول المتقدمة وفي ريادتها وتمكنها من التنافس في السوق العالمي بشكل قوي وفعّال مما جعلها تتقدم على باقي الشعوب والأمم. وهناك دراسات كثيرة تشير إلى أن الرؤية الجيدة للمستقبل يجب أن يتوفر فيها بعض الصفات من أهمها:

1- وضع صورة واضحة لمستقبل المنظمة:

إن من أهم الوظائف التي يقوم بها المدير هو أن يضع الأهداف التي يسعى لتحقيقها للمنظمة حيث يضع المدير صورة أو رؤية للتغيير الذي يريد وصول المنظمة إليه. فهو يبلور الرؤية والأهداف السامية ويعمل على تحفيزهم بالرغبة في تحقيق هذه الأهداف والوصول إلى الهدف المنشود. ولا فرق هنا بين أن تكون هذه الرؤية لفتح أسواق جديدة أمام الشركة والانتشار عبر الحدود أو لبناء منظمة قوية رائدة في السوق العالمي.

2- الصبر والتحمل من أجل الوصول إلى المستقبل المنشود:

الرؤية المستقبلية الواضحة هي التي تحفز الإنسان على الاستمرار في السير نحو الهدف رغم الصعوبات. فهذا نوح عليه السلام أمضى ـ ألف سنة إلا خمسين ـ يدعو قومه، وحين رأى بحكمته ونفاذ بصيرته أن لا فائدة ترجى منهم دعا على قومه قائلاً:

(إِنَّكَ إِنْ تَذَرْهُمْ يُضِلُّوا عِبَادَكَ وَلَا يَلِدُوا إِلَّا فَاجِرًا كَفَّارًا)

[نوح: 27]

كانت الرؤية المستقبلية واضحة عند نوح عليه السلام لذا كان القرار بالدعاء عليهم سهلاً وحكيماً، واستجاب الله عزّ وجلّ لدعائه. والمثل المشابه والمعاكس هو قول الرسول صلى الله عليه وسلم لملك الجبال الذي أراد أن يطبق الأخشبين على أهل الطائف: **"بل أرجو أن يخرج من أصلابهم من يعبد الله وحده لا يشرك به شيئاً"**. أخرجه مسلم. إن استشراف المستقبل يحتاج لنفاذ بصيرة وبعد نظر وتقدير كل الاحتمالات والاستعداد لأسوئها.

3- وضوح الهدف وتحفيزه:

من أهم المعوقات التي يعاني منها الإنسان في العصر الحديث أو عصر التغيير هو عجزه عن تحديد الغاية النهائية لأنشطة البشر. فالغرب لا يدرك هذه الغاية لبعده عن الدين. والمسلمون ضاعوا في زحمة المشاغل اليومية والبعد عن الدين، فأصبحنا نعيش في غفلة عن دورنا في هذه الحياة الدنيا. إن غاية وجودنا في هذا الكون هي كما قال الله سبحانه وتعالى في محكم كتابه:

(وَمَا خَلَقْتُ الْجِنَّ وَالْإِنْسَ إِلَّا لِيَعْبُدُونِ)

[الذاريات: 56]

لكن وللأسف طول الأمل على الكثير منا، وتغلغل الدنيا في القلوب أدى إلى نسيان الكثير منا لهذه الغاية. فلو راعى القائد الله في نفسه ورعيته ورسم من الأهداف ما يتوافق مع أوامر الله عز وجل لكان النجاح حليفه. وبالمثل لو وضع المدير والمسؤول هذه الغاية أمام عينه لراعى الله في أحكام البيع والشراء وحقوق

العاملين، مما يوجد ولاءً وإخلاصاً لديهم ولدى المتعاملين معهم وبالتالي يقود المنظمة إلى تحقيق أهـدافها والنجاح والربح والازدهار.

4- التحلي بروح التفاؤل والصبر:

إن على المدير الناجح أو القائد أن يتفاءل بإمكانية تحقيق الأهداف الموضوعة ويبث روح التفاؤل هذه بين أفراد المنظمة ويعمل على التخطيط للمستقبل بصبر وتأني وعدم التعجل في تحقيق الهدف أو الأهداف المنشودة، فالأهداف بعيدة المدى لن تتحقق بين ليلة وضحاها، وهناك قصة تعبر عن الصبر والتفاؤل حيث أنه يحكى أن كسرى ملك الفرس مرّ بمزارع عجوز يزرع شجرة فقال له: كيف تتعب نفسك في غرس شجرة لن تنال من ثمارها أي شيء. فأجاب المزارع: لقد غرس لنا من قبلنا فأكلنا، ونغرس لمن بعدنا ليأكلوا. إن ما نعمله اليوم لرفعة الأمة والدين قد لا يؤتي ثماره في حياتنا، ولكن الأكيد هو أنه لن يضيع هباءً بل ستحصد ثماره الأجيال القادمة. إن المسلم الحق لا يكون إلا مستقبلياً.

قال تعالى: (فَاسْتَجَابَ لَهُمْ رَبُّهُمْ أَنِّي لَا أُضِيعُ عَمَلَ عَامِلٍ مِنْكُمْ مِنْ ذَكَرٍ أَوْ أُنْثَى بَعْضُكُمْ مِنْ بَعْضٍ فَالَّذِينَ هَاجَرُوا وَأُخْرِجُوا مِنْ دِيَارِهِمْ وَأُوذُوا فِي سَبِيلِي وَقَاتَلُوا وَقُتِلُوا لَأُكَفِّرَنَّ عَنْهُمْ سَيِّئَاتِهِمْ وَلَأُدْخِلَنَّهُمْ جَنَّاتٍ تَجْرِي مِنْ تَحْتِهَا الْأَنْهَارُ ثَوَابًا مِنْ عِنْدِ اللَّهِ وَاللَّهُ عِنْدَهُ حُسْنُ الثَّوَابِ)

[آل عمران: 195]

2- 4 أهمية التغيير في المنظمات Important of Change:

تعد قضية التغيير القضية الأولى في هذا العصر الحديث، عصر المتغيرات السريعة العصر الذي لا تهدأ حركته أو تتوقف مسيرته وحيث أننا جزء من هذا

العصر فلابدّ وأن نتأثر ونستجيب لهذه التغييرات بما يتفق مع خصائصنا السياسية والإدارية والاقتصادية والثقافية، بحيث نحافظ على ذاتنا، ولا ننفصل في نفس الوقت عن العالم الذي نعيش فيه ونتأثر به ونؤثر فيه.

وعندما نتحدث عن التغيير فإننا نعنى التغير الشامل والمتكامل الذي يتسع ليشمل كافة المجالات بأبعادها المختلفة وجوانبها المتعددة الاقتصادية منها والاجتماعية والثقافية.

فالتغيير يتم بالإنسان وللإنسان,باعتبار أن الإنسان وسيله و أدء وهدف للتغيير حتى يصل إلى تحقيق أهدافه الإنسانيه ويصل إلى غاياته الاقتصادية والاجتماعية والثقافية.

إن إدارة التغيير هي إدارة للفكر والجوهر وإدارة للمضمون الوظيفي والعقلي الذي يقود نحو اتجاهات معينه بذاتها,وتحمل أبعاد وظيفة جديدة ذات طابع بنائي وذات انطلاقه تحرريه تبقى وتؤكد على حرية الإنسان ومن ذلك يتضح لنا أهمية التغيير.

إن التغيير قضيه تتم وتخضع لمنظومة مستمرة تستمد استمرارها من استمرار الحياة ومن هنا نجد أن التغيير ملازم للحياة يبقى لكل موجود نشاطه حيث أن لتغيير مداخل متعددة أهمها:

1- عدم قبول الوضع الحالي:

وهذا يعني عدم قبول ما هو قائم الآن وهذا المدخل يتم استخدامه في حالة الثورات الشعبيه الجارفه ومن منطلق الإصلاح للعلاقات الاقتصاديه والاجتماعيه ومن خلالها تتأسس مجموعه من قواعد ومبادئ حاكمه لعملية التغيير وتقوم على عناصر رفض الماضي وهي تجسيم العيوب والقصور والأضرار الموجودة في

النظام الحالي وذلك من أجل خلق قوة دافعه جديده لاحداث التغيير والعمل على نجاحه وتحقيق اهدافه المنشودة.

2- التخلي عن الوضع الحالي الواقعي:

وأهمية هذا العنصر تكمن في أن الوضع الحالي تكون فيه المنظمة ضحية تيارات شديدة متناقضة من الآراء والأفكار والقيم ونجد أهمية منهج في ضرورة التخلي عن الواقع الحالي بأبعاده وجوانبه حتى يمكن إحداث التغيير المطلوب وكذلك إظهار عبثية وسلبية الأوضاع الحالية التي تعانيها المنظمة.

3- طريقة العمل من أجل احياء المنظمة:

حيث يتم في هذه النقطة العمل على احياء المنظمة بعد موتها وبعث روح الأمل من جديد والذي سوف تحققه المنظمة باختيار طريق واحد تسير فيه المنظمة وما فيها من أفراد وإدارة لتحقيق الأهداف المنشودة.

4- الصحوة واليقظة والتنبه:

ويقوم هذا الأسلوب على إثارة العديد من الأسئلة والافكار والآراء الذكية والتي تعمل على تشجيع الرغبة في التغيير والتطور والتحسين.

5- الوعي ومعرفة العيوب والعمل على حلّها:

وهي مرحله بنائيه ادراكيه شامله تقوم على تعميق الوعي والاحاطه بمشاكل الحاضر وعيوبه ويفرض ضرورة التدخل والتحرك لمعالجته وأن هذا الوعي الكامل يدرك الامكانيات والموارد والطاقات المتوفره والتي يمكن توفيرها.

6- التقدم نحو التغيير:

وهي مرحله سلوكيه فاعله ترتكز على الفعل والسلوك والحركه حيث البناء ووضع الأركان الرئيسية لعملية التغيير التي سوف تتم بناءً على أسس وخطة يعمل على وضعها حتى يتبين شكل التغيير وملامحه.

العالم يمر بحالة من التغيير الذي يمس جميع مجتمعات اليوم غنيها وفقيرها صغيرها وكبيرها، فالتغيير شديد الأهميه فهو ظاهرة اقتصاديه اجتماعيه سياسيه مربكه وهناك بعض جوانب المتعلقة بأهمية ومن هذه الجونب المتعلقة بأهمية التغيير:

- **المحافظة على النشاط والتقدم ومواكبة التطور:**

حيث تكمن أهمية التغيير في داخل المنظمه إلى التجديد والحيويه وتظهر روح التقدم والتطور والمقترحات الجديدة حيث تختفي روح عدم الاهتمام والسلبيه والروتين الذي يقتل الابداع والإنتاج.

- **غرس روح الإبداع والتنمية بين الأفراد:**

فالتغيير دائما يحتاج إلى جهد للتعامل معه على أساس أن هناك فريقين منهم ما يؤيد التغيير ويكون التعامل بالإيجاب ومنهم ما يتعامل بالمقاومة حيث أن ذلك التغيير يطلق كما هائلاً من مشاعر الخوف من المجهول وفقدان الميزات أو المراكز وفقدان الصلاحيات والمسؤوليات.

- **غرس روح التغيير بين أفراد المنظمة:**

إن عملية التغيير مبنية على التحفيـز وإزكاء الرغبـات والـدوافع نحـو التغييـر والارتقاء والتطوير وتحسين العمل وذلك من خلال عدة جوانب:

أ- عمليات الاصلاح ومواجهة المشكلات ومعالجتها.

ب- عمليات التجديد وتطويرالقوى الانتاجيه القادرة على الانتاج والعمل.

ج- التطوير الشامل والمتكامل الذي يقوم على تطبيق أساليب انتاج جديدة من خلال ادخال تكنلوجيا جديده ومتطورة حيث أن التكنولوجيا المتطورة والأساليب الحديثه توجد وتولد الأسباب والبواعث الطبيعة والذاتية نحو التغيير.

- **الحفاظ على الحيويه الفاعلة:**

حيث تكمن أهمية التغيير في داخل مؤسسة أو منظمة إلى التجديد والحيويه وتظهر روح الانتعاش والمقترحات, كما تختفي روح اللامبالاة والسلبيه والروتين الذي يقتل الإبداع والإنتاج.

7- التوافق مع التكنولوجيا وعولمة التجارة والتي تقود تلك الاتجاهات وتسيطر عليها:

يجب علينا أن نتعلم كيف نتوافق وبسلامه مع هذا التغيير أو نقوم بأداء الدور الصعب للتوافق معه فالتجديد الاقتصادي على سبيل المثال عامل منشط ومطلب ضروري يفرز بعض المفاهيم والمبادئ الاقتصادية الحديثة.

8- الوصول إلى درجه أعلى من القوة والأداء:

يمكن تلخيص الأسباب التي تدفع الإدارات إلى إحداث تطوير وتغيير في أجزاءها إلى وجود تغيرات ومشاكل محيطة بها، وأنه لا يمكن حلّ هذه المشاكل أو التواكب مع التغييرات المحيطة مالم تحدث بعض التغييرات في أجزاء الإدارة وفي الأسلوب الذي تفكر به في مواجهة مشاكلها. ويمكن تحويلها على أهداف مثل:

1. فحص مستمر لنمو أو تدهور الإدارة والفرص المحيطة بها.
2. تطوير أساليب الإدارة في علاجها للمشاكل التي تواجهها.

3. زيادة الثقة والإحترام والتفاعل بين أفراد الادارة.

4. زيادة حماس ومقدرة أفراد الادارة في مواجهة مشاكلهم وفي انضباطهم الذاتي.

5. تطوير قيادات قادرة على الإبداع الإداري وراغبة فيه.

6. زيادة قدرة الإدارة على الحفاظ على أصالة الصفات المميزة لأفراد وجماعات وإدارات وعمل وإنتاج الإدارة.

7. بناء مناخ محابي للتطوير والإبداع.

2- 5 التغيير وردود أفعاله Staff Attitudes to Change :

تختلف ردود أفعال الناس الناجمة عن التغيير ات المفاجئة من حولهم. ويمكن التمييز بين عدة مراحل تمر بها ردود الأفعال وهذه المراحل هي:

1- **الصدمة**: وهي تشير إلى شعور الأفراد في المنظمة بشعور حاد بعدم الإتزان وعدم القدرة على التصرف.

2- **عدم التصديق:** وهو شعور بعدم واقعية وعدم موضوعية السبب في ظهور التغير.

3- **الذنب:** وهو شعور الفرد بأنه قام بخطأ ما يتطلب التغيير الذي حدث.

4- **الإسقاط:** وهو قيام الفرد بتأنيب فرد آخر على التغيير الذي حدث.

5- **التبرير:** وهو قيام الفرد بوضع أسباب التغيير.

6- **التكامل**: وهو قيام الفرد بإحتواء التغيير وتحويله إلى مزايا يتمتع بها الفرد أو النظام.

7- **القبول**: وهو عبارة عن خضوع تحمس الفرد للوضع الجديد بعد التغيير.

6-2 مقاومة التغيير Resistant to Change:

تعتبر إدارة التغيير من أصعب المهمات الإدارية المبدعة؛ لأنها لا تتوقف على الممارسة الصحيحة فقط، بل التخطيط الناجح أيضاً ووضع النقاط على الحروف، والفكرة المناسبة في الظرف المناسب، والرجل المناسب في مكانه المناسب. وتشتدّ الصعوبة إذا واجه المدراء أفراداً يفضلون ما اعتادوا عليه، أو يتخوّفون بدرجة كبيرة من الحساسية من التغيير، لأن بعض الأفراد يرون في التغيير تهديداً لجهود كبيرة بذلت لأجل إقامة العمل وتكوين علاقات وروابط متينة، أو هدراً للطاقات، وبعضهم الآخر يرى فيه تهديداً لمصالحه الخاصة، ولهذا فإن ردّ الفعل الطبيعي على التغيير في أغلب الأحيان هو مقاومته في البداية بقوة، وعرقلة مسيرته لإضعافه وإفشاله.

لذا تصعب مهمة المدراء هنا لأنها تتطلب منهم القيام بعمليات توجيه وتوعية وتطمين كافية لزيادة الثقة والاستقرار وتحويل الخوف منه إلى قناعة، والعرقلة إلى دفع، وهذا لا يتم إلاّ إذا تمكنا من إقناع الأطراف بأن التغيير هو تقدم نحو الأفضل، وأن التغيير من هذا المنظور سيكون في النهاية في نفع الجميع ويصبّ في خدمة العمل والمؤسسة؛ لذلك يجب على المعنيين بإدارة التغيير توضيح أسبابه وأهدافه للعاملين، لتكوين رأي عام جيّد، وكتلة من العاملين تدعم المشروع وتبني لبناته.

ذلك أن عدم فهم الدوافع والغايات، وعدم إيجاد من يحمي الفكرة ويتبنّى آلياتها، يوجد روح المقاومة له، وصياغة الأجواء المضادّة للحيلولة دونه، ومن هنا لعلّ من المناسب أن نذكّر ببعض الأسباب التي تدعوا الكثيرين لمقاومة التغيير وهي كالتالي:

1. انعدام الاستقرار النفسي والطمأنينة؛ وذلك لأن التغيير يتطلب تبديلات وتغييرات في المناهج والأساليب، وفي ذلك تهديد للأمن النفسي خصوصاً عند الأفراد الذين لا يجدون ضرورة أو مصلحة في التغيير.

2. توقّع الخسارة؛ فغالباً ما يتوقع المعنيون بالتغيير أن هدف الإدارة من التغيير قد يكون التطوير، وقد لا يخلو من دوافع أخرى غير مصرّح بها قد تعود عليهم بالضرر لأن التغيير يتطلب إجراء بعض المحاسبات والتقييمات للمسيرة السابقة؛ الأمر الذي قد يعرّض العديد من الأفراد إلى المحك والميزان، وخصوصاً أولئك الذين يشعرون بالتقصير في إنجاز الوظائف أو الإحباط في الإنجاز. أو قد يكون من أجل استبدال بعض المسؤوليات والوظائف، وتغيير في جدول الأولويات أو ترقية بعض الأفراد مقابل إقصاء البعض أو إنزالهم من مراتبهم أو تصعيد غيرهم على حسابهم. وغير ذلك من الدوافع والأسباب التي هي في المحصلة النهائية تعود عليهم بالخسارة، خصوصاً أولئك الذين يفترضون أن التغيير موجّه ضد مصالحهم.

3. التخوّفات الاقتصادية؛ فإن بعض الأفراد يتصور أن التغيير يهدر دخله، لأن التغييرات الجديدة تتطلب تغيّر في معادلات الدخل والصرف وميزانيات الأعمال؛ الأمر الذي قد لا يرتضيه أو يلبّي طموحاته، خصوصاً وأنه تعوّد على مجاراة وضع مستقر كانت قد تهيأت أسبابه ودواعيه وشروطه.

4. القلق الاجتماعي؛ فإن التغيير بطبيعته قد يولد تخوّفاً من المجهول عند بعض الأفراد، لأنه يؤدي إلى فكّ بعض الأواصر والارتباطات وتأسيس أواصر وارتباطات جديدة غير معروفة من حيث الأفراد والعناصر

والمشارب والأمزجة، وربما يستلزم في بعض الأحيان الارتباط بعناصر لا يحبون التعامل معها، كما قد يفكّ ارتباطهم بعناصر يحبّذون التعامل معها.

5. الخوف من أن يؤدي التغيير إلى لزوم تعلّم مهارات جديدة وتجميد مهارات كانت مكتسبة ومختمرة، هذا فضلاً عما قد يسببه التغيير من تبدل في المواقع والأدوار والأمكنة والدوائر والمسؤوليات؛ إذ قد يخشى الإعلامي الذي يحبّ هذا الدور وتطبّع مع مهاراته، أن يبدّل التغيير دوره إلى إداري أو مدير مالي؛ الأمر الذي يجعله متعثراً في مسيرته ودوره، إلى غير ذلك من الأسباب والدواعي، وعلينا أن نعرف أن عمليات المقاومة للتغيير لا تنشأ من الأفراد فقط. بل قد تكون جماعية وحينئذٍ ستشكل خطورة كبيرة لأنها في هذه الصورة تكون قد تحوّلت إلى رأي عام وتكتلات تحمل نفس التصوّر والانطباع؛ وعليه فإنه إذا لم يتم اتخاذ الإجراءات المناسبة للتعامل معها بإيجابية فإنه سيؤدّي إلى الانقسامات الداخلية أو تحطيم المؤسسة بالكامل، كما ينبغي أن نلتفت أيضاً إلى أن التغيير غير المدروس قد يسبّب تنظيم عمليّات المقاومة من قبل العديد من المدراء وأصحاب النفوذ ويجعل الموانع حينئذٍ خططا مرسومة بشكل دقيق ومحمية بالقدرة والنفوذ تؤدّي في محصلتها إلى فشل التطوير والتغيير بشكل كبير ويبرز ذلك في مظاهر عديدة في المؤسّسة نفسها التي منها ما يلي:

1. **الجمود الهيكلي:** أي يتم انتخاب العناصر المؤثرة والتي يمكن أن تساهم مساهمة إيجابية في التغيير لتحييدها أو جرّها إلى صفوف المقاومة، وبالتالي قد تنقسم المؤسسة إلى جماعات تمثّل كل جماعة تياراً يحميها ويؤيدها ويعرقل عمل التيار الآخر.

2. تقييد جماعات العمل أو المشاريع والخطط أو عرقلتها بذرائع مختلفة.

3. زيادة تمسّك بعض الأفراد بما عندهم من مهام وإمكانات وتشديد القبضة عليها، لكي لا تفلت من الزمام، وتعطيهم القدرة على التحكم بها متى شاءوا خوفاً من فقدانها أو عناداً للتغيرات الجديدة.

4. اشتداد حالة التذمّر وتوسيع نطاقها لجعلها حالة مستشرية، وهذا الأمر يستفيد منه غالباً الأفراد الذين لهم قدرة عالية على التنظيم والإدارة لتحويل المقاومة إلى رأي عام وبالتالي فتح جبهات متعدّدة على الإدارة بما يحول دون وصولها إلى أهدافها في التغيير.

ومن هنا فإن الحكمة تتطلب دائماً أن نتحلى بقدرٍ كافٍ من الشجاعة والصبر والإرادة والتصميم، بالإضافة إلى التحلّي بالحكمة والحنكة والتهيئة الكافية للتغيير من حيث الدراسة والموضوعية ورسم الخطط الصحيحة لتتم العملية بلا أضرار أو مع أضرارٍ أقل مع ضمان أكبر لقبول العاملين والأفراد وكسب تعاطفهم معها.

2- 7 أسباب مقاومة التغيير Reasons for Change Resistant:

أظهرت المشاهدات والتجارب أن الأفراد في المؤسسة قد يقاومون التغيير الذي تزمع الإدارة إدخاله أو إحداثه، و قد تنصب مقاومتهم على نوع التغيير أو حجمه أو كيفية تطبيقه أو توقيت ادخالـه.

تأخذ مقاومة التغيير درجات مختلفة كما نبينه في الشكل 2-2 التالي:

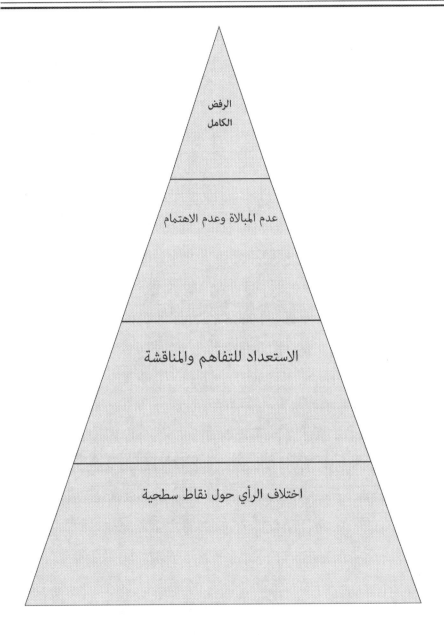

شكل 2- 2 درجات مقاومة التغيير في المنظمات

تعتبر مقاومة التغيير من المشاكل أو المعوقات الرئيسية التي تواجه عملية تطبيق إدارة الجودة الشاملة، حتى وإن أدى التغيير إلى التحسين. وتتكون هذه المقاومة من صعوبات حقيقية وأخرى مدركة أو تخيلية، حيث يقاوم الأفراد التغيير للعديد من الأسباب أهمّها:

- الخوف، فاول شيء يفعله الأفراد عندما يسمعون بالتغيير، أنّهم يحوّلونه إلى إهتمام شخصي، ويتساءلون عن كيفية تأثير التغيير عليهم.
- إنّ التغيير، يعني أداء الأشياء بشكل مختلف وإيجاد معرفة جديدة ومعلومات إضافية يجب تعلّمها وتطبيقها، مما يجعل الأفراد يدركون فقد السيطرة على ما يؤدونه من عمل.
- القلق من عدم القدرة على أداء الأشياء الجديدة.
- إنّ التغيير قد يعني مزيدا من أعباء العمل.
- الإستياءات الماضية (Past Resentments) وعدم التفكير والتخطيط للمستقبل.
- عدم الثقة في إدارة الجودة الشاملة.
- عدم الرّغبة في تحمّل المسؤولية والإلتزام.

8-2 علاج مقاومة التغيير Change Resistant therapeutic :

لا شكّ أنّ قدرة الإدارة على التغلّب مبكّرا على المقاومة يساعد على إزالة الكثير من الخوف والقلق المصاحب لعملية التغيير، إن ما تحتاج المؤسسة القيام به هو توقع المقاومة وتحديد العوامل التي تؤدي إلى هذه المقاومة وتحديد أنسب الطرق للتغلب عليها.

في هذا الصدد، يصبح من الواضح ضرورة إستعانة المؤسسة بالاستشارات الخارجية لمساعدتها على تطبيق إدارة الجودة الشاملة. يعتبر المستشارون متخصصين، لأنّ الفوائد التي يمكن الحصول عليها من الاستعانة بخبراتهم على موقف محدّد سوف تزيد كثيراً على ما تتحمله من تكلفة، وإنّ مصداقية هؤلاء المستشارين وخبرتهم الواسعة تؤهلهم لمساعدة المؤسسة على التحوّل الأسرع والانسيابي تجاه إدارة الجودة الشاملة، فلقد واجه المستشارون العديد من العوائق أثناء تطبيق المؤسسات لإدارة الجودة الشاملة، وتغلّبوا عليها بفضل ما يمتلكونه من معرفة تفصيلية لكيفية تقليل مشاكل التطبيق إلى حدّها الأدنى.

إن طبيعة الناس تقبل التغيير كأمر طبيعي في الحياة، ولكن ما يرفضه الناس هي الإجراءات التي يمر بها التغيير، والأساليب المستخدمة في ذلك، والظروف المحيطة بهذا التغيير. ونذكر بعض الأسباب:-

- عدم وضوح أهداف التغيير.

- عدم اشتراك الأشخاص المتأثرين بالتغيير.

- عندما يكون إقناع الآخرين بالتغيير يعتمد على أسباب شخصية.

- تجاهل تقاليد وأنماط ومعايير العمل.

- ضعف التواصل وضعف المعلومات المتوفرة عن موضوع التغيير.

- عندما يكون هناك خوف من نتائج التغيير، أو تهديد للمصالح الشخصية.

- عدم نجاح عملية التغيير وتحقيق الأهداف المنشودة.

- ارتباط التغيير بأعباء وضغوط عمل كبيرة.

- عدم وجود الثقة بين الأفراد الذين يديرون أو يقومون بعملية التغيير.

- الرضاء بالوضع الحالي السيء للمنظمة.
- تنفيذ عملية التغيير بوقت سريع.
- قلة الخبرة والمهارات للافراد الذين يعملون على التخطيط وإدارة عملية التغيير وعلى التغيير نفسه.
- وجود تعارض حقيقي بين آراء الأفراد فيما يتعلق بالتغيير.

الفصل الثالث

أنواع التغيير
Types of Change

الفصل الرابع
أنواع التغيير
Types of Change

الأهداف التعليمية للفصل الثالث:

يهدف هذا الفصل إلى التعريف بأهم المفاهيم الأساسية المتعلقة بإدارة التغيير، حيث يبين هذا الفصل الأنواع الرئيسية للتغيير وشرح مفصل لكل نوع من هذه الأنواع المختلفة للتغيير وإدارة التغيير كما يوضح أنواع التغيير الرئيسية التي على القادة والإداريون الإلمام بها قبل إدارتها. كما يبين هذا الفصل أهمية الاتصال والتواصل بين أعضاء الفريق والإدارة من أجل تنسيق وتنظيم وتنفيذ كافة المهام المطلوبة لتنفيذ عملية التغيير وإدارة التغيير.

ومن أهم أهداف هذا الفصل:

- شرح وتوضيح ماهية التغيير وعملية إدارة التغيير في العصر الحديث.

- التعرف إلى الأنواع الرئيسية للتغيير.

- التعرف على أهمية المعرفة وإدارة المعرفة وما هي أهمية التغيير لكل من المؤسسات والأفراد على حدّ سواء.

1-3 المقدمة Introduction :

قال تعالى في محكم كتابه الكريم:

(لِمَنْ شَاءَ مِنْكُمْ أَنْ يَتَقَدَّمَ أَوْ يَتَأَخَّرَ)

[المدثر: 37]

إن التغيير سواءً كان للأفراد أو المنظمات أو حتى للدول وبشكل عام من الممكن أن يقسم إلى نوعين هما:

- التغيير الإيجابي Positive Change
- التغيير السلبي Negative Change

إن التغيير ليس فيه وقوف وإنما تقدم أو تأخر.. ولا شك أن التقدم يكون مع التغيير الإيجابي الذي هو التغيير نحو الأحسن، التغيير الذي يجعل الأفراد والمنظمات وحتى الدول - كما حصل مع اليابان واندونيسيا - تتطور وتنجح في عملية التغيير نحو الأفضل والأكمل على نحو يرضي الله سبحانه وتعالى ثم يرضى الأفراد والمجتمع والعالم بأسره بحيث يكون متوافقاً مع الدين والقيم الإنسانية.

وليس التغيير السلبي والذي هو التغيير نحو الخلف، نحو التأخر والأسوأ, نحو الفشل والسقوط , نحو غضب الله. نسأل الله العافية.

ليس كلّ تغيير هو تغيير إيجابي ومحمود، وهذا المعنى نراه في القرآن الكريم, حيث يقول الله سبحانه وتعالى متحدثاً عن كيد الشيطان:

(وَلَأُضِلَّنَّهُمْ وَلَأُمَنِّيَنَّهُمْ وَلَآمُرَنَّهُمْ فَلَيُبَتِّكُنَّ آذَانَ الْأَنْعَامِ وَلَآمُرَنَّهُمْ فَلَيُغَيِّرُنَّ خَلْقَ اللَّهِ وَمَنْ يَتَّخِذِ الشَّيْطَانَ وَلِيًّا مِنْ دُونِ اللَّهِ فَقَدْ خَسِرَ خُسْرَانًا مُبِينًا)

[النساء: 119]

إذا الشيطان يأمر بالتغيير أيضاً ولكنه يأمر بالتغيير الذي يؤدي إلى الخسران والى الجحيم.. وكذلك يتحدث القرآن عن التغيير السلبي بقوله سبحانه وتعالى:

(إِنَّ الَّذِينَ آمَنُوا ثُمَّ كَفَرُوا ثُمَّ آمَنُوا ثُمَّ كَفَرُوا ثُمَّ ازْدَادُوا كُفْرًا لَمْ يَكُنِ اللَّهُ لِيَغْفِرَ لَهُمْ وَلَا لِيَهْدِيَهُمْ سَبِيلًا)

[النساء: 137]

2-3 أنواع التغيير Types of Change:

إن المقصود بالتغيير أنه سلسلة مترابطة ومجدولة ومخططة من المراحل التي من خلالها يتم الانتقال من الوضع الحالي إلى الوضع الجديد، أي أن التغيير هو تحول من وضع المنظمة الحالي إلى وضع المنظمة المستقبلي المستهدف، وهذا بسبب وجود عيوب أو نقاط ضعف لوضع المنظمة الحالي، حيث أنه ومن ضمن المتغيرات التي تفرض على المجتمع التغيير النقاط التالية:

- درجة المعاناة من سوء وضعف الوضع الحالي للمنظمة أو الأفراد.
- مدى وضوح الفوائد والمزايا التي يهدف إلى تحقيقها التغيير.

وبالنسبة للمؤسسات التي تبحث عن المزيد من التنافس والقيمة والأرباح نجد أن درجة المعاناة من سوء وضعف الوضع المعايش بسبب ضعف الإدارة يتوجب علينا الاستفادة من إدارة التغيير للانتقال بالوضع إلى نقطة توازن أفضل إلا أن هناك العديد من الاستراتيجيات المتبعة للتغيير والانتقال إلى وضع جديد حيث أن هناك العديد من أنواع التغيير على القيادة أو الإدارة الإلمام الجيد بها.

وعلى كلّ القادة أن يفهموا بشكل دقيق الأنواع المختلفة من التغيير قبل العمل على قيادتها وإدارتها وذلك من أجل أن تتم عملية التغيير بشكل ناجح يحقق

الأهداف المرجوة وعلى العموم فإنه يمكن تقسيم التغيير إلى عدة أنواع رئيسية هي:

1. التغيير التطوير Developmental Change
2. التغيير النقلي Transitional change
3. التغيير الإستراتيجي Strategic Change
4. التغيير الوظيفي Functional Change

وسوف يتم التطرق لهذه الأنواع بمزيد من الشرح والتفصيل في القسم التالي:

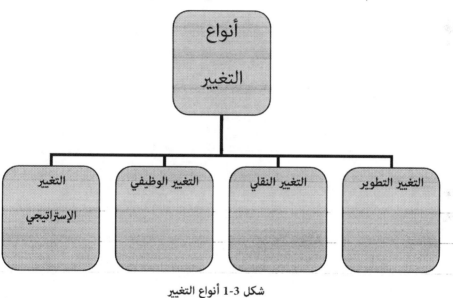

شكل 3-1 أنواع التغيير

1. التغيير التطويري Developmental Change

إن هذا النوع من التغير هو النوع الأبسط من أنواع التغيير التي قد يتمّ تنفيذها في المنظمات، وفي هذا النوع من التغيير، يمكن أن يتمّ وصف الوضع الجديد بأنه تحسين Optimization وتطوير Development للوضع القديم، فهذا النوع لا

يشتمل على حلول تتطلب تغيير عميق في المنظمة، حيث تكون نتيجة هذا النوع من التغيير ازاحة أو تغيير بسيط في متطلبات البيئة أو متطلبات السوق التي تحتاجها المؤسسات من أجل النجاح، أو هو ببساطة الحاجة المستمرة لتحسين عمليات التشغيل أو العمل في المنظمة، أي أن المنظمة تتقدم خطوة أو خطوتين نحو الأمام من أجل أن تساير الظروف المحيطة بها، وتعتبر نسبة التكلفة والتطوير أو التغيير في هذا النوع بسيطة بالمقارنة مع غيره من أنواع التغيير الأخرى، وهذا لا يعني أن هذا التغيير غير ضروري أو غير مهم أو لا يعتبر تحدياً للإدارة أو القيادة في المنظمة، إلا أن المخاطر أو التهديدات التي قد تطرأ مع هذا النوع من التغير تعتبر قليلة نسبياً وتكون الفجوة أو الفرق بين الوضع القديم والوضع الجديد قليلة نسبة إلى الأنواع الأخرى من التغيير.

أما بالنسبة لإدارة هذا النوع من التغيير من تنظيم وتنسيق ووضع الخطة فهي غاية في السهولة وعملية إدارة ووضع خطة لهذا النوع من التغيير بسيطة ولا تحتاج إلى جهد أو وقت كبير من أجل تطويرها وتنفيذها لاحقاً.

من الممكن أن يقوم القادة بوضع خطة تطوير للتغير من خلال مشاركة المعلومات حول الأسباب التي يجب أن تعمل من أجلها على زيادة مستوى الأداء في المنظمة وكذلك بوضع خطة موسعة لتنفيذ عملية التغيير حسب جدول زمني وميزانية محددة. ويجب على القادة أن يعملوا على تحفيز الموظفين على ابداء وطرح الأفكار والآراء والتي تكون مهمة جداً في عملية التغيير، وتتمّ عملية التحفيز لمثل هذا النوع من التغيير باستخدام العديد من الأمور مثل:

- توفير الأدوات والوسائل المناسبة التي تساعد الأفراد على مشاركة المعلومات وطرح ومناقشة الأفكار والآراء.

- عبر عقد الاجتماعات والمناقشات وطرح الأسئلة والمناقشة مع كافة الأفراد.

- إشراك الأفراد في عملية وضع خطة التغيير من البداية وحتى نهاية عملية التنفيذ.

- عبر عمليات التدريب للأفراد محلياً وخارجياً لتنمية مهاراتهم وتطويرها.

- عبر بناء فريق عمل متكامل مبني على التعاون والثقة والعمل الجماعي.

- بواسطة تسخير بعض التطبيقات والعمليات المتعلقة بالجودة.

- من خلال عمليات حلّ المشكلات.

- من خلال التحفيز المالي واعطاء المكافئات والعطايات للمجتهدين والمبدعين في المنظمة.

- من خلال تطوير عمليات الاتصالات والتواصل بين أعضاء الفريق وبين الفريق والإدارة من جهة اخرى.

- من خلال عمليات التغذية الراجعة.

في هذا النوع من التغيير (التغيير التطويري) يوجد فرضيتان أساسيتين لعملية التطوير في المنظمة هما:

أولاً: لدى الأفراد في المنظمة القدرة على التقدم والتطوير.

ثانياً: الأفراد في المنظمة سوف يتطوروا إذا تمّ تزويدهم بالأسباب والمصادر والتحفيز والتدريب المناسب.

من الممكن اعتبار أن أفضل إستراتيجية لعملية التغيير التطويري هي التدريب و ذلك في بيئة لخلق مهارات جديدة وقدرة على التواصل والعمل باستخدام تقنيات

جديدة من أجل تحقيق الأهداف المنشودة. حيث أنه من الممكن أن يقوم القادة باستخدام تقنية التقييم وتقنية حلّ المشكلات وذلك لتعريف محددات ومعوقات الأداء والعمل على إزالتها.

إن تطبيق التغيير التطويري يجب أن يتم تطبيقه على الأفراد والمجموعات أو لكلّ المنظمة، حيث لا بدّ أن تتمّ عملية التطوير والتحسين عبر العديد من الخطوات وعمليات التحسين وتشمل:

- تدريب كلّ من الموظفين والفنيين على التقنيات الجديدة وعلى كيفية أداء العمل بالطريقة الحديثة والصحيحة وتدريبهم على المهارات المختلفة المتعلقة بمهام الإشراف والعلاقات العامة والاتصالات وغيرها من المهام.
- استخدام بعض الأدوات والتطبيقات لتحسين طريقة العمل أو الجودة.
- من خلال غرس روح العمل الجماعي والتعاون بين الأفراد.
- من خلال حلّ المشكلات المستعصية أو التخفيف من حدتها.
- من خلال التوسع بالعمل وسوق العمل محلياً واقليمياً وعالمياً.

2. التغيير الاستراتيجي Strategic Change

يرتبط ويُعنى التغيير الاستراتيجي بالقضايا الرئيسية طويلة الأجل التي تشغل المؤسسة وهو خطوة للمستقبل ولذلك يمكن تعريفه بصفة عامة بمصطلح الرؤية الإستراتيجية حيث يشمل هدف المؤسسة ورسالتها وفلسفتها المشتركة عن النمو والجودة والابتكار والقيم التي تخص العاملين واحتياجات الفئات المستفيدة والتقنيات المستخدمة حيث يقودنا هذا التعريف الشامل إلى تحديد مواصفات المراكز التنافسية إلى جانب تدعيم هذه الأهداف بالسياسات التي تخص التسويق والمبيعات والتصنيع ومعالجة وتطوير المنتجات والتمويل وإدارة شؤون الأفراد.

ويحدث التغيير الاستراتيجي في نطاق عدة عوامل هي البيئة الخارجية والموارد الداخلية للمؤسسة, والإمكانيات والثقافة والهياكل والأنظمة ويتطلب التنفيذ الناجح للتغير الإستراتيجي تحليلاً وتفهماً كاملين لهذه العوامل في مراحل المشروع الأولى مثل مرحلة التكوين والتخطيط.

إضافة إلى ذلك فقد بينت العديد من أدبيات التغيير (Nadler, 1989; Kotter, 1995) أهمية إضافة الطابع الاستراتيجي عند تنفيذ التغيير، فإدارة التغيير يجب أن يتمّ ربطها بشكل كبير بالرؤية والأهداف الإستراتيجية للمنظمة حيث أن عملية التغيير في ظلّ غياب الإستراتيجية تشبه الرؤية البعيدة المدى أو الحلم الذي يستحيل تحقيقه، فالإستراتيجية عبارة عن أداة أو وسيلة لتحقيق الرؤية ورسالة المنظمة، والخطط الإستراتيجية عبارة عن خارطة الطريق التي تحتاجها الرؤية من أجل تحقيق الأهداف الموضوعة. وتستلزم القيادة الفعالة القدرة على البناء والالتزام بالوقت و الميزانية المحددة والعمل لتنفيذ استراتيجيات عقلانية للأعمال على ضوء احتمالات مستقبلية لاحتياجات المنظمة.

وقد بين (Nadler (1989 أنة لكي يكون التغيير ناجحاً، يجب أن يتمّ ربطة بشكل واضح بالمواضيع الاستراتيجية للمنظمة، بحيث أن الرؤية لا بدّ لها أن ترتبط ببعض الأمور والنقاط الأساسية (الشكل 3-2) منها:

- **العقلانية**- لتوضيح حاجة المنظمة إلى الرؤية، أو لماذا تحتاج المنظمة إلى التغيير.

- **ذوي المصالح مع المنظمة** - مناقشة ذوي المصالح في المنظمة، وما هي الفوائد التي سوف تقدم لهم من خلال عملية التغيير؟

- **أهداف الأداء**- تحديد القيم والمعتقدات الرئيسية التي تدفع المنظمة للتغيير.

- **العمليات والبناء التنظيمي**- كيف سيكون البناء التنظيمي للمنظمة ؟ وما هي العلاقة بين كلّ العناصر فيها، أو كيفية العمل لتحقيق الرؤية؟.
- **أسلوب التشغيل**- المناقشة لتحديد بعض العناصر لكيفية أداء الأفراد للعمل وكيفية تفاعلهم مع بعضهم البعض.

وتتطلب الإستراتيجية الفعّالة للتغير إيجاد علاقات أو تحالف مع مجموعة من الأفراد وإعطائهم صلاحيات أو سلطة لقيادة التغيير والعمل بصورة جماعية كفريق عمل. وقد شدد Kotter أيضا على الحاجة لاستخدام كل الوسائل المتاحة لتوصيل وشرح الرؤية الجديدة والاستراتيجية والتأكيد على أهمية إيجاد منهجية أو وسيلة تشكل نموذج أو خارطة طريق لتوجية السلوك المتوقع لجميع العاملين.

ومن الأمور التي يجب أن يتم توظيفها بشكل فعّال عملية التواصل والاتصال بين الأفراد فيما بينهم داخل المنظمة وخارجها وبينهم وبين الإدارة والعملاء والمزودين، حيث يعتبر الاتصال أحد العناصر الرئيسة لنجاح تنفيذ عملية التغيير.

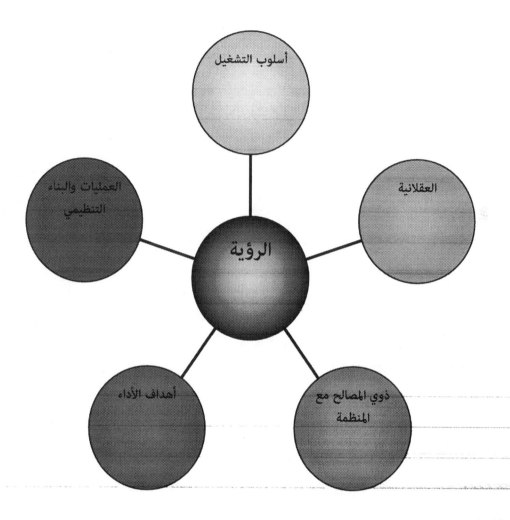

شكل 3-2: الرؤية وعناصر ارتباطها

تحتاج المنظمة التي تمر بعملية التغيير لعملية الاتصال لتوضيح الوضع المستقبلي فيما يتعلق بكل
ما هو وثيق الصلة باحتياجات ومتطلبات العاملين في مختلف المستويات الإدارية. حيث أن من Stace
and Dunphy (1999:120)" أهم المهام الأساسية للقادة صياغة رؤية جديدة لقيادة المنشاة للمستقبل
المنشود.

وهناك حاجة للتأكد بفعالية عملية الاتصال لإيصال الرؤية لكي يتمّ تحويلها لنشاطات وأعمال حيوية من قبل جميع الأفراد في المنظمة. حيث لابدّ للقائد أن يهيئ نفسه بحيث يقرن أقواله بأفعاله. وأن يتصرف بأسلوب يتطابق مع الرسالة التي تحتويها الرؤية".ولا يمكن تجاهل أهمية دور القيادات في الاتصال خلال تنفيذ المراحل المختلفة للتغيير لمختلف المستويات الإدارية. حيث تشكل قناعة الموظفين خلال المراحل الأولية للتغير أساس تقبلهم للتغيرات اللاحقة، ويعتمد ذلك بصورة جوهرية على قدرة القيادات على تبني إستراتيجية الاتصال الفعال والمستمر مع أصحاب المصالح داخل المنشأة وخارجها.

إن الفشل في تبنى إستراتيجية للاتصال يقلل الفرصة في تسهيل تفسير الأفراد للتغيير ومن ثمّ يضعف الفرصة لتقبل التغيير (Reger, et al. 1994; Smith, 1998). ولكي يكون الاتصال فعالاً، لا بدّ من توافر عناصر أساسية، حددها(Kotter, 1996:90-91)، فيما يلي:

- **السهولة وعدم التعقيد Simplicity**- البعد عن المصطلحات الفنية المعقدة.
- **استخدام العبارات الواضحة البليغة وطرح الأمثلة Metapher, Analogy and Example** - التركيز على استخدام الصور اللفظية في عملية الاتصال.
- **تنوع اساليب عمليات الطرح والنقاش Multiple Forums.**
- **التكرار.**
- **القدوة الحسنة وإظهار المصداقية.**
- **التغذية الرجعة FeedBack.**

3. التغيير الوظيفي:

يرتبط التغيير الوظيفي بالأنظمة الجديدة والإجراءات وبناء المنظمة والتقنيات التي لها أثر مباشر على تنظيم العمل داخل أي قسم من المنظمة، وهذه التغييرات قد يكون أثرها أكبر على العاملين الأفراد من التغييرات الإستراتيجية ولذلك فإنه يجب التعامل معها بعناية فائقة.

○ **كيف يتغير الأفراد العاملون؟**

يجب على القادة والجهات الإدارية والأفراد في المنظمة أن يكونوا على دراية جيدة بالطرق والأساليب الفنية والإدارية والتي يتغير بها الأفراد العاملون حيث أن هناك عدة افتراضات لابدّ للرجوع إليها من أجل عملية تغيير الأفراد وهذه الافتراضات من الممكن تلخيصها بما يلي:

🔘 يجب أن يكون اختيار العاملين لتصرفاتهم اختياراً واعياً ومسئولاً.

🔘 المعلومات التي يستخدمها العاملون في اختيار تصرفاتهم تستمد من البيئة المحيطة بهم ومن بيئة العمل.

🔘 تكون اختيارات العاملون الأفراد بناءً على الأخذ بعين الاعتبار النقاط التالية:

‒ الأمور المهمة بالنسبة لهم.

‒ اعتقاداتهم وآرائهم عن قدراتهم على التصرف بطرق معينة.

‒ العواقب التي يتوقعون حدوثها نتيجة للتصرفات التي يفعلونها.

‒ قدراتهم على الإبداع وتقديم كلّ ما هو جديد.

‒ مهاراتهم في استخدام العديد من التقنيات الحديثة.

ــ يجب على القادة أن يعلموا أنه إذا أرادوا تغيير تصرف العاملين فإنه يجب عليهم:

أولاً: تغيير البيئة التي يعملون بها.

ثانياً: بإقناعهم بالحكمة والنقاش أنه يمكن لهم أن يتغيروا (التدريب مهم في هذه الحالة).

ثالثاً: بإقناعهم بأن هذا التصرف سيؤدي إلى نتيجة ايجابية سوف تكون لمصلحتهم ومصلحة المنظمة التي يعملون بها.

4. **التغيير النقلي أو التحولي Transforming Change :**

إن عملية التغيير التحولي عملية أكثر تعقيداً من باقي أنواع التغيير السالف ذكرها، فهذا النوع مـن التغيير يتطلب العديد من الأمور لكي يكون تنفيذ هذا النوع من التغيير ناجحاً بشكل تام منها:

1. يتطلب استجابة قوية لمتطلبات السوق.

2. يتطلب استجابة قوبة للتحولات في قوى البيئة المحيطة بالمنظمة.

3. لا يتطلب معرفة ما هو المطلوب لعملية التحسين والتطوير.

4. يتطلب أشياء أكثر اختلافاً وتعقيداً (انظر الشكل 3-3).

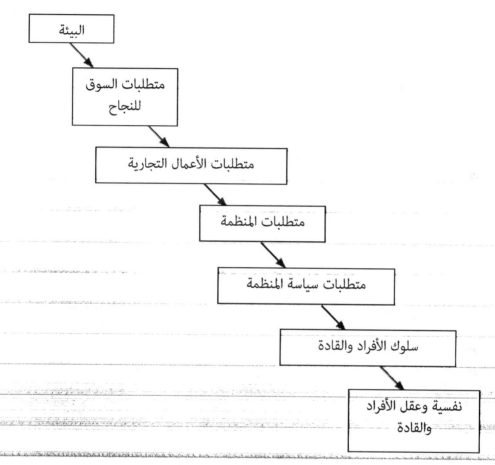

شكل 3-3 نجاح عملية التغيير النقلي أو التحولي

إن التغيير التحولي يبدأ عندما يدرك القادة بأن هناك مشكلة موجودة أو أن فرصة لا يجري ملاحقتها واستغلالها وأن هناك شيء ما في عملية موجودة تحتاج إلى تغيير أو تحتاج إلى إنشاء لكي تخدم بشكل أفضل المتطلبات الحالية أو المستقبلية، حيث أنه عندما يقوم القادة أو مدراء التغيير أو فريق العمل على تقييم الحاجة والفرصة المتاحة حالياً عندها يعملوا على تصميم حالة مستقبلية أكثر فائدية

لتلبي هذه المتطلبات الواضحة، وكـما نـرى في الشـكل 3-4 لتحقيـق هـذه الحالـة الجديـدة فيجـب عـلى المنظمة أن تقوم بتفكيك أو هجر الطريقة القديمة في التشغيل والتوجه نحـو تحـول أو نقلـة بـينما تكـون الحالة الجديدة قد وضعت في مكانها.

بعض الأمثلة على التغيير التحولي:

o عملية إعداد وتوظيف تقنيات أو حاسبات جديدة والتي لا تتطلب تغييرات رئيسية في السلوك.

o عملية التحويل أو الانتقال.

o إعادة التنظيم والهيكلة في المنظمة.

o عملية دمج بسيطة.

o عملية خلق منتجات جديدة أو خدمات جديدة أو عمليات أو سياسات أو إجراءات والتـي يـتمّ استبدالها بالقديمة.

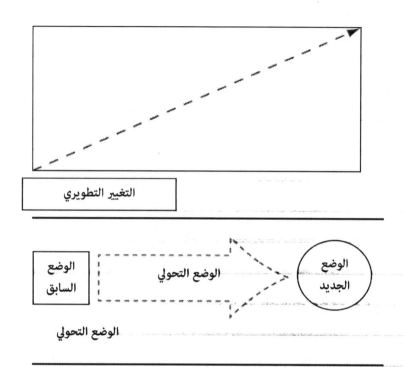

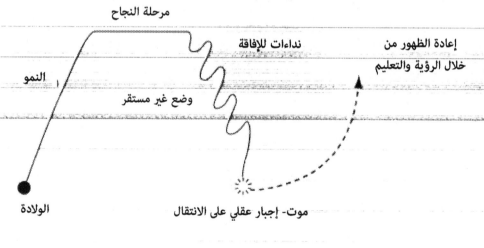

الشكل 3-4 التغيير التحولي

3-3 مجالات التغييـر:

تستطيع المؤسسة أن تتبع عدة مناهج للتغيير وهي:-

1- **التغيير التكنولوجي** : والذي يشمل الأدوات والمعدات والطرق والأساليب.

2- **التغيير التنـظيمـي**: و الذي ينصب على العلاقات الوظيفية والبناء الهيكلي للمنظمـة وإدارتهـا و أقسامها ووحداتها.

3- **التغيير الإنسـاني**: و هو الذي يتعلق بتغيير في أفكار الناس واتجاهاتهم وعاداتهم و قيمهم و دوافعهم و طموحاتهم.

4- **التغيير في العمـل**: أو تغيير الواجبات الوظيفية، إما من الناحية الكمية أو الناحيـة النوعيـة أو كليهما.

ولا بدّ من الإشارة إلى أن هذه المجالات متداخلة مترابطة، و أن واحداً منها يؤثر في الأخرى و يتأثر بها، وسوف يتمّ التطرق إلى المساحات التي من الممكن أن تعمل المنظمة على تغييرها في الفصل السـادس من هذا الكتاب إن شاء الله العليم الحكيم.

الفصل الرابع

مراحل التغيير

محتويات الفصل:

الفصل الرابع
مراحل التغيير

الأهداف التعليمية للفصل الرابع:

يهدف هذا الفصل إلى التعريف بأهم المفاهيم الأساسية المتعلقة بإدارة التغيير، حيث يبين المراحل المختلفة التي تمر بها عمليات التغيير في المنظمات مع شرح مفصل لكل نوع منها، كما بين هذا الفصل الإستراتيجية المختلفة في عملية تطوير المنظمة وإدارة التغيير.

ومن أهم أهداف هذا الفصل:

- شرح وتوضيح ماهية التغيير وعملية إدارة التغيير في العصر الحديث.
- التعرف إلى المراحل الرئيسية للتغيير.
- التعرف على أهمية ادراك الإدارة لمراحل التطوير والتغيير في المنظمة من أجل العمل على تطوير المنظمة.
- شرح وتوضيح مراحل التغيير في المنظمة.

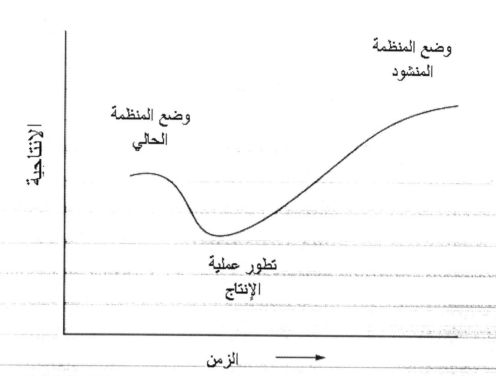

شكل 4-1 التغيير في المنظمات

1-4 المقدمة Introduction:

إن المنظمات عبارة عن نظام رسمي مفتوح تنمو وتتطور وتتفاعل مع الفرص والتحديات الموجودة بيئتها التي تنشط بها... فالتغيير ظاهرة طبيعية تقتضي تحول تلك المنظمات من وضع قائم إلى وضع آخر مستهدف، قد يضمن لها البقاء والاستمرارية في بيئة مضطربة و معقدة وشديدة التنافس وعلى مستوى كل العالم.

" التغيير عملية طبيعية تكون مبنية على عمليات إدارية معتمدة، ينتج عنها ادراج تطوير بدرجة ما على عنصر أو أكثر في المنظمة، ويمكن رؤيته كسلسلة من المراحل التي من خلالها يتم الانتقال من الوضع الحالي إلى الوضع الجديد " (شكل 4-1).

التغيير كما عرفته " روزابث موسى كانتر " هو عملية تحليل وضع المنظمة السابق لاستخلاص النشاطات الحالية المطلوبة من أجل وضع الشركة الجديد في المستقبل، ويشمل الانتقال من حالة المنظمة الحالية إلى حالة انتقالية حتى تصل إلى الحالة المنشودة في المستقبل (شكل 4-1). حيث تبدأ العملية عند الادراك والشعور والحاجة إلى التغيير والتقدم خطوات إلى الأمام، حيث تبدأ عملية دراسة و تحليل هذه الحالة والعوامل التي أوجدتها وبناء الخطط لينتهي بتشخيص للصفات المميزة للموقف وتوضيح وشرح الاتجاه الذي تتمّ فيه هذه النشاطات. بعد ذلك يمكن التعرف على الطرق الممكنة للعمل وتقييمها واختيار طريقة العمل المفضلة منها. بعد ذلك يجب أن تعمل الإدارة على التقرير بكيفية الانتقال من حالة إلى أخرى.

إن إدارة عملية التغيير في هذه الحالة الانتقالية هي مرحلة حاسمة في عملية التغيير. ومن هنا تظهر بعض مشكلات ومعوقات تنفيذ وإدراج التغيير والتي يجب التغلب عليها بكل الوسائل وهذه المشكلات يمكن حصرها في:

- مقاومة التغيير من قبل العديد من الأفراد في المؤسسة.

- وجود وظهور فترات الاستقرار البسيطة.
- ظهور مستويات من الضغط المرتفعة والطاقة الغير موجهة.
- الصراع وفقدان القوة الدافعة.

وهنا يجب على الإدارة أو القائد الجيد أن يعمل على تذليل هذه المشكلات ووضع حلّ عاجل لها وبذل كلّ ما يمكن من جهد لمقاومة ردود الأفعال والمعوقات المحتملة لإدخال التغيير.

إن مراحل الإنشاء يمكن أن تكون عملية شاقة عند بدء الإدارة بالتخطيط للتغيير حيث يظنّ الكثير من الأفراد في المنظمات أن عملية التغيير عملية دقيقة ومنطقية بحتة تبدأ وتسير من الخطوة الأولى أ إلى الخطوة ب - وهي ليست كذلك بشكل دقيق ففي كثير من الأحيان يضطر إلى الرجوع إلى الخطوة الأولى في منتصف الطريق أو التقدم عدة خطوات.

2-4 مراحل التغيير في المنظمات:

قال تعالى : (مِنْ بَيْنِ يَدَيْهِ وَمِنْ خَلْفِهِ يَحْفَظُونَهُ مِنْ أَمْرِ اللَّهِ إِنَّ اللَّهَ لَا يُغَيِّرُ مَا بِقَوْمٍ حَتَّى يُغَيِّرُوا مَا بِأَنْفُسِهِمْ وَإِذَا أَرَادَ اللَّهُ بِقَوْمٍ سُوءًا فَلَا مَرَدَّ لَهُ وَمَا لَهُمْ مِنْ دُونِهِ مِنْ وَالٍ)

[الرعد: 11]

يجب أن لا يفوتنا أنه إذا أردنا حقا أن نغير من واقعنا أو من أنفسنا نحو الأفضل فإننا يجب أن نلتزم بما خططنا له بسرعة التنفيذ والصبر والتغلب على كلّ العقبات التي تواجهنا لأن النصر مع الصبر، ويجب علينا أن نستعين بالله دائما وأن تكون نيتنا للتغيير لوجه الله أولاً ثم للتطور ثانياً فالله وحده سبحانه هو مسبب الأسباب و مجيب الدعاء وهو على كلّ شيء قدير.

يجب أن تكون هناك استراتيجية يعمل على تنفيذها القائد من أجل الوصول إلى الهدف المنشود للمنظمة، والإستراتيجية ما هي إلا:

توجهات المنظمة على المدى البعيد والتي تسعى من خلالها إلى تحقيق ميزات تنافسية للمنظمة من خلال عمليات التخطيط والتنظيم والإعداد ضمن بيئة متغيرة وذلك من أجل تلبية احتياجات الأسواق ولتحقيق توقعات العملاء والشركاء ومن له مصلحة مع المنظمة.

إن مدير المنظمة الناجح يتوقع الحاجة إلى التغيير قبل الوقت المطلوب بزمن مناسب حتى يكون هو السباق في هذا المجال حيث يعمل على تشخيص طبيعة التغيير المطلوب ويعمل بحذر على اختيار عدداً من البدائل والتي تعمل على تطوير أداء المنظمة وأيضاً يعمل على البحث عن أسرع وأكفأ الطرق للتغلب على المشاكل والعبقبات التي قد تطرأ عند الانتقال من مرحلة إلى أخرى أثناء عملية التغيير حيث يمكن تقسيم عملية التغيير إلى عدة مراحل رئيسية هي (شكل 4-2):

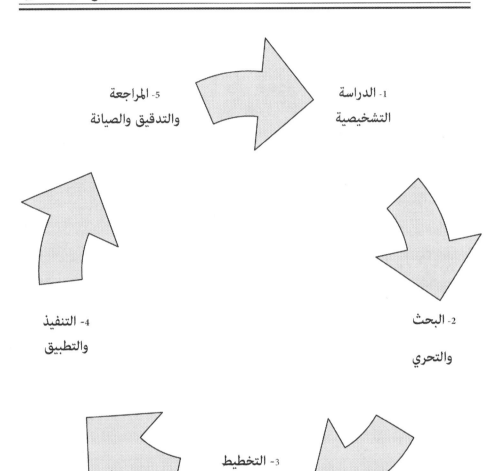

1- الدراسة التشخيصية
2- البحث والتحري
3- التخطيط والإعداد والتنظيم والتنسيق
4- التنفيذ والتطبيق
5- المراجعة والتدقيق والصيانة

2-4 مراحل عملية التغيير

المرحلة الأولى: الدراسة التشخيصية:

عندما تكون المنظمة تعاني من مشكلة ما أو تحتاج للتغيير حيث أنه وربما في نفس الوقت قد تعمل المنظمة على اخفاء مشكلاتها بلوم البيئة التي حولها من عملاء أو مؤسسات حكومية أو التقنيات الموجودة حيث تكون المنظمة في هذه المرحلة لا تعترف أصلاً بوجود المشكلة، لذلك على المنظمة في هذه المرحة أن تعمل على تطوير وتقدم المنظمة حيث تنطلق عملية التطوير التنظيمي من ثلاثة محاور هي:

1. **الإنسان.**
2. **نظم العمل.**
3. **معدات وتسهيلات العمل.**

إن الدراسة التشخيصية التي تهدف إلى التطوير التنظيمي لابدّ أن تتعرف على هذه المحاور الثلاثة لاكتشاف فرص التطوير ومواجهة التغييرات وإحداث التغير المطلوب.

كما نلاحظ أن أول هذه المحاور هو محور الإنسان، وأن عملية اكتشاف فرص التطوير في هذا المحور ترتبط بالمحاور الأخرى، إلا أن هذا لا يبقي تشخيص كلّ محور على حدة وتشخيص المحاور الثلاثة مجتمعة ومرتبطة. إن عملية تشخيص المحور الخاص بالإنسان يبدأ بطرح العديد من الأسئلة منها:

- ما هي الأدوار والمسؤوليات التي يمارسها كل فرد في المنظمة؟
- ما هو ارتباط هذه الأدوار والمسؤوليات بغيره من الأفراد؟
- ما هي طبيعة اشتراك الغير في دور ومسؤوليات الفرد؟
- ما هو الموقع التنظيمي بالنسبة للفرد؟

- ما هو موقع الوحدة التنظيمية بالنسبة للتنظيم العام للمنظمة؟

- ما هي المعدات والتسهيلات التي يتطلبها القيام بالعمل ونوع هذه التسهيلات، نظم وإجراءات وبرمجيات Software ومعدات صلبة Hardware. ؟

- ما هي المعوقات التي تعترض العمل: معوقات بشرية، أما معوقات نظم وإجراءات أم معوقات تسهيلات ومعدات؟

المرحلة الثانية: البحث والتحري:

في هذه المرحلة تصل المنظمة إلى نقطة الاعتراف بالحاجة للتغير والاعتراف بأن طريقة عمل المنظمة تحتاج إلى تغيير حيث تعمل على جمع المزيد من المعلومات وتقصي الحقائق والنظر إلى وضعها وتحليل ا لنظام الحالي والعمل على عقد الاجتماعات بطرح العديد من الأسئلة القائمة على التحدي والحكمة.

المرحلة الثالثة: التخطيط والإعداد والتنظيم والتنسيق:

في هذه المرحلة يتم التخطيط والإعداد والتنظيم والتنسيق والقيام بعقد الاجتماعات من أجل التشاور والسؤال والاستشارة والاستخارة ثم وضع الخطط والتخطيط، حيث من الممكن أن يكون ذلك أيضاً بطرح مجموعة من الأسئلة والإجابة عليها، هذه الأسئلة تدور حول الأبعاد الآتية:

- ما هي الأهداف المعلنة للمنظمة؟

- ما هي فرصة التطوير المتاحة العاجل منها والأجل، الممكن منها وغير الممكن؟

- ما هي التكلفة المادية والزمن المتاح والمكان المتاح والتسهيلات المادية المتاحة وغير المتاحة والنظم والتنظيمات التي تحتاج إلى تعديل ونطاق الزمن المسموح به؟

هذه الأسئلة تتناول استكشاف فرص التطوير أما وضع خطة التطوير ذاتها فيتطلب أيضاً تحديد مكونات الخطة، والتي تشمل على ما يلي:

- **الأفراد،**
- **معدات وتسهيلات،**
- **النظم والأنظمة المعلوماتية المبينة على الحاسوب،**
- **التكلفة،**
- **الفترة زمنية،**
- **أساليب المراجعة وفقاً لجدولة الخطة الموضوعة.**

إن على القادة وخاصة القيادة العليا في المنظمات أن تعمل على وضع خطة محكمة من أجل تنفيذ عملية التغيير وهذه الخطة لا بدّ أن يتمّ بنائها بناءً على أسس و مبادئ خمسة لا ينبغي تجاوزها وهي:

- أن تكون الخطة محددة ومكتوبة ومعلنة وقابلة للمراجعة.
- أن تكون الخطة قابلة للتحقيق في حدود التكاليف والإمكانيات المتاحة.
- أن تكون الخطة متماسكة ومترابطة ومتجانسة وتؤدي إلى تحقيق الهدف منها.
- أن تكون الخطة قابلة للقياس في ضوء وحدة إنتاج محددة مقارنة بوحدة تكلفة محددة و كمية إنتاج محددة ونوعية محددة أيضاً.
- أن تكون ذات مساحة زمنية محددة.

المرحلة الرابعة: التنفيذ والتطبيق:

حيث يتمّ في هذه المرحلة التنفيذ الفعلي لخطة العمل التي سوف يعمل فريق العمل والإدارة على تنفيذها. إن مرحلة التنفيذ هي مرحلة النتائج حيث يجب أن تكون للمنظمة خطة وإستراتيجية واضحة للتنفيذ.

إن عملية التغيير الحقيقي يجب أن تأخذ الفترة الزمنية المناسبة، فكما تحتاج الطائرة العملاقة في السماء إلى مسافة طويلة كي تقوم بعمل الدوران، قد تزيد عن الـ 30 كلم، فكذلك عملية التغيير يجب أن لا تقل عن ثلاثة أشهر كحد أدنى، حتى يحدث تغيير في وضعه المادي الاجتماعي يكون على كمية وزخم الإعداد والبحث، ومن الممكن أن تزيد المدة أو تنقص حسب نوع التغيير وطبيعته وأهدافه.

توضع الخطط من أجل أن يتمّ تقبل عملية التنفيذ وحدوثها بشكل سلسل حيث أنه من الممكن أن تواجه الخطط عند التنفيذ مقاومة معلنة أو مكتوبة، فالإنسان يقاوم التغيير بطبعه وإن كان يتوقعه.

إن عملية وضع الخطط لابدّ أن تضع في اعتبارها التهيئة لهذه الخطة لضمان التنفيذ السليم، ولعل خطط التطوير التنظيمي أولى بذلك من غيرها لأن الإنسان هو أحد الأركان الأساسية في عمليات التطوير التنظيمي. إن التغيير عملية لا يمكن تلافيها ومع ذلك فإن معظم الناس يجدوا أن التغيير عملية مزعجة وإن كثير من الأفراد يخشون من التغيير لأنه قد يضر بمصالحهم أو أنه لا يعني بالضرورة أنه سيؤدي إلى

الشيء الأفضل. هذا من وجهة نظر بعض الناس، أما من حيث السلوك العام للمنظمة فإن الطابع العام للمنظمة هو الميل إلى الروتين والتعقيد الجامد لأن التغيير عادة يأتي معه المزيد من الجهد والحاجة إلى ممارسة العملية الابتكارية والتجديد وهذا يعني أيضاً المزيد من الجهد ومع ذلك فإن مقاومة التغيير الذي تأتي

به خطط التطوير التنظيمي ليس سيئاً بل قد يكون عند الوعي به ومعالجته شيئاً جيداً.

إن الإنصات إلى شكاوى وهموم المقاومة يؤدي إلى تصحيح الفهم ويؤدي بالتالي إلى الفعل الصحيح والنتيجة الصحيحة كما أن إبراز المشاكل بمعرفة عناصر المقاومة يؤدي إلى معالجتها قبل وقوعها واستفحالها وهذا يؤدي بالتالي إلى تحقيق أهداف خطط التطوير التنظيمي.

وفي ضوء ما تقدم فإن عملية التهيئة لتنفيذ خطط التطوير التنظيمي ورعايته ينبغي أن تقوم على القواعد الأساسية التالية:

- **شرح وتفصيل حكمة التغيير وفوائده للافراد والمنظمة:**

لا شك أن العنصر الفعال في عملية التطوير التنظيمي هو مصلحة العمل وهو نقطة الالتقاء بين العامل والمؤسسة أو المنظمة.

العامل يريد للمنظمة البقاء والنمو، والمنظمة تريد من العامل الولاء والالتزام بمصلحة العمل. إذن، لابدّ أن يكون ذلك واضحاً في عملية التطوير التنظيمي. الحكمة من التطوير ومتطلباته وأهدافه هي أساس التهيئة لقبول خطة التطوير ورعاية التنفيذ.

- **المشاركة والتنسيق بين ذوي المصلحة:**

إن مبدأ مشاركة أصحاب العلاقة وأطراف الفعل في عملية وضع الخطط هو الضمان الأكبر لتهيئة الجميع نحو رعاية التنفيذ والمشاركة هنا تعني الاشتراك والمساهمة في اكتشاف فرص التطوير التنظيمي وتحديد الأولويات ووضع خطط التنفيذ.

• الاتصال الفعّال بين كافة المعنيين في التغيير:

يأخذ مفهوم الاتصال أبعاداً قد تبدو متنوعة وهي في الحقيقة متشابكة ومتكاملة.

قد يرمز لها بتدفق المعلومات Flow of Information، والمعلومات على خطوط العمل On-line Information ونظم معلومات الإدارة System Management Information ونظم التقارير ونظم العرض والتقديم وشبكة الاتصالات السمعية و/ أو البصرية.

كل هذه النظم والتسهيلات تؤكد بشدة على عملية الاتصال وأهميتها، وتتطلب عملية تنفيذ ورعاية خطط التطوير الوظيفي الأخذ بكافة هذه النظم وتأكيد توفير الحصول على المعلومة Accessibility to Information، وديناميكية عملية الاتصال بحيث تتم بصفة روتينية وغير روتينية.

• التدريب وتنمية المهارات:

يساعد التدريب على قبول التطوير ورعاية تنفيذ أو متابعة التطوير وهو عبارة عن إدخال تغييرات في مفهوم أو مواقف أو معلومات أو مهارات أو سلوك الموارد البشرية و/أو تغييرات في النظم والتنظيمات و/ أو إدخال تغييرات في معدات وتسهيلات العمل.

وكل محور من هذه المحاور الثلاثة يعبر عن احتياج تدريجي يمهد إلى قبول التغيير ويدرب على التنفيذ.

المرحلة الخامسة: المراجعة والتدقيق والصيانة:

حيث يتمّ في هذه المرحلة مراجعة ما تمّ تنفيذه والتأكد من الجدول الزمني الـذي تـمّ تحديـده في الخطة، حيث أنه من الممكن في هذه المرحلة الرجوع إلى

المراحل السابقة وإعادة أو تصحيح الخطط وتقييمها بناءً على المستجدات التي قد تطرأ.

لا تكتمل بنود خطة عمل التطوير التنظيمي للمتابعة ويفضل أن يشترك في المتابعة عنصر من داخل المنظمة وعنصر استشاري من خارج المنظمة.

وهناك طرق في المتابعة تعتمد على المقابلة وتقارير المتابعة وأسلوب حصر نتائج كمياً و/ أو نوعياً واكتشاف الأخطاء.

وكلما كانت الأهداف محددة بدقة كلما كانت عملية المتابعة ممكنة وخاضعة للقياس. وفي جميع الأحوال يفضل أن تشتمل خطة التطوير على أسس المتابعة، ومن الأمثلة على ذلك ما يلي:

• متابعة أداء الموارد البشرية:

وذلك مـن خـلال معـدلات الأداء ومعـدلات الغيـاب ومعـدلات دوران العمل ومعـدلات الإصابة ومؤشرات الشكاوي ...الخ.

• متابعة أداء التسهيلات والمعدات:

وذلك من خلال قياس حجم الإنتاج وما طرأ عليه من تغييرات مثل تكلفة الوحـدة، معدل التـالف والمرتجع، حركة المخزون الراكد...الخ.

• معدل أداء النظم والتنظيمات:

وذلـك مـن خـلال كفـاءة وفعّاليـة وتكلفـة الاتصـال، تـدفق المعلومـات، حـلّ المشـكلات واتخـاذ القرارات...الخ.

3-4 تطوير المنظمة في عملية التغيير:

هناك عدد من العناصر التي تميز هذه الطريقة من نماذج الأنظمة المعقدة الأخرى لعملية التغيير، إن عملية التغيير ليست خطوة واحدة وتنتهي العملية بل هي عملية متكررة أو دورة حلقية يتمّ تكرارها كلّ حين حيث أنها يجب أن يتمّ اعتبارها على أنها جزء من حياة المنظمة اليومية.

إن مكونات هذا النموذج (نموذج تطوير المنظمة في عملية التغيير) تتكون من عدة مهمات أو أنشطة وهي:

- **عملية التشخيص والدراسة.**
- **عملية جمع المعلومات.**
- **التغذية الراجعة إلى مجموعة العملاء.**
- **مناقشة العمل والمعطيات من قبل مجموعة العملاء.**
- **التخطيط للعمل.**

تعتبر هذه المكونات أو المهمات نشاطات تشكل دورة حياة لكل مرحلة من عملية تطوير المنظمة في عملية التغيير، إن هذا النموذج للتغيير يجب أن يتم دمجه في عملية اتخاذ القرارات حيث أن أي عملية تغيير يجب أن تكون ضمن عملية اتخاذ القرارات في المنظمة ليتمّ التقرير فيها ما هو ذلك التغيير الذي يجب أن يكون وكيف يتم ذلك. إن هذا النموذج لا يعتبر مشروع تمّ التخطيط له وتنفيذه من قبل الإدارة العليا في المنظمة على اعتبار أن كافة الأفراد في المنظمة والعاملين فيها سوف يتماشون بشكل تلقائي مع هذه الخطة، بل أنها عبارة عن جهود تعاونية بين القادة وكل من سوف يتأثر بهذا التغيير حيث أنها تتطلب جمع معلومات وتغذية راجعة من مجموعة العملاء وتخطيط وعمل كثير وبحث وتقصي عن بيانات لها علاقة بالوضع ذي الاهتمام والشكل 4-3 التالي يبين تفاصيل هذا النموذج.

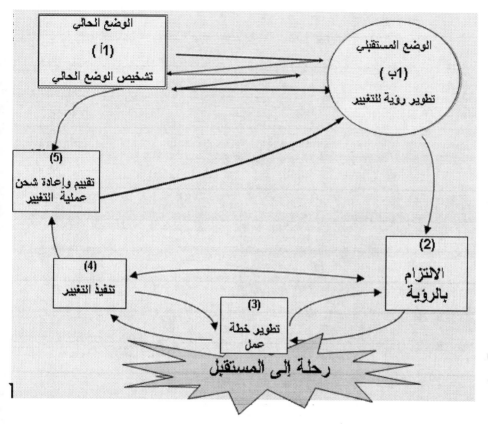

شكل 4-3 نموذج تطوير المنظمة في عملية التغيير

كما نلاحظ من الشكل فإن هذا النموذج يمكن تقسيم إلى خمسة مراحل أساسية كما يلي:

المرحلة الأولى: فهم الوضع الحالي المستقبلي للمنظمة:

هذه المرحلة تتكون من قسمين 1 أ و 1 ب حيث يجب أن يتم في هذه المرحلة فهم عميق وكامل للقضايا والمشاكل والفرص المتاحة وأن يتم التحقيق والتحري عنها بشكل كامل. في هذه المرحلة يجب أن تكون هناك رؤية للمنظمة لما

سوف تكون عليه المنظمة في المستقبل بعد عملية التغيير وهذه الرؤية يجب أن تتجسد وتتحقق في نهاية عملية التغيير والتطوير. إن عملية التشخيص للوضع الحالي يجب أن يتم ببطء وبدون تعجل بحيث يغطي هذا التشخيص كل القضايا والمشاكل المتعلقة بوضع المنظمة الحالي.

المرحلة الثانية: الالتزام بالرؤية المستقبلية للمنظمة:

بعد أن يتم رسم رؤية عملية التغيير في الخطوة 1ب فإنه يجب أن يتم الالتزام بهذه الرؤيا وعدم الرجوع عنها بغض النظر عن المشاكل التي من الممكن أن تواجهها المنظمة لتحقيق هذه الرؤية. من المهم في هذه المرحلة أن تتمّ عملية مشاركة هذه الرؤية مع كلّ الأفراد الذين لهم علاقة بشكل أو بآخر في المنظمة مثل شركاء العمل والعملاء والمساهمين وغيرهم وذلك يعني مراجعة هذه الرؤية مرة أخرى من أجل التغيير أو التعديل للأفضل. من المهم في هذه المرحلة مشاركة كلّ من له علاقة بالرؤية والاستماع إلى آرائهم وأفكارهم بشكل دقيق.

المرحلة الثالثة: تطوير خطة عمل:

تعتبر هذه المرحلة مرحلة معقدة تتطلب العديد من الاستشارات وعقد الاجتماعات لكل من له علاقة بعملية التغيير، حيث انه قد يظهر هناك العديد من الأفراد اللذين قد يعارضوا عملية التغيير بشكل كبير حيث انه يجب وضع خطة مدروسة لمعالجة هذه القضية بشكل سريع. في هذه المرحلة يجب أن يتم وضع العديد من المبادىء المتعلقة بعملية التغيير مثل:-

- **تنظيم العمل:** أي توفير كل المتطلبات والمصادر في الوقت المناسب والكمية المناسبة.

- **تنسيق العمل:** أي تشجيع العمل الجماعي بحيث يعمل الجميع بروح واحدة وبجهود كبيرة وبأقل التكاليف من أجل تحقيق الأهداف المنشودة ويتمّ ذلك بوضع العديد من الاستراتيجيات ومن أهمها عمليات التواصل بين الأفراد وبين الإدارة.
- **التشجيع والتحفيز:** وقد تمّ في الفصل السابق دراسة عملية التحفيز وطرقها.
- **المراقبة والمتابعة وحفظ السجلات والتقارير:** حيث تعتبر هذه العملية هامة جداً من أجل إرشاد الأفراد وتوجيههم وحثهم على العمل بالشكل الصحيح.
- **تجهيز موقع العمل** والأساليب والوسائل الضرورية من أجل أن يتمّ العمل بشكل سلسل وبدون توقف أو اعاقات.

في المرحلة الثالثة يجب أن يتم تحديد المسئوليات وتعريف كل الأفراد المعنيين بتنفيذ خطة العمل أو اتخاذ القرارات، حيث أنه يجب أن يتم تحديد كل مما يلي:-

- من هو المسئول عن كل مشروع عملية التغيير؟.
- من المسئولين عن منح الموافقة أو المعارضة ؟.
- من هم الداعمين ومزودين المصادر التي تحتاجها المنظمة في عملية التغيير؟.
- من يجب أن يتم رفع التقارير إليه؟.

والجدول التالي يبين مثالاً على أنشطة مرقمة من 1 إلى 6 وتمثل الأعمدة بالممثلين بدءً من A وحتى G حيث يمثل بالحروف التالية:

R: المسؤول.

A: مانح الموافقة أو المعارضة (له حق الفيتو).

S: يجب أن يقوم بعملية الدعم والتزويد بالمصادر المطلوبة.

T: هو الشخص الذي يجب أن يتمّ رفع التقارير اليه.

النشاطات والأعمال	الممثلين						
	A	B	C	D	E	F	G
1	R	A	A	I	I		S
2	S	R	A	I	I		I
3	S		R	A			S
4	S	I	A	R			I
5		S	A		R	A	
6		I			A	R	S

جدول 4-1 جدول بالنشاطات ومن يمثلها

أما بالنسبة للأفراد الذين لهم علاقة بعملية التغيير فيشملوا الآتي:

- الإدارة العليا
- المجموعات التي تمّ تجهيزها من أجل عملية التغيير (مستعدين للتغيير).
- الأنظمة الجديدة أو فريق العمل الجديد.

- عملاء التغيير وهم أعضاء من الموظفين والذين سوف يعملون على تسهيل عملية التغيير.

- فريق مشروع تنفيذ العمل مؤقت لعملية التغيير.

في هذه المرحلة من عملية التغيير من المهم أن يتمّ التقرير أين يجب أن تتمركز الجهود مـن أجـل البدء بتنفيذ ما تمّ التخطيط له في عملية التطوير والتغيير، حيث أنها يجب أن تسير وفق ما يلي:

- البدء بالسلوك المطلوب والذي يجب أن يتمّ تغييره.

- التحرك نحو تنظيم النظام والبنية التركيبية وكيفية تدفق ونقل البيانات.. الخ والتي يجب أن يتمّ أو تحتاج إلى تغييرها.

- التحرك إلى تنظيم الإعدادات التي لها علاقة بالسياق والتي تحتاج إلى أن يتم تغييرها.

- على القيادة أن تقرر ماذا تحتاج أن تغير:

- السلوكيات.

- النظام / البنية التركيبية للمنظمة.

- سياق ودفق العمل حيث يجب أن يتمّ وضع خطط ذات مواصفات يجب التقيد بها مثل:

  o أن تكون لها علاقة بالتغيير.

  o أن تكون متخصصة وليست موضوعة بشكل عام.

  o أن يتمّ دمجها في العمل.

  o أن يتمّ وضعها في السياق الصحيح وفي الوقت المناسب.

o يجب أن تكون هذه الخطة قابلة للتأقلم والتكيف مع الأوضاع المتغيرة التي قد تطرأ (أن تكون مرنة قابلة للتغيير).

المرحلة الرابعة: تنفيذ التغيير:

إن المرحلة الرابعة والخامسة من عملية تطوير المنظمة (تنفيذ وتقييم وإعادة شحن عملية التغيير) يمكن أن تستخدم مجموعة من التقنيات مثل:

- إجراء دراسة مسحية (تغذية راجعة):

حيث تكون هذه الدراسة الاستطلاعية مبنية على الحصول على آراء الموظفين حول عملية التغيير وتقييمها وتقييم نتائجها.

- مرآة المنظمة:

حيث يتمّ عملية الحصول على المعلومات (تغذية راجعة) من قبل مجموعة في المنظمة لمجموعة عمل أخرى حول كفاءتها وعملها ومدى نجاحها... الخ.

- تطبيق مواجهة بين مجموعات داخل المنظمة:

حيث تقوم كلّ مجموعة بعمل قائمة أو قوائم حول شكاويها من المجموعات الأخرى وأيضا عمل قائمة بما تعتقده حول المجموعات الأخرى من شكاوي ضدها.

- عملية الاستشارة:

يتمّ مشاركة المستشار بالتغذية الراجعة والتدريب ومساعدة الأفراد والمجموعات لايجاد الحلول المناسبة لهم.

- بناء الفريق:

يتمّ التركيز على عمليات الفريق والمسئوليات والسياسة المتبعة.

المرحلة الخامسة: تقييم وإعادة تحفيز عملية التغيير:

حيث يتم تقييم ما تم انجازه وذلك بتقييم الأهداف التي تم تحقيقها حيث يكون التغيير الكبير سهل القياس أما التغيير البسيط فيصعب تقييمه حيث يتم إجراء العديد من تقنيات التقييم مثل:

- عملية مراجعة عامة أو عمل دراسة مسحية للحصول على معلومات تقييمية.
- إجراء مقابلات مع الأفراد أو المجموعات المعنيين بالتغيير.
- فحص العائدات المالية بعد تطبيق النظام الجديد بعد عملية التغيير.
- تحليل أداء المجموعات وذلك من خلال الملاحظات أو من خلال إجراء الدراسات المسحية المبنية على الاستبيانات.
- عمل تصور للمنظمة بالصور وليس بالكلمات، حيث يتم الطلب من الموظفين لتقييم وضع المنظمة بالصور والرسومات.

إن التطوير التنظيمي ضرورة من ضرورات إدارة الأعمال وبناء ونمو المنظمات. وتمر عملية التطوير التنظيمي لأي مؤسسة في مراحل أساسية أربعة هي الدراسة التشخيصية، ثم وضع خطة التقرير، ثم التهيئة لقبول التطوير ورعايته تنفيذاً ومتابعةً، أما المرحلة الرابعة فهي مرحلة قياس النتائج وإجراء المتابعة التصحيحية.

ولكلّ مرحلة أساليبها وهي جميعاً تترابط فيما بينها وتتكامل بحيث تؤدي في النهاية إلى تحقيق الأهداف المحددة لعملية التطوير وهي البقاء والنمو، ومواجهة التغيرات الطارئة، وإدخال التغيرات المأمولة، من أجل صحة التطوير التنظيمي على المدى القريب والمدى البعيد.

الفصل الخامس

مراحل التغيير التكنولوجي

Stages of Technological Changes

محتويات الفصل:

الفصل الخامس

مراحل التغيير التكنولوجي

Stages of Technological Changes

الأهداف التعليمية للفصل الخامس:

يهدف هذا الفصل إلى التعريف بأهم المفاهيم المتعلقة بإدارة التغيير:

ومن أهم أهداف هذا الفصل:

- التعرف على أهمية الحاجة إلى الحوسبة.

- التعرف على مراحل اختيار النظام المناسب.

- التعرف على مراحل تنفيذ النظام الجديد.

- التعرف على مواقف الموظفين حول النظام الجديد.

- التعرف على أنظمة الدفاع ضد الكود التخريبي.

1-5 الحاجة إلى التغيير The Need to Changing Process:

من أجل أن تحافظ الشركات على بقائها واستمرارها وتنافسها في العصر الحالي عصر الحاسوب وعصر التغير وعصر المعرفة والعلوم، لا بدّ لها من أن تتبنى مشاريع مستمرة من أجل التغير و التطور، حيث أن الشركات لا يمكنها أن تتبنى أنظمة إدارة المعرفة الحديثة والمتطورة بدون أن تكون مبنية على بنية تحتية قوية من تقنيات المعلومات كالحاسوب والانترنت... الخ. فإدارة المعرفة في العصر الحالي تتطلب استخدام أفضل التقنيات المتوفرة وتسخيرها للأفراد من أجل استغلالها في تسهيل عملية إدارة المعرفة وتسهيل عملية التقاطها وحفظها ومشاركتها.

إن العديد من المنظمات في هذا العصر قد تأسست مع نظام حاسوب كمكون جوهري وأساسي. حيث أن نظام الحاسوب هو قلب المنظمة وجميع الأعمال والنشاطات تعتمد عليه حيث أن نظام الحاسوب في مثل هذه الشركات عنصر مهم وأساسي ولا يمكن لهذه المنظمة أن يتمّ إجراء أي عمل أو نشاط فيها إذا ما توقف الحاسوب أو تعطل النظام ومثال على هذا التعطل:

- انقطاع في الطاقة الكهربائية.
- تلف البيانات.
- انهيار نظام التشغيل.
- فقدان البيانات نتيجة لفيروسات أو عملية هجوم لصوص الحاسوب.

إن نظام الحاسوب الذي تمّ إعداده في المنظمة لا بدّ له من التغيير أو التعديل أو التحديث كلما تغيرت الظروف وتغيرت متطلبات العمل وتغيرت تقنيات المعلومات في العالم وللأسف هناك العديد من الشركات تفتقر فيها الإدارة ولأسباب عديدة إلى:

- قلة التمويل المالي مما يؤدي إلى العكوف عن القيام بأي نشاط للتغيير والتطور.

- قلة الخبرة باستخدام الحاسوب وتقنيات المعلومات، حيث يتكون الخوف الكبير من التكنولوجيا والخوف من الفشل في استخدامها أو الخوف من عدم توفر الكفاءات والخبرات المناسبة في الوقت المناسب وحسب قدرة وميزانية المؤسسة.

- عدم الإقدام على التغيير من الأنظمة المجربة اليدوية إلى أنظمة الحاسوب وتكنولوجيا المعلومات، حيث أن المؤسسة مطمئنة لوضعها الحالي باستخدام الوسائل اليدوية، حيث ينعدم عندها التفكير العميق بتأثير عدم استخدام التقنيات الحديثة على وضعها التنافسي في المستقبل حيث أن استخدام التقنيات الحديثة لها فوائد عديدة منها:

- قلة التكلفة في عمليات وتكاليف الإنتاج والمنتجات.

- قلة الموظفين حيث أن استخدام التقنيات الحديثة يوفر العديد من الأيدي العاملة في المؤسسات.

- الوصول إلى أسواق جديدة وتوسيع الأعمال

- زيادة الطاقة الإنتاجية أضعاف مضاعفة.

- قلة الأخطاء والمشكلات الناتجة من خطوات العمل وخط الإنتاج.

إن المؤسسات وللأسباب أعلاه لن تقوم بالتغير إلى منظمات رقمية تعتمد على الحاسوب والتقنيات الحديثة في كافة أعمالها الداخلية والخارجية.

وعلى كلّ حال فإن الأفكار والظروف دائماً في تغير وفي الغالب بشكل سريع وخاصة في الشركات التجارية المعاصرة، حيث أن هناك العديد من الأسباب المختلفة والتي تقود الشركات إلى التغيير والأخذ بعين الاعتبار حوسبة أعمالها

التجارية اليدوية أو حتى تطوير وتحديث الأنظمة المحوسبة لديها إلى أنظمة أكثر تقدماً ومن هذه الأسباب:

- توسع الأعمال التجارية أو أحوال التغير في السوق قد تجلب معها العديد من المشكلات الجديدة والتي لم يتم مواجهتها في السابق.

- في كثير من الأحيان يقوم أحد المنافسين بحوسبة نظام الشركة وبكل بساطة فإن هناك شركات لا تستطيع أن تتحمل أن تبقى متخلفة ولا تتبنى التقنيات الحديثة كما فعلت الشركات المنافسة.

- ربما تكون الدراسات والأبحاث العلمية حول استخدام الحاسوب وفوائده في الأعمال التجارية والشركات وفي كافة الصناعات قد أدى إلى إدراك الإدارة لفوائد التقنيات الحديثة والتحسينات التي تسببت بها هذه التقنيات.

- إن الموظفين الجدد حديثي التخرج وخاصة على المستوى الإداري يمتلكون خبرة كبيرة باستخدام الحاسوب والتقنيات الحديثة حيث أنه من الممكن أن يكون لديهم أفكار جديدة معاصرة بما يخص استخدام تقنية المعلومات والحاسوب في الشركات.

- إن هناك فهم عام وإدراك كبير للفوائد المحتملة والتحسينات والتي يمكن الحصول عليها من عملية الحوسبة واستخدام تقنية المعلومات في الشركات.

مها كانت الأسباب ففي كل الحالات إنه لمن المهم وفي المراحل المبكرة أن يتمّ تشكيل وتقديم الأفكار حول الموضوع وبشكل متماسك وذلك لتدرك الإدارة النقاط التالية:

- إن عملية الاستثمار في الحاسوب وتقنية المعلومات هو قرار مالي مهم جداً.

- الأنظمة الكبيرة الحيوية تتطلب عملية التغيير وبشكل دوري في وظائف الأفراد وفي طريقة عملها وإدارتها للمشاريع.

- إن الطريقة المتعبة في عملية التغيير قد تختلف وذلك حسب طبيعة عمل الشركة وطبيعة الأعمال التي يقوم بتنفيذها نظام الحاسوب والمصادر المتوفرة في المؤسسة.
- إن الوظائف الأساسية للإدارة والتي تتضمن التخطيط والتنظيم والتنسيق والتحفيز والتحليل والمراقبة أيضاً يجب أن يتم توظيفها وأخذها بعين الاعتبار وذلك عند اختيار وتطبيق وتنفيذ نظام الحاسوب.
- إن النجاح في عملية تقديم نظام حاسوب جديد أو في عملية تحديث النظام إلى نظام أكثر تقدماً يعتمد وبشكل أساسي على عمليات التحضير والتخطيط والتي يجب الاعتماد على تطبيقها قبل البدء بالتغيير.

2-5 مراحل اختيار النظام المناسب Stages of Selecting the right system

إن التغيير عملية ضرورية من أجل مواكبة التقدم العلمي ومن أجل التمكن من التنافس مع الشركات المتقدمة، إن عملية التغيير ليست عملية سهلة فهي تحتاج إلى الوقت والتمويل المالي وتحتاج إلى الخبرات والكفاءات وقدرات الإدارة ومهاراتها في إدارة عملية التغيير، حيث عملية اختيار النظام المناسب ليست عملية سهلة فهي تحتاج إلى تخطيط وتنظيم ودراسة مسبقة، وعلى العموم فإن هناك ستة مراحل يتمّ من خلالها اختيار النظام الصحيح والمناسب للمؤسسة وهذه المراحل هي (شكل 5-1):

- تحليل احتياجات المشروع.
- تحديد وتعريف الأقسام التي سوف تتأثر بالتغيير.
- تقييم الخيارات والبدائل المتوفرة.
- إعداد وتطوير كشف بالمتطلبات.
- البحث عن مزود مناسب.
- تقييم العروض المقترحة والقيام باختيار النظام المناسب النهائي.

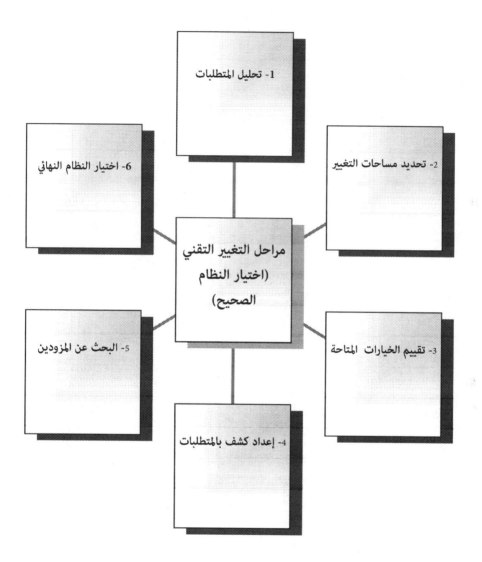

شكل 5-1: مراحل اختيار النظام الصحيح

حيث أن الوقت الذي سوف يخصص لكلّ مرحلة من المراحل أعلاه سوف يختلف وذلك حسب المشاكل التي ستواجه المشروع والتي يتطلب حلّها وقت معين وفي بيئة معينة وحسب قدرات وخبرات الإدارة وفريق العمل المخصص لهذا المشروع حيث أن التشديد في هذه الأقسام سوف يكون مركزاً على:

- التحليل الدقيق والشامل على كل الاحتياجات ومشاكل المشروع.
- التوثيق الواضح الشامل لكل المراحل أعلاه.

أولاً: تحليل احتياجات المشروع:

إن الهدف الرئيسي لهذه المرحلة هو عملية مراجعة وتحري وتدقيق للمشروع على أنه مبني حسب الوقت الحالي وذلك من أجل تسهيل عملية تعريف مناطق ومساحات المشاكل الرئيسية وهذه عملية ضرورية وذلك لسببين رئيسين هما:

- يجب أن يكون هناك نظام الكمبيوتر المناسب وذلك ليلبي حاجات الأفراد لمشروع معين في المنظمة.
- في كثير من الأحيان وعندما تكون هناك عدة أقسام من الممكن أن تستفيد من عملية تغيير النظام والحوسبة لا يمكن أن يتم حوسبة أو تغيير نظام هذه الأقسام بنفس الوقت وذلك لأسباب عديدة منها:
  - الوقت
  - المصادر
  - التنظيم
  - قابلية التطبيق والتطور والنمو
  - التكلفة

إن عملية تحليل النظام الحالي للمؤسسة أو المشروع ووضعه التقني والتجاري والعملي له هدفين رئيسين هما:

- لكي يتمّ تزويد إطار عمل على أساسه يتمّ التخطيط لتوظيف التطبيق المناسب للنظام الجديد المقترح.

- لكي يتم تأسيس وتكوين قواعد وأسس للمتطلبات الأساسية للنظام الجديد المقترح وذلك لاختيار المزودين والذين سوف يتمّ التعاقد معهم لشراء المعدات المطلوبة للنظام الجديد.

إن النظام الجديد المقترح لا بد أن يتضمن العديد من المعلومات والتي تكون مهمة جداً في عملية تحويل النظام الحالي إلى النظم الجديد المتطور والذي سوف يتمّ توظيفه وتطبيقه في النهاية ومن المعلومات التي يجب أن يتضمنها النظام الجديد المقترح:

أ-   شرح مفصل للمشروع يتضمن المعلومات التالية:

a.   نوع وطور النشاطات في المشروع.

b.   عدد الموظفين ويتمّ تصنيفهم حسب أصنافهم ومراكزهم وأهميتهم.

c.   أهداف العمل التجاري للسنوات الثلاثة القادمة.

d.   حجم العمل المتوقع الحالي وخلال السنوات الثلاثة القادمة.

e.   نوع وعدد العملاء والمزودين والمنتجات وخطوط الإنتاج... الخ.

f.   أي تفاصيل أخرى أو ميزات أو خدمات أو ظروف خاصة والتي لها علاقة بالمشروع والتي يتمّ تمييزها عن الخدمات الأخرى وذلك في نفس مجال خط العمل التجاري.

ب-   تفاصيل إضافية أخرى عن المشروع والطريقة التي يتمّ من خلالها تنظيم وإدارة شئونها، حيث تبين هذه التفاصيل:

a.   النشاطات المتعلقة بمختلف الأقسام.

b.   تفاصيل عن عملية تدفق المعلومات وخطوات العمل.

c.   أي نسخ لمستندات تمّ استخدامها.

ثانياً: تعريف المناطق التي ستتأثر في التغيير:

في هذه المرحة فإن الإدارة لم تتخذ أي قرار حاسم حول ما إذا أرادت أن تنفذ سياسة التغير والتطور وتحديث النظام أم لا، لذا فإنه من المفيد أن تتمّ عملية المراجعة والتدقيق لكلّ الدوائر والمساحات وذلك لتعريف الفوائد المجناة والتي من الممكن أن تأتي من عملية التغيير والتطوير.

إن عملية المراجعة والتحليل من هذا النوع من الممكن أن تؤدي إلى الإدراك بأن هناك مساحات معينة من الشركة قد يكون معيار الوقت والفعالية في عملية التغيير أقل منها في مساحات أخرى من الشركة لذا يجب أن يتمّ ملاحظة هذه المساحات مع التي تمّ ملاحظتها في الأصل، حيث يتطلب ذلك عرض بعض الاقتراحات منها:

- هل من الممكن أن يتمّ إرسال الفواتير وكشوفات الطلبات في الفترة القريبة؟
- هل من الممكن أن تصبح عملية الدفع النقدي للديون أكثر فعالية؟
- هل عمليات التأخير في عمليات التسليم والشحن سببها نقص في المواد الأولية والخام أم في النقص في المنتجات النهائية؟
- هل يمكن التنبؤ في هذه النواقص وهل يمكن للمساعدة وعملية التغيير والحوسبة أن تتعامل بشكل فعال مع هذه النواقص؟
- هل يمكن التعامل مع طلبيات العملاء بشكل أسرع؟
- هل أفضل صفقة تجارية تمّ الحصول عليها هي عندما نجد المزود المناسب لكل نوع من المنتجات أو المواد الخام؟

يجب أن يتم إصدار تقرير يضم على الأقل النقاط أعلاه ويضم الفوائد الممكنة والمجناة من عملية التغيير وعملية تطوير النظام الحالي إلى نظام أكثر تطوراً وأكثر اعتمادية على تقنيات المعلومات حيث في النهاية يتم وضع أولويات للطلبات والتي يتطلب شراءها من مجموعة من المزودين.

بالإضافة إلى ذلك من الممكن أن يكون هناك خصائص وميزات والتي لا يوجد مساحات لها في النظام الحالي والتي من الممكن أن تتمّ الفوائد المجناة من النظام الجديد وعلى سبيل المثال، الشاشات الرسومية والإحصائيات وغيرها من عمليات التحسين والتي لا يمكن أن تتم عملية توظيفها بدون نظام حاسوب متطور، وفي النهاية نرى أن هناك بعض المزايا لا يمكن أن تكون قابلة للتطبيق وذلك لتنوع للثوابت والإمكانيات المتوفرة.

لذا إنه من الضروري في المساحات التطبيقية أن نقوم بشكل واضح بوضع علامة على:

• أي من المساحات تعتبر الأكثر أهمية والتي يجب أن تشكل أساس النظام الجديد المتطور والمحوسب.

• أي من المساحات من الممكن أن يكون التغيير فيها مفيداً ولكن يمكن أن يتم تأجيل ذلك إلى المستقبل القريب.

لذا في نهاية المرحلتين الأولى والثانية يجب أن تكون هناك صورة واضحة تخرج حول الاحتياجات الضرورية والأولويات لهذه الاحتياجات للشركة والمصاحبة لكل المعلومات التي يحتاج إليها من أجل إكمال عملية التغيير والتطور، لذا من الممكن على الإدارة أن تبدأ البحث عن حلول معينة لهذه الاحتياجات والتي تؤدي إلى تغير ناجح وبأقل التكاليف والجهد والوقت المطلوب.

ثالثاً: تقييم الخيارات المتاحة:

إن الخيارات المتنوعة والتي ظهرت في هذه المرحلة على فرض أن النظام اليدوي والنظام القديم هو النظام الوحيد الذي يعمل في هذه اللحظة، هذه الخيارات يمكن تصنيفها على النحو التالي إما في نفس التسلسل أو بتسلسل مختلف:

• <u>الخيار الأول</u>: الإبقاء على النظام الحالي اليدوي أو المحوسب وتطوير بعض نشاطاته والقيام بعملية تحسين لفعاليته وذلك بدون تقديم نظام حاسوب جديد.

- **الخيار الثاني:** الحصول على نظام حاسوب يتمّ تطويره من داخل المؤسسة حيث تمّ حوسبة وتغيير بعض أو كل المساحات في الشركة.

- **الخيار الثالث:** تبني حلّ إداري ذو منافع متعددة يتمّ من خلالها تغيير وحوسبة مساحات معينة من الشركة.

إن محتوى كشف المتطلبات والذي يجب أن يضم الحقائق والاستنتاجات التي تمّ اشتقاقها من المرحلتين الأولى والثانية وذلك بعدما وأثناء عملية التحليل.

لاحتياجات المشروع وتعريف المساحات التي يجب أن تتأثر بهذا التغيير، لذا إنه لمن المهم التطرق إلى بعض المزودين والذين سوف يقومون بتزويد المشروع بالمعدات والتقنيات اللازمة لعملية التغيير بالإضافة إلى ذلك فإن كشف المتطلبات لا يحتوي على وصف لكل النشاطات ولكل المشكلات المتعلقة بالمشروع، إن تفاصيل ومعلومات كشف المتطلبات لعملية التغيير لا بدّ أن يلبي ويراعي بعض الخصائص والميزات منها:

- نوع وحجم البيانات والتي سوف يتمّ استخدامها في النظام، فعلى سبيل المثال ماهي التفاصيل والتي نحتاج إليها والمتعلقة بالعملاء والمزودين والمنتجات وقسم المحاسبة وغيرها؟. حيث أنه أفضل طريقة لتجميع تلك المعلومات هو عبر تدقيقها وتدقيق كلّ السجلات اليدوية ومن ثم ملاحظة محتوياتها وكيفية العمل على تطويرها وتحسينها.

- حجم البيانات والتي سوف يتمّ توظيفها في النظام الجديد وذلك في الوقت الحاضر ومن الممكن في المستقبل ، وعلى سبيل المثال عدد الزبائن أو العملاء عدد المزودين وعدد خطوط الإنتاج...الخ بالإضافة إلى عدد التعاملات التجارية أو الإدارية والتي تتمّ يومياً وأسبوعيا وشهرياً.

- أي ميزات خاصة والتي تمّ ذكرها مسبقاً وإذا كان ممكناً فيكن تضمين بعض المخططات فهي ستكون مفيدة جداً للإدارة في إدارة عملية التغيير.

- مخرجات النظام والنماذج المستخدمة مثل التقارير والرسائل والتحاليل والفواتير... الخ وتكرارها المطلوب والذي سوف يتمّ استخدامها في النظام المقترح وأيضاً يجب أن يتضمن هذا القسم جودة الطباعة المطلوبة للمستندات الداخلية والخارجية المستخدمة في النظام.

يجب أن يتضمن مع كلّ ذلك صورة واضحة لنوع وطبيعة ومدى وقت النظام المطلوب للمشروع حيث أن هذا الوقت يكون مناسباً من أجل عملية البحث عن النظام المناسب والمزود الذي سوف تتعامل معه المؤسسة من أجل إكمال وسدّ حاجات المشروع.

خامساً: البحث عن المزود المناسب:

يجب أن يتمّ التذكير والتشديد دائماً أن أهم ميزات أي نظام يجب أن يتمّ استخدامه في المشروع لا بدّ أن يلبي متطلبين هامين هما:

- أنه موثوق ويمكن الاعتماد عليه للقيام بكلّ نشاطات المؤسسة الرئيسية والفرعية.
- أنه ينبغي أن يقوم بالأعمال والنشاطات كلّها المنوط بها بدون إعاقة أو قصور أو توقف وبشكل فعال.

إن ميزة الاعتمادية تتعلق بشكل أساسي بالبرمجيات والمعدات بينما الأداء والفعالية تتعلق بشكل أساسي بالبرمجيات، حيث أن أثمن وأعقد حاسوب أو قطعة من المعدات لا يمكن أن تعمل بدون أن يكون هناك برمجيات تقوم بتشغيلها للاستفادة منها، لذا لا بد للإدارة من تذكر أن المعدات مرتبطة ارتباطاً كبيراً بالبرمجيات لذا يفضل أن يتمّ توفير المعدات والبرمجيات من نفس المزود إن كان ذلك ممكناً.

إن من المهم أن تقوم الإدارة بالبحث عن المزود الجيد الأمين ذو الخبرة المسبقة في حوسبة وتحديث الأنظمة والموثوق بها حيث يفضل كما أسلفنا أن يكون

المزود هو نفسه الذي يزود بالمعدات والبرمجيات بالإضافة إلى عمليات التدريب على النظام وكيفية استخدامه كما يكون المزود مسئولاً عن عملية الإعداد والتنصيب وتركيب كل الأجهزة والبرمجيات وأنظمة التشغيل الخاصة بالشبكة والتطبيقات وغيرها. كما لا بدّ من الاهتمام بقضية الضمان وخدمة ما بعد البعد لما لها من أهمية كبيرة في حال كان هناك أخطاء أو حدوث أعطال في ا لنظام وذلك لكي يتمّ التأكيد بأن يبقى النظام عاملا بدون توقف أو إعاقة.

إن عملية اختيار المزود المناسب هي عملية حيوية ومهمة جداً لذا إنه لمن المستحب أن يتمّ اتخاذ القرار بالنسبة إلى طبيعة الأجهزة والبرمجيات حول مصدرها حيث أن هناك خيارات عديدة منها:

• شراء المعدات من مزودين أصليين وهي الأكثر تكلفة وهي في العادة تكون شركات كبيرة وعالمية وتعتبر منتجاتها معتمدة ومستوى خدماتها جيداً إلا أن أسعارها تكون أكثر من باقي السوق.

• يمكن أن يتمّ تصميم البرامج محلياً داخل الشركة وهذا يتطلب وجود مهندسين وفنيين ذوي كفاءة وخبرة عالية في عمليات البرمجة وكيفية تصميم الأنظمة حتى أنه يمكن محلياً تجميع قطع أجهزة الحاسوب المراد شراءها وذلك من قبل المفنيين المحليين وهذا طبعاً يحتاج إلى إعدادات كبيرة من أجل القيام بذلك.

• يمكن أن يتمّ ذلك حسب الطريقتين أعلاه، أي أنه يمكن شراء بعض الأجهزة والبرمجيات ويمكن في نفس الوقت القيام محلياً بتجهيز بعض البرمجيات من قبل الموظفين الفنيين في الشركة.

سادساً: تقييم الخيارات والقرار النهائي:

إذا تمّ قبول العروض فإنه من المستحسن في هذه المرحلة أن يقوم المدير أو من له علاقة باتخاذ القرارات بأن يحضر عرض للنظام المقترح من قبل المزود أو

المبني محلياً وذلك باستخدام بيانات من الشركة إذا كان ذلك ممكناً أو من كل مزود اقترحها من عنده، حيث يجب أن يتمّ الأخذ بعين الاعتبار النقاط التالية عند الاتفاق مع المزود:

- يجب أن تكون مسئولية التزويد والتركيب والتدريب والدعم ومن ضمنها ترتيب عقود الصيانة كلّ تلك يجب أن تكون من مسئولية المزود.
- المزود يجب أن يقدم مراجع معتمدة تدل على خبرته وعمله مع شركات كثيرة من قبل.
- إن النظام يجب أن يتمّ توثيقه بشكل واضح ويجب أن يتمّ توضيح مع من سوف يتمّ الاتصال لتلبية احتياجات الشركة من صيانة ودعم فني وغيرها.
- يجب أن يتمّ دمج المتطلبات التي تمّ إعدادها مسبقاً في العقد.

في هذه المرحلة تتمّ مقارنة كلّ الأنظمة المقترحة وفائدة ومزايا ونواقص كلّ منها حيث عند الانتهاء من دراستها من الممكن أن تتخذ الإدارة القرار النهائي بشأن المزود وبشأن النظام المقترح المنوي تطبيقه في المؤسسة.

من الممكن للإدارة في هذه المرحلة أن تقوم بتعيين مستشار أنظمة لديه خبرة كبيرة يمكن استغلالها في اتخاذ القرارات بشأن النظام المقترح، حيث أنه هناك الكثير من الفوائد من تعيين مستشار أنظمة أو مستشار حاسوب ومن هذه الفوائد:

- قدرة المستشار على الإمداد بالتعليقات والملاحظات على المشروع بدون تحيز نحو الحلّ المقترح المحوسب.
- مقدرته على تعريف المشاكل وإضافة وسرد متطلبات أخرى مفيدة للمشروع وتقديمه النصائح المتعلقة بعملية التغيير.
- مقدرته على شرح العديد من مصطلحات الحاسوب إلى المسئولين بلغة سهلة وواضحة وشرح مبدأ عمل العديد من الأجهزة والمعدات والتي تكون متوفرة من أجل توظيفها في النظام الجديد.

- المعرفة والخبرة بالبرمجيات المتوفرة في السوق وجودة كل منها.
- المقدرة على تقييم كل من المزودين وعملية دعمهم بالمعدات والبرمجيات المناسبة.

إن عملية استخدام وتوظيف مستشار تكون مفيدة وغالباً عندما تكون الإدارة مشغولة كثيراً حيث أن تعيين المستشار من الممكن أن يساهم:

- توفير وقت الإدارة والذي يجب أن يتمّ استغلاله في المهمات والأنشطة المهمة من أجل إدارة وتنظيم المشروع.
- توفير النظام الصحيح للمشروع والشركة من خلال قرارات مبنية على النصائح والتوصيات من قبل متخصص وخبير مثل هذا المستشار.

3-5 مراحل تنفيذ النظام الجديد Stages of Running the New system

تحضير خطة للتنفيذ:

عندما يتمّ استلام المقترحات من عدة مزودين وقبل عملية اتخاذ القرار النهائي من قبل الإدارة حول أي الأنظمة سيتمّ اختيارها من بين البدائل المختلفة فمن الممكن أن يتمّ التحضير لوضع خطة تمهيدية لعملية النظام الذي سوف يتمّ في النهاية توظيفه في المؤسسة وفي بعض أو كل أقسام الشركة. الوجه العام للخطة يمكن تطبيقه على أي نظام سوف يتمّ تنفيذه إلا أن التفاصيل بالطبع سوف تختلف حسب نوع وحجم المشروع وحجم العمليات الداخلية للمؤسسة للمشروع المعين.

كما بينا سابقاً فإن عملية التخطيط هي من أهم الوظائف الأساسية للإدارة وهي أيضاً مهمة جداً في عملية التغيير وتطوير المؤسسة إلى نظام أفضل متقدم، إن عملية التنظيم والتنسيق والمراقبة سوف تكون كلها عمليات ضرورية ومهمة وأساسية خلال فترة التنفيذ كما أيضاً عملية تحفيز الموظفين والذين من الممكن أن يكون لدى بعضهم تحفظات ومعارضة لهذا التغيير.

إن عملية تنفيذ التغيير عملية كبيرة وتحتاج إلى وقت وجهد كبير من أجل الوصول إلى الوضع الجديد المثالي، ويمكن تقسيم مراحل عملية التنفيذ إلى المراحل التالية:

1- تعيين مدير المشروع، ليكون هو المسئول عن المشروع والتفاوض على بنود العقد قبل التوقيع حيث التقرير المقدم منه سوف يكون ذو أهمية كبيرة بالنسبة للإدارة العليا.

2- التنسيق مع المزود من أجل نشاطات التحضير والتسليم والتدريب والإعداد والتنصيب.. الخ.

3- تنظيم وتحضير الموقع وفي حالة بناء شبكة حاسوب لا بدّ من تحديد وتجهيز مواقع مختلف المكونات المتعلقة بنظام الشبكة والحاسبات والخادمات والطابعات والماسحات الضوئية... الخ حيث يتطلب إعداد الموقع المزيد من قوابس الكهرباء وبنية تحتية لخطوط شبكة الحاسوب والكابلات المتصلة بها.

4- القيام بعمليات طلب القرطاسية والمستلزمات المستهلكة التي يحتاج إليها فريق العمل.

5- يجب أن يتمّ الاتفاق على مواصفات النظام وخاصة في حالة تصميم البرمجيات حسب طلب المؤسسة.

6- إعادة تنظيم الموظفين والتحضير من أجل تعيين بعض الموظفين بشكل مؤقت من أجل القيام بإدخال البيانات إلى الحاسوب.

7- تنظيم البيانات اليدوية وذلك كعملية تحضير من أجل تغذيتها إلى الحاسوب.

8- متابعة ومراقبة عمليات التسليم في النظام والشروع في التحضير والإعداد من أجل حضور جلسات التدريب على النظام.

9- تدريب كل الموظفين المعنيين سواء كان موظفين دائمين أو بعمل مؤقت والقيام بالإعدادات من أجل التحضير لعملية وإجراءات التوثيق لكلّ خطوات التنفيذ خطوة بخطوة.

10- اختبار النظام باستخدام بيانات اختبار وضعت خصيصاً لعملية الاختبار.

11- القيام بإدخال البيانات الحية والبيانات الرئيسية إلى النظام وهذه البيانات تكون ثابتة ولا تتغير.

12- القيام بإدخال البيانات المتحركة والتي تخص العمل والعملاء وهي على الأغلب تتغير حسب العمليات التي تجرى عليها، حيث في هذه الخطوة يكون كلا النظامين بعملين النظام القديم والنظام الجديد بشكل متواز.

13- عندما تتمّ الخطوة السابقة (12) بشكل ناجح مئة بالمائة يتمّ هجر النظام القديم والعمل بالنظام الجديد فقط (انظر الشكل التالي: (5-2)

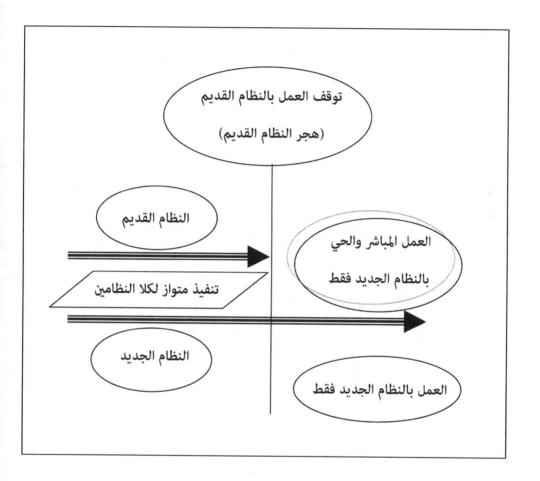

شكل 5-2 العمل المباشر بالنظام الجديد

4-5 مواقف الموظفين Employees Attitudes

تختلف مواقف الموظفين حول النظام الجديد حيث يمكن تقسيمها إلى ثلاثة مواقف:

- موقف معارضين ومتشددين للنظام الجديد.
- موقف مؤيد بشدة للتغيير والتطور والنظام الجديد.
- مواقف محايدة وليس لها رأي واضح حول التغيير.

على مدير المشروع أن يلم بهذه المواقف وأن يعمل على توحيدها وجرها نحو تشجيع التغير والتطور لذا عليه أن يضع إستراتيجية وخطة من أجل القيام بذلك وهذه الخطة من الممكن أن تتبنى على أساس النقاط التالية:

- عقد الاجتماعات واللقاءات والتي يشرح من خلالها مدير المشروع أهمية التغير والتطور وأهمية استخدام الحاسوب والتقنيات الحديثة في تطور الشركة ونجاحها ونجاح الموظفين وتطورهم.
- بيان أهمية الحاسوب للعمل وبيان خصائص الحاسوب وفوائده للمشروع وبيان وشرح استخداماته.
- يجب على المدير أن يشرك الموظفين في تنفيذ المشروع وتسهيل عملية التشاور معهم لأخذ آرائهم واقتراحاتهم مما يشجعهم كثيراً على العمل بتنفيذ المشروع بشكل اقوي واكبر.
- على المدير أن يبين للموظفين أن استخدام الحاسوب وتوظيفه في المؤسسة لا يعني الاستغناء عن خدمات الموظفين بل على العكس حيث يعتبر الحاسوب أداة بيد الموظف كالآلة الحاسبة لتسهيل وتسريع العمل وجعله أكثر كفاءة وفعالية.

- يجب على المدير عقد الدورات التدريبية للموظفين وحثهم علي حضورها مما يزيد مـن إقبـالهم على قبول النظام وعدم الخوف من استخدام الحاسوب.

الفصل السادس

مساحات التغيير في المنظمة

Areas of Change in Organization

محتويات الفصل:

الفصل السادس

مساحات التغيير في المنظمة

Areas of Change in Organization

الأهداف التعليمية للفصل السادس:

يهدف هذا الفصل إلى التعريف بأهم المفاهيم الأساسية المتعلقة بإدارة التغيير، حيث يبين المساحات الممكن تغييرها في المنظمات وكيفية العمل من أجل اختيار القادة لإستراتيجية مناسبة من أجل القيام بعملية التغيير المطلوبة والمناسبة للمنظمة، كما يهدف هذا الفصل إلى توضيح الأسباب المختلفة المتعلقة بالأسباب التي تتغير من أجلها المنظمات.

ومن أهم أهداف هذا الفصل:

- شرح وتوضيح المساحات المختلفة والتي يمكن أن يقوم القادة بالعمل على تغييرها وفق الحاجة والظروف المحيطة للمنظمة.

- التعرف الأسلوب القيادي الصحيح من أجل اختيار المساحة المناسبة للتغيير.

- توضيح التحديات والمعوقات التي من الممكن أن تطرأ أثناء تنفيذ عملية التغيير في بعض المساحات في المنظمة.

- شرح الأسباب الدافعة إلى التغيير في المنظمة.

1-6 المقدمة Introduction

يقصد بإدارة التغيير: " سلسلة من المراحل التي من خلالها يتم الانتقال من الوضع الحالي إلى الوضع الجديد، وحيث أنه يوجد العديد من الأمور التي بسببها تتغير المنظمات كما تمّ ذكره في الفصول السابقة إلا أنه هناك أسباب أو مفاتيح تعمل على تسريع عملية التغيير، أسباب عامة كما يبين الشكل التالي:

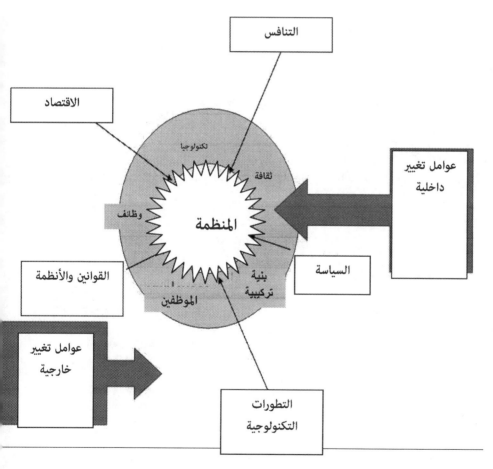

شكل 6-1 القضايا الرئيسية التي تسرع في عملية التغيير في المنظمات

كما يبين الشكل 6-1 فإن المنظمة قد تتغير نتيجة لعوامل داخلية تتعلق بالمنظمة نفسها مثل:

- الوظائف والمهام الجديدة.
- الموظفين.
- البنية التركيبية للمنظمة.
- ثقافة المنظمة ويقصد كل ما يتعلق بالمنظمة من أنظمة وقوانين كقوانين الإجازات وانهاء الخدمة والاستذان من العمل... الخ.
- التقنيات الموجودة في المنظمة حيث أنها قد تحتاج إلى تحديثها أو استبدالها لتواكب التقدم والتطور العالمي.

وهناك عوامل خارجية قد تؤدي بالمنظمات إلى التغيير مثل:

- **التنافس:** فكل المنظمات تنظر إلى البيئة المحيطة بها كمنافسين وتدرس ما هي المميزات التي يتميز بها المنافسين ؟ وما هي الخدمات التي يقدمونها فاذا كانت متطورة ومتقدمة فان هذه المنظمة سوف تسعى إلى التغيير والتطور.
- **التطورات التقنية الحديثة التي تظهر بين فينة واخرى.**
- **الاقتصاد:** حيث أن كثير من المنظمات قد تتغير من أجل زيادة عائداتها المالية أو من أجل الوصول إلى أسواق جديدة تتخطى الحدود الاقليمية.
- **السياسة:** وهي تؤثر في المنظمات بشكل كبير وتلعب دوراً كبيراً في تغييرها.

2-6 مساحات التغيير في المنظمات:

Areas of Changes in Organization

إن المنظمات كالبشر قد تتغير بالكامل أو يتغير جزء معين منها أو عدة أجزاء من أجل الوصول إلى الهدف المنشود، حيث تسعى المنظمات إلى التغير من أجل أمور عديدة أهمها:

- زيادة قيمتها في السوق.
- ومن أجل زيادة ارضاء الزبائن.
- ومن أجل زيادة أرباحها وعائداتها المالية.
- ومن أجل مواكبة التطور والتقدم العالمي.
- ومن أجل إنتاج سلع أو خدمات جديدة.

إن عملية التغيير في المنظمات من الممكن أن يتم تنفيذها في الأقسام أو المساحات التالية (الشكل 2-6):

- **تغيير في البنية التركيبية للمنظمة:**

حيث من الممكن أن تعمل المنظمة على **تغيير العديد من الأمور المتعلقة بهيكلية المنظمة مثل:**

- o تغيير في تعريف الوظائف الشاغرة.
- o تغيير مجموعات العمل والوظائف.
- o تغيير في فرق العمل.
- o تغيير في عملية أو طريقة التفاوض.
- o تغيير في طريقة وعلاقات إنتاج التقارير حول الموظفين.

- **التغيير في التقنيات:**

(علي سبيل المثال: الحوسبة،الأعمال الإلكترونية، التجارة الإلكترونية، الانترنت،.... الخ) حيث في كثير من الأحيان تتطلب وتقود التقنيات الحديثة إلى التغيير والإبداع وذلك بـ:

- o **الوصول إلى وسائل وتقنيات جديدة في العمل.**

- o **إزالة أو تزويد بوسيلة تنافسية بين غيرها من المنظمات.**

- **تغيير في الموظفين:**

وهي عملية تغيير في مزايا الموظفين من حيث الجودة والمهارات المتطورة المبنية على استخدام التقنيات الحديثة. إن مصادر القوى البشرية هي المحرك الرئيسي لمعرفة التغيير وللمهارات والسلوك والانطباعات التي تحتاج إليها العمل في المنظمة. فمصادر القوى البشرية تستخدم الكثير من متطلبات العمل مثل:

- o الاختيار والتوظيف

- o التدريب

- o تقييم الأداء

- o أنظمة المكافآت

- **تغيير ثقافة المؤسسة:**

وهي القوانين الموضوعة لكل شئون المنظمة والمتعلقة بالموظفين أو عمليات البيع والشراء والرواتب.. الخ)، إن قضية ثقافة المنظمة تعتبر من أهم القضايا والتي يجب أن يتم الاهتمام بها قبل إجراء أي عملية تغيير أخرى في المنظمة، حيث اثبتت الدراسات والادلة أن التغيير الناجح لثقافة المنظمة تحتاج إلى العديد من التحضيرات والإعدادات مثل:

o الوقت الكافي لإجراء عملية التغيير حيث تمّ وضع ثقافة المنظمة عبر مرور عدد ليس بقليل من السنوات.

o تمّ وضع ثقافة المنظمة من قبل الإدارة العليا القديمة في المنظمة والتي تملك الخبرة والمهارة اللازمة لتضع الأسس التي سوف تقوم عليها المنظمة.

- **تغيير الخدمات أو المنتجات**: حيث تعمل العديد من المنظمات على تحسين منتجاتها أو ابتكار منتجات جديدة من أجل تسويقها إلى عملائهم.

- **تغيير في سياسة المنظمة**: تغيير في نظام العقوبات والمكافئات للموظفين.

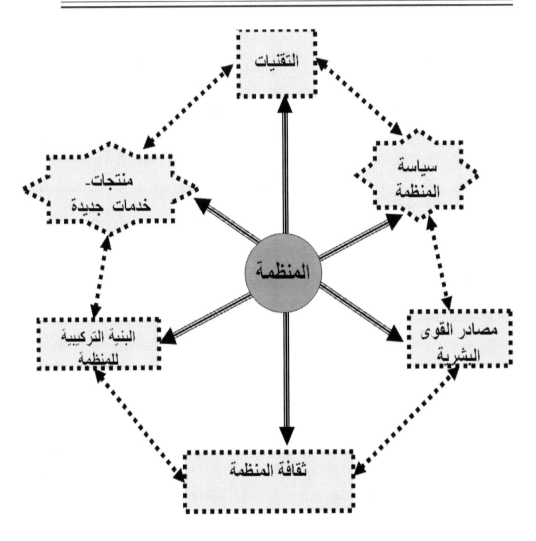

شكل 6-2 مساحات التغيير في المنظمات

3-6 التحدي المستمر لتغيير ناجح:

Continuous Challenge for Successful Changes

إن عملية التغيير في المنظمات قد لا تسير وفقاً لما تمّ التخطيط له من قبل الإدارة، حيث أنه وبدلاً من ذلك تحتاج المنظمة إلى اعتناق عملية التغيير وأن تكون

مستعدة دائماً وفي كلّ الأوقات حتى تصبح المنظمة قادرة على التغيير وله قدرة التغيير المستمرة. حيث أنه يجب على المديرين أن يتصرفوا كعملاء تغيير أو كقادة لعملية التغيير وأن يكونوا قادرين على بناء فريق عمل للتغير فعّال وذا كفاءة عالية. وأن يستطيع هؤلاء المدراء أن يحفزوا كل الموظفين وكل الأفراد في المنظمة على أن يكون لهم دوراً كبيراً في عملية التغيير وأن يكونوا ضمن فريق التغيير نفسه.

4-6 القيادة والتغيير Leaderships and Change Process

هناك دراسات عديدة وأدلة اثبتت أن هناك خمس مبادىء أساسية يحتاج إليها القائد أو المدير الناجح من أجل التعامل مع التغيير المستمر ومواجهته وهذه المبادىء الخمسة هي:-

1- الهدف الأخلاقي.

2- فهم وإدراك عملية التغيير.

3- بناء وتقوية العلاقات الاجتماعية مع كافة أفراد المنظمة.

4- خلق المعرفة وصنع المشاركة والتماسك.

1- الهدف الأخلاقى Moral Purpose:

يعني أن يعمل القائد وهو ينوي أن يقوم بعمل إيجابي مختلف يؤدى إلى تحسين ظروف موظفيه وعملائه والمجتمع المحيط به بأكمله، وبالتالى فالهدف الأخلاقى للقائد يمثل قيمة واضحة يقدرها الجميع لذلك ينبغى أن يوجه الهدف الأخلاقي القائد فى عمله وتصرفاته حيث يعتمد عليه فى نجاح المؤسسة وفى تحقيق أهدافها.

2- فهم عملية التغيير:

إن الهدف الأخلاقي بدون فهم لعملية التغيير لا يعتبر من مزايا القائد الناجح وبالتالي متى يحقق القائد نجاحاً في عملية التغيير ينبغي أن يجمع بين التزامه بالهدف الأخلاقي مع احترامه وتفهمه للمشكلات والعقبات المتراكمة والتي قد تنشأ عن عملية التغيير في المنظمة، ولكي يفهم القائد عملية التغيير، ينبغي له أن يدرك الأمور الأساسية التالية:

- **الهدف لا يجب أن يكون تغيير** كلّ **ما في المنظمة عن بكرة أبيها.**

فبعض المديرين يغيرون أفكارهم كما يغيرون ملابسهم، وذلك ينبغى البدء بتطبيق فكرة ما وإعطائها الوقت الكافى للتأكد من نجاحها وفعاليتها قبل التفكير فى تطبيق فكرة جديدة.

- **لايكفي أن يكون لديك فقط أفضل الأفكار.**

فبعض المديرين لديهم أفضل الأفكار التى يعبرون عنها ولكنهم لا يستطيعون تسويقها للآخرين وخصوصاً الأفراد الذين يعمل معهم هذا المدير أو القائد، حيث أنه إذا لم يقتنع هؤلاء الأفراد بالأفكار التى تطرحها الإدارة فإنهم لن يقوموا بتطبيقها أو تبنيها وسيرفضونها لعدم إيمانهم بها أو لأنهم لم يشاركوا في إنشائها منذ البداية أو يشاركوا في طرحها. لذا يتوجب على القائد من البداية أن يشارك كلّ موظفيه بعملية التغيير ويشجعهم على طرح الأفكار والمشاركة الفعّالة.

- **يجب على القائد الجيد أن يجيد تقدير الصعوبات المبكرة التي قد تواجهه عند محاولة تجريب شيء جديد.**

فالأفراد على اختلاف مواقعهم الوظيفية يواجهون حقيقة أنهم بحاجة إلى فهم أفضل للتغيير وربما إلى تنمية مهارات جديدة، وعند تطبيق أية عملية جديدة فإنها

سوف تكون غير مريحة ومزعجة لكثير منهم وخاصة أولائك الذين يعيدون التفكير في خبراتهم ومهاراتهم وأساليبهم السابقة، فالطبيعة الإنسانية تشعر بالقلق دائماً عند القيام بأي جديد، وتظهر هنا براعة القادة الذين يستطيعون توجيه الآخرين والخروج بهم سالمين من مشكلات تطبيق التغيير.

o **يجب على القائد الناجح أن ينظر إلى مقاومة التغيير باعتبارها قوة إيجابية دافعة.**

يجب على القائد الناجح والحكيم أن يعيد النظر في مفهوم مقاومة الأفراد للتغيير حتى يمكن فهم عملية التغيير، فالناس يرتاحون في التعامل مع الآخرين الذين يفكرون بنفس طريقتهم وبالتالي لا يشعرون بالارتياح في التعامل مع الناس الذين لا يتفقون معهم أو يقاومون أفكارهم رغم أن ذلك أمر قد يكون مفيد للغاية، فالمقاومة تفيد كثيراً في عملية تنفيذ التغيير لأن اختلاف الآراء تعبير عن عملية التعاون والتنسيق والتي تدفع بعملية التغيير إلى الأمام، ولذلك ينبغي احترام الأفراد وآرائهم حول مقاومة التغيير وإلا فإنهم سوف يعبرون عن أنفسهم فيما بعد بطرق أكثر سلبية.

o **التغيير يعتمد علي القدرة علي تغيير الثقافة السائدة.**

إن عملية تغيير الثقافة وإحداث تحول فيها هو الفكرة الرئيسة فى عملية التغيير الناجح والتحول فى الثقافة يضفى بعداً أخلاقياً على عملية التغيير ويجعل الجميع يعملون معاً وهم يقدرون الاختلافات الثقافية فيما بينهم حيث أن عملية تغيير الثقافة عملية صعبة ومعقدة وتتطلب وقتاً وجهداً كبيرين من قبل المدراء.

o **التغيير عملية شديدة التعقيد.**

فالقيادة الناجحة تكون مبنية على مجموعة معقدة من المهارات كما أنها تتطلب التعامل مع العديد من المواقف الصعبة باستجابات مختلفة أكثر تعقيداً، فكلّ قائد

يمكن أن يتعامل مع موقف معين بطريقة تختلف تماماً عن غيره بحيث تكون النتائج مفيدة وجيدة، فالقيادة عملية معقدة وبالتالى فإن عملية التغيير تكون أكثر تعقيداً.

3- بناء العلاقات:

اثبتت كثير من الدراسات أن العامل الرئيسي المشترك فى كل عمليات التغيير الناجح في المنظمات هو تحسين العلاقات بين العاملين في المنظمة، فكلما كانت العلاقات بين الأفراد أكثر قوة وأكثر تعاوناً كلما تحسنت الأمور وكانت عملية التغيير أكثر سلاسة، إذن فلا بدّ للقائد الناجح من أن يمتلك المهارات المناسبة من أجل بناء علاقات إيجابية بين جميع عناصر العمل خصوصاً مع الأفراد والجماعات المختلفة عن بعضها في الآراء والأفكار.

4- إنشاء المعرفة ومشاركتها:

إن العصر الذي نعيش فيه الآن يسمى عصر المعرفة والانفجار المعرفي، وبالتالي فإن من أهم أدوار القائد الناجح في عملية التغيير هو زيادة المعرفة داخل وخارج مؤسسته وكيفية ربط المعرفة بالعناصر الثلاثة السابقة.

وتعتمد هذه الكفاية على ما سبق من عدة نواحي:

أولاً: إن الناس لن يتشاركوا المعرفة التى حصلوا عليها إلا إذا شعروا بالالتزام الأخلاقي للقيام بذلك.

ثانياً: أن هؤلاء الأفراد لن يشتركوا إلا إذا كانت إدارة عملية التغيير تدعم المشاركة وتحبذها.

ثالثاً: أن المعرفة بما تحويه من بيانات ومعلومات - بدون علاقات - لن تؤدى إلا لمجرد تخمة معلوماتية Information Glut، كما أن تحويل المعلومات إلى معرفة هو عملية اجتماعية ولتحقيق ذلك نحن بحاجة إلى علاقات.

5- خلق التماسك Coherence:

في كثير من الأحيان تتعرض عملية التغيير للعديد من التعقيدات والغموض وعـدم التـوازن وبالتـالي فإن القيادة الفعالة تسعى إلى بذل جهد أكبر من أجل المزيد من التماسك والترابط.

وفي ظل تلك المبادىء الخمس فهناك خصائص وسمات لا بـدّ أن يمتلكها القائد الفعّـال والتـي يمكـن أن تكون سبباً أو نتيجة لتلك المبادىء وهي:

- الطاقة أو النشاط Energy

- الحماس Enthusiasm

- التفاؤل Hopefulness

فالقائد الناجح هو ذلك القائد النشيط المتحمس المليء بالأمل والذي يحمل التزاماً خلقياً ويتفهم عملية التغيير ويبني العلاقات والمعرفة ويسعى للترابط والتماسـك وتقويـة العلاقـات بـين كافـة الأفـراد في المنظمة.

الفصل السابع

الوظائف الإدارية وأسس إدارة المشاريع

Managerial Functions and the Basics of Project Management

الفصل السابع

الوظائف الإدارية وأسس إدارة المشاريع

Managerial Functions and the Basics of Project Management

الأهداف التعليمية للفصل السابع:

يهدف هذا الفصل إلى التعريف بأهم المفاهيم المتعلقة بالوظائف الإدارية وأساسيات إدارة المشروع.

ومن أهم أهداف هذا الفصل:

- التعرف على التطور الكبير في تقنيات المعلومات والاتصالات.

- معرفة أهمية تبني منهج علمي في إدارة المشاريع.

- التعرف على بحوث العمليات وأهميته ومجال استخدامه في الشركات.

- التعرف على نمذجة الأنظمة وأهميتها للإدارة.

- التعرف على مهام الإدارة ووظائفها.

1-7 المقدمة Introduction

لقد أدى التطور الكبير في تقنيات المعلومات وتقنيات الاتصالات والمعلومات إلى تطور سريع في عملية الإدارة على جميع المستويات فقد أصبحت عملية الإدارة في العصر الحديث قائمة على أساس معلومات ونظام علمي وليست حسب آراء أو وجهات نظر شخصية لتصل إلى نتائج إيجابية وليست نشاطات تنموية حتى تقوم بمعالجة المشكلات من جذورها وذلك بأسباب وأساليب منهجية الأمر الذي أدى إلى أن أصبحت المعلومات هي المصدر الأساسي لجمع الأموال والهيمنة الاقتصادية في العالم كله حيث تحول الاقتصاد العالمي إلى اقتصاد معلوماتي منظم بطريقة علمية وأساسه تقنية المعلومات.

يجب على كلّ الشركات بمختلف أنواعها أن تهتم باستخدام الحاسبات والاتصالات وأنظمة المعلومات في تطوير الإدارة العلمية ووسائل تدعيم القرار من أجل أن تنافس الدول المتقدمة في هذا المجال حيث أن التكنولوجيا تسهم بشكل كبير بإتاحة الفرص وطرح تحديات لم يسبق لها مثيل أمام المجتمع بأكمله، حيث أننا نعيش اليوم في عالم يتغير بشكل سريع وخاصة في النظام الاقتصادي العالمي المتجدد والذي يقوم على التقدم العلمي والتقني والقدرة على استيعاب تدفق المعلومات والتمكن من استخدامها وتطبيقها في مجالات التنمية وتطور وبناء الدولة بشكل قوي ومتين.

إن عملية صنع القرار أصبحت عملية صعبة ومكلفة في هذا العصر والذي يتسم بالتقدم السريع لأنه أصبح عالم المعرفة السريعة والمعلومات المتوفرة في كلّ وقت وفي كلّ زمان وبسرعة لم يسبق لها مثيل، فالقرار الذي كان يستند على الاحساس الداخلي أو الحدس الشخصي أو الحظ الاحتمالي أو التخمين الفكري أو حسب الحالة المزاجية أو من خلال التجربة والخطأ هذا كله لم يعد صائباً لأن كل

هذا لم يعد يصنع قراراً فعالاً وسريعاً مما قد يتسبب في ضياع فرص غالية وتكلفة باهظة في الجهد والوقت والمال لذا يحتاج صنع القرار إلى قدراً كبيراً من البيانات والتي هي المادة الخام الأولية التي تعالج تحليلاً وتركيباً لاستخلاص ما تضمنته من معلومات عن طريق تطبيق للنماذج الرياضية والطرق الإحصائية والأساليب المنطقية وغيرها حتى يمكن إجراء ووضع مختلف السيناريوهات والاستراتيجيات وعمليات تحليل المخاطر والتهديدات التي تصاحب المشاريع.

إن تكنولوجيا المعلومات وتكنولوجيا الاتصالات تطورت تطوراً فائقاً حيث ظهرت بمقتضى ـ دمج هاتين التقنيتين عدة حقائق واكتشافات مفيدة للجنس البشري ومن هذه الفوائد:

- زيادة سرعة وسعة نقل البيانات في شبكات الاتصالات الحديثة.

- زيادة سعة دوائر الاتصال عبر الأقمار الصناعية وعبر الهواتف الخلوية مما أدى إلى انخفاط تكلفة الاتصالات بشكل كبير.

- أدت تكنولوجيا المعلومات الحديثة إلى نمو وارتقاء تقني لا مثيل له من قبل.

- أدت التقنيات الحديثة إلى خلق مفاهيم وأساليب جديدة فرضت تحديات لزيادة المعرفة والثقافة والتطور.

يوجد فجوة كبيرة بين الدول المتقدمة والدول النامية حيث تتسع هذه الفجوة كلّ يوم، لذا ينبغي تشجيع البحث العلمي والتطوير والابتكار مع الحرص على تبني تقنيات الدول المتقدمة ومحاولة فهمها واستيعابها وتطويرها بما يتلائم مع الظروف المحلية، حيث أن هذا التغير قد يؤثر على مستوى الحياة ونوعية المتطلبات مما يؤدي إلى مزيد من استخدام تقنيات المعلومات الحديثة مما يؤدي إلى ظهر

تخصصات حديثة مع اختفاء كثير من المهن والتخصصات القائمة حيث تصبح عملية تغيير التخصص والوظيفة أكثر من مرة أمراً مألوفاً.

إن عملية إدارة المشاريع وتنظيمها بشكل فعّال يؤدي إلى النجاح المضمون لابدّ أن تبنى على بنية قوية من تقنية المعلومات وعلى فهم للوسائل العلمية التي تعتمد على المعارف والمهارات ومنها:

- فهم دقيق لبرامج الحاسوب والنماذج المختلفة والمستخدمة في عمليات اتخاذ القرارات ودعمها.

- استخدام النماذج الرياضية المبنية على الحاسوب للتنبؤ بسلوك النظم.

- الاستيعاب الكامل للأساليب الإدارية العلمية الحديثة مع الأخذ بعين الاعتبار النواحي الاقتصادية والاجتماعية من أجل صنع قرارات رشيدة في معالجة المشكلات الفنية والإدارية.

- معرفة معمقة بأساليب العلاقات الإنسانية للتحكم في استخدام الموارد البشرية بفاعلية وكفاءة.

- القدرة العالية على التعبير عن التصورات والتحكم في الاتصالات والتقنيات الحديثة من أجل الوصول إلى الأهداف المرحلية والنهائية.

- زيادة المعرفة في مختلف المجالات لمواجهة الطلب المتزايد على الأعمال التي تتطلب دراسة بينية في مختلف المجالات.

من أجل ذلك لابدّ للإدارة العلمية الحديثة الرقمية أن تتسم بالكثير من السمات والتي تخولها لقيادة الشركة والمشاريع الناجحة ومن هذه السمات:

- إدارة قادرة على الابتكار والتصور والتفكير من فكر مستقل.

- إدارة قادرة على استخدام التقنيات الحديثة في إدارة المعلومات.
- إدارة قابلة للتغيير وقابلة للإسهام في أحداثه.
- إدارة قادرة على التعامل مع أدوات العصر الحديث بحكمة وفاعلية كبيرة.
- إدارة قادرة على صنع قرارات رشيدة حكيمة لمعالجة مختلف المشكلات بطرق علمية.
- إدارة مرنة تتقبل مختلف الحلول والآراء.
- إدارة قادرة على تبني منهج علمي في إدارة المشاريع.
- إدارة قادرة على التعامل مع أفراد ذوي مهارات عالية بتقنية المعلومات وقادرة على استغلال المهارات بشكل فعّال.
- إدارة قادرة على تحفيز الأفراد للعمل بجد وجهد وباقصى طاقة وبأقل تكلفة.
- إدارة حكيمة تعتمد على الله أولاً وأخيراً وتعمل وفق الأحكام والأخلاق العلمية والمبادىء والقيم الإسلامية.
- إدارة مبنية على العدل والمساواة واعطاء الحقوق في وقتها.

2-7 منهج إدارة المشاريع Project Management Methodology

من أجل أن تكون الإدارة ناجحة في تحقيق أهداف المشروع لا بدّ من أن تتبنى منهج علمي وواضح وهو عبارة عن عملية ذات طبيعة تكرارية يتمّ من خلالها التوصل إلى نظريات تمثل واقع منظومات التشغيل لغاية تحقيق أقصى فعالية ممكنة ولغايات تحقيق عمليات دعم وصنع القرارات. وإذا أمعنا النظر في مدى تقدم التقنيات الذاتية في منظومات التشغيل في الدول النامية وخاصة الدول

العربية نجد أنها تعاني من ضمور في البنية الإنتاجية وهذا يرجع إلى السلوك الغير ناضج أو الغير مدرك وذلك في مختلف القطاعات الاقتصادية والصناعية والزراعية والتجارية والاجتماعية والمالية، حيث يعتمد على الإطار التقليدي في التنمية. وهذا كلّه ناتج عن قصور المعرفة للمنظومات الإنتاجية المتكاملة ووظائفها الرئيسية ومهامها الفرعية من تصميم وتصنيع وتنظيم وإلى مقوماتها الأساسية وعناصرها المهمة من مواد ومعدات وطاقات بشرية واقتصار الصناعات على تجميع المكونات وسطحية الخبرة في التصنيع المتكامل دون التعمق في العمليات الإنتاجية من تشغيل وإدارة وضعف القدرة الابتكارية مما يؤدي إلى محدودية التغيير والتطوير والتجديد لذا نجد أن معظم الصناعات المحلية للدول العربية تواجه تحديات كبيرة مثل:

- عدم الالتزام بمعايير المواصفات القياسية العالمية للمنتجات.
- عدم التمسك بأساليب ضمان الجودة.
- قلة الدعم للأبحاث العلمية والسوقية.
- عدم التفكير في التوسع لغزوالأسواق الخارجية.

إن نجاح أي مؤسسة خاصة أو عامة يعتمد على خبرة وحكمة الإدارة على مختلف المستويات الإدارية وحيث أن التقنيات الحديثة تؤدي دورا مهماً في جميع عمليات التشغيل في المؤسسات فقد أدى استخدام وتوظيف التقنيات الحديثة من منظومات التصنيع المرن وتوظيف الروبوت في عمليات التصنيع الروتينية المتكررة وتقديم معدات تصنيعية مزودة بدوائر منطقية محوسبة وخطوط إنتاج ذات طاقة إنتاجية كبيرة مبنية على أجهزة حاسوب قابلة لتلقي التعليمات وحفظها وتنفيذها كل ذلك أدى إلى إحداث ثورة فكرية في إدارة المؤسسات.

قد أصبحت خصائص هذه المؤسسات قادرة على انتاج كميات كبيرة من السلع والخدمات أضعاف ما كانت بالطريقة التقليدية وبتكلفة أقل بكثير وأصبحت هناك طرق توزيع ذات كفاءة عالية التنظيم لـذا تعتبر خصائص الاساليب الحديثة للتصميمات والعمليات الإنتاجية المناسبة تمثل الرؤية المستقبلية للعمليـة الإدارية.

إن المنهج الإداري السليم يجب أن يأخذ بعين الاعتبار أن الإدارة أو القسم يجب أن يعتبر منظومة متكاملة ومستمرة ومتزامنة لا يتعارض فيها الجزء مع الكل أي أن أي خلل في أي قسم لا بد أن يؤثر على باقي الأقسام والعمليات وهذا يعني أنه لا بد من الاهتمام بالجزء والكل معاً وذلك في ظل نظام معلومات مبني على التقنيات الحديثة ذا فعالية وكفاءة عالية. لذلك فإن الإدارة تزاول وظائفها من تخطيط وتنظيم وتحليل ومراقبة بشكل فعّال وبدون تقصير أو ضموربوجود الأسلوب الهندسي العلمي في معالجة المشكلات الإدارية وصنع القرارات التنفيذية ودعمها.

لذلك كلّه فإن الأسلوب العلمي للإدارة لابدّ أن يهدف إلى ما يلي:

- معالجة المشكلات اليومية بالقرارات المبنية على أنظمة معلومات فعالة.

- تخفيض عناصر التكلفة في جميع مراحل التصنيع والتغليف والتخزين والنقل.

- زيادة حجم الإنتاج مع الابقاء على نفس التكلفة الإجمالية.

- تقييم العمل ووضع المقترحات من أجل التطوير والتحسين في كافـة العمليـات في المؤسسـة مـن مواد ومعدات وعمالة وغيرها.

- التوصيف والتنبؤ وتقويم النتـائج التـي يمكـن الحصـول عليهـا مـن أنظمـة المعلومـات الفعّالـة الشاملة.

- تنمية مهارات الموظفين والعمال على مختلف المستويات.

- خلق روح قوية للتعاون بين الإدارة والموظفين للتأكد من تنفيذ العمل طبقاً للإجراءات العلمية

- توزيع العمل بين الإدارة والموظفين بحيث تقوم كلّ مجموعة بالعمل المؤهل له.

- استخدام الأسس العلمية والتي تؤدي إلى صياغة جديدة للمنظومات الإنتاجية وتحليل مدخلاتها وعمليات تحويلها ومخرجاتها.

إن الشركات على اختلاف أنواعها تواجه تحديات ومتغيرات ناتجة من التطور التكنولوجي السريع في الاتصالات والحاسبات والتي أصبح لها دور كبير في الإدارة لذ فهي تتطلب برنامجاً طموحاً شاملاً يعتمد على عدة عناصر أساسية منها:

- تطبيق منهج علمي يهدف إلى تخفيض عناصر تكلفة الإنتاج والعملية الإدارية مع ضمان جودة السلعة المنتجة أو الخدمة المقدمة بالسعر المناسب للمستهلك.

- تنمية القوى البشرية لتصبح ذات معرفة علمية مع خبرة عملية تتوافق مع المتغيرات المستقبلية.

- استيعاب التكنولوجيا المناسبة وتوظيفها وتطويرها على مستوى المؤسسة لمواجهة التحديات والمتغيرات.

- وضع استراتيجية تسويقية علمية تضمن متطلبات وأذواق المستهلكين بمواصفات وجودة وسعر منافس.

إن مسئولية الإدارة في مواجهة التحديات والمتغيرات تتمثل في أداء وظائفها ومهامها الرئيسية التي من أهمها:

- **التخطيط:** وهو يتعلق بتحقيق الأهداف والسياسات والبرامج.

- **التنظيم:** وهو يتعلق بتحديد الاختصاصات والاتصالات لتحقيق الأهداف.

- **التحليل:** وهو يتعلق بتقويم العمليات المساعدة المتداخلة.

- **المراقبة:** وهي تتعلق بتحقيق الأهداف بكفاءة وفاعلية على المستوى الكلي والجزئي وبها تكمـن دورة العملية الإدارية كمنظومة تعتمد على المعلومات الراجعة الدقيقة.

ولكي تستطيع الإدارة القيام بوظائفها ومهامها وتتصرف التصرف الإداري الملائم وفي الوقت المناسب إزاء المتغيرات سواء كان في المدخلات أو التحويلات أو المخرجات والتي تحكمها ظروف البيئة المحيطة داخلياً وخارجياً فإنه من الضروري التسلح بالعلوم والفنون الإدارية بالإضافة إلى المهارات الفنية والإنسانية والإدارية.

ومن الأساليب والوسائل التي تساعد على انجاح إدارة المؤسسـات الإنتاجيـة هـو اسـتخدام تقنيات الحاسوب في معالجة البيانات الرقمية مثل:

- قوائم المرتبات.

- حسابات العملاء.

- معالجة المعلومات لاستخراج المؤشرات الاحصائية.

- استخدام النظم الخبيرة لتشخيص المشكلات وقراءة الخرائط والمخططات.

إن التقدم الكبير في تقنيات المعلومات والاتصالات وبرمجيات الحاسوب أدى إلى تغير وسائل الإنتاج من ماكينات ومعدات إلى أفكار وبرمجيات ومن هياكل معدنية إلى نظم معرفية ومن آلات انتاج إلى آلات استنتاج حيث أصبحت هذه

التكنولوجيا من وسائل الإنتاج التي تعالج البيانات والمعلومات والمعارف كمدخلات ذات قيم قليلة لتحويلها إلى منتجات نهائية من سلع وخدمات معلوماتية كمخرجات ذات قيم مضافة أو مواد وسيطة ليتناولها خبراء أو تستهلكها نظم معلومات أخرى لتغزيزها بمزيد من القيم المضافة حيث يختلف النظر إلى المعلومات مع اختلاف منظور من يتعامل معها فهي بالنسبة للإدارة العلمية الحديثة تعد أداة لدعم صنع القرار.

3-7 بحوث العمليات Operation Research

إن الإدارة الفعّالة هي مصدر حيوي لأي عمل تجاري إذا أريد منه أن ينمو ويستمر في النجاح، حيث أن الإدارة الناجحة لا بدّ أن تكون على علم ودراية بكلّ المناهج والأساليب الحديثة في الإدارة.

إن بحوث العمليات هي أحد هذه الأدوات والتي هي عبارة عن عملية ذات طبيعة تحليلية يتم من خلالها التوصل إلى فهم واستيعاب ظواهر التغير في منظومات التشغيل بهدف تحسين وتطوير أداء هذه المنظومات وللمساعدة في عملية صنع ودعم القرار ودعمه، حيث أن بحوث العمليات تعنى باستخدام المنهاج العلمي لفهم وشرح ظواهر التغيير في منظومات التشغيل وذلك بتسجيل ظواهر هذه المنظومات وتطوير نماذج هذه الظواهر وتطويع بعض النظريات لتقدير ما يحدث تحت ظروف متغيرة ثم يأتي بعد ذلك عملية التحقق من دقة هذه التقديرات بمقارنتها بشواهد وقراءات وملاحظات ميدانية جديدة حيث تستمر هذه العمليات بهدف ايجاد وسائل تحسين كفاءة العمليات الجارية والمستقبلية.

بالرغم من وجود انجازات ضخمة في مجالات التطورات النظرية والتطبيقات العملية لبحوث العمليات، إلا أن هناك أيضاً نقداً واضحاً لتقصير بعض باحثي العمليات في الاهتمام بالتطبيقات والآثار الناتجة من هذه التطبيقات ومحاولة بعضهم

وضع المشكلات الواقعية في قالب نماذج رياضية نمطية لا تتناسب بالضرورة مع احتياجات معالجة هذه المشكلات.

إن التقدم الكبير في تقنيات المعلومات مثل الحاسوب أدى إلى تشجيع باحثي العمليات على التمثيل الدقيق للمشكلات الواقعية حتى لو نتج عن هذا نماذج رياضية معقدة كما أن القدرة الحسابية الفائقة والناتجة عن السرعة الكبيرة للحاسبات وقدراتها التخزينية الكبيرة ساعدت وستساعد على حلّ كثير من النماذج الرياضية المعقدة وساعدت على توليد معظم البدائل الممكنة لحلّ معظم المشكلات وللقيام بإجراء المقارنة بين هـذه البدائل وفقاً لمعايير محددة واختيار أفضل وأمثل البـدائل للوصول إلى حلّ للمشكلة رهن الدراسة. ولكن للأسف ينمو عدد هذه البدائل بمعدل متزايد للغاية يصعب تصورها حيـث أنه كلما زاد حجم المشكلات وكبر تعقد النماذج زاد عدد البدائل المحتملة مما يتطلب اللجوء إلى العديد من المعادلات الرياضية المعقدة والتي تعتمد على حساب التباديل والتوافيق أو طرق الاحتمالات والاحصاء أو أساليب النمذجة الرياضية كنماذج البرمجة الخطية Linear Programming Models ونماذج تحليـل الشبكات الخطية Network Analysis Models.

إن عملية ظهور بحوث العمليات نتجت عـن التطور الكبـير في هـذا المجـال حيـث كانت بدايتـه ونشأته في المجال العسكري لذلك فإنه يمكن تسلسل الأحداث التي أدت إلى نشأة بحوث العمليات وتطور تطبيقاتها العملية قبل وأثناء الحرب العالمية الثانية في كل من بريطانيا وأمريكا ومن ذلك:

- استخدام بحوث العمليات لتحسين قدرات أجهزة الرادار لكشف الطـائرات علـى بعـد يزيد عـن 180 كم.

- استخدام بحوث العمليات لتحسين أنظمة الإنذار المبكر.

- استخدام بحوث العمليات للتعرف على الضوضاء الناتجة عن السفن تحت المياه لاستخدامها في تصميم جهاز يخرج نفس الضوضاء يمكن سحبه ليؤدي إلى انفجار الألغام الصوتية دون حـدوث اضرار للسفينة وقد تمّ انجاز المشروع بنجاح.

- استخدام بحوث العمليات في تحليل الدفاعات المضادة للغواصات حيث أدت بحوث العمليـات إلى زيادة عدد غواصات العدو المصابة والغارقة إلى خمسة أضعاف.

ثم تمّ انتشارها فيما بعد لتغطي العديد مـن المجالات المدنيـة فمـع نهايـة الحـرب العالميـة كـان العلماء والأساتذة الذين كانوا يعملون في مجال بحوث العمليات في المجال العسكري على عجلة من أمرهم للرجوع إلى مؤسساتهم وجامعاتهم من أجل استنباط عدة نظريات رياضية وتطوير عـدة أسـاليب كميـة لمعالجة المشكلات في المؤسسات والشركات المدنية.

إن بحوث العمليات عبارة عن علم مستقل يتنـاول تطبيـق المـنهج العلمـي لفهـم وتفسـير ظـواهر التغير الذي قد يطرأ في منظومات التشغيل، الأمر الذي يبرر ظهور جمعياتها المهنيـة ودورياتهـا العلميـة في مختلف الأقطار والدول ومناهجها الأكاديمية ودرجاتها العلمية في مختلف الجامعـات والمعاهـد وبرامجهـا التدريبية وأقسامها التخصصية في مختلف المؤسسات والشركات ومن أهم النشاطات التي كانـت مبنيـة في مجال بحوث العمليات في المجالات المدنية:

- البرمجة الخطية.
- نظم المحاكاة والنمذجة.
- التحليل الإحصائي.

- تخصيص قاعات الدراسة للمحاضرات وتخطيط المنشآت التعليمية وتخصيص الموارد التعليمية وترشيد القوى البشرية في مجال التعليم وغيرها.
- جدولة علاج المرضى بالعيادات الخارجية وجدولة عمليات المستشفى وتخطيط تشغيل بنوك الدم وترشيد القوى البشرية في مجال الرعاية الصحية.
- دراسة خصائص التربة الزراعية ودراسة أثر العوامل الجوية على معدلات نمو النبات وتصميم سدود المياه وغيرها.
- التنبؤ بحجم الإنتاج وتخطيط الإنتاج وجدولة عمليات التصنيع وتحديد حجم فرق الاصلاح وتحديد مستوى العمالة وتوزيع المنتجات ونقل السلع وبرمجة صيانة الماكينات وتخصيص الأفراد وتحديد مستويات المخزون وتخصيص الموارد وخلط المواد وبرامج التسويق والإعلان.
- تخطيط الاستثمارات وتحليل السيولة النقدية وتحليل اندماج الشركات وتحليل الموازنات وغيرها.
- من المشكلات التي عولجت بأساليب بحوث العمليات، تخطيط القوى العامة وتقسيم المناطق إلى دوائر انتخابية، وتخصيص النواب والناخبين بكل دائرة وغيرها.

4-7 المحاكاة والنمذجة Simulation and Modeling

إن عملية نمذجة الأنظمة ما هي إلا عملية ذات طبيعة تصميمية يتم من خلالها التوصل إلى نماذج رياضية تمثل أنظمة فعالة بغية دراسة ظواهر التغير والتنبؤ بسلوك هذه الأنظمة حتى يتسنى إدارتها ومعالجتها بشكل فعال، والنمذجة بشكل عام هي تعبير صادق عن طبيعة وخصائص الأنظمة بنماذج وصفية أو

لفظية أو بيانية أو رياضية حيث يمثل تشكيل وتطوير النماذج أساس وجوهر الإدارة العلمية بشكل عام وبحوث العمليات بشكل خاص، والمقصود بالنموذج هو تمثيل مبسط وتقريبي للواقع، والنماذج تعتبر قلب المنهج العلمي لمعالجة المشكلات حيث أنها تصف كيفياً أسس العوامل والمشاهدات التي تؤثر في سلوك الواقع وتصف كمياً العلاقات والقياسات التي تعبر عن متغيرات الأنظمة حيث تستخدم هذه المشاهدات والقياسات من الواقع لتكوين نموذج مبدئي ثم تجري عليه الاختبارات والتحليلات لمقارنته بسلوك الواقع الحقيقي وبناء على ذلك تجري عليه بعض التعديلات الملائمة ويتكرر ذلك حتى يتوافق النموذج النهائي مع الواقع.

تستخدم النماذج في وصف مجموعة من الأفكار وتقويم نشاط معين والتنبؤ بسلوك نظام معين حتى قبل بناء النموذج وتكوينه وبذلك يمكن توفير الجهد والوقت والتكلفة وأيضاً يساعد على الوصول إلى التصميم الأمثل بدون حاجة إلى بناء الواقع بحجمه الطبيعي ويعمل على تجنب أسباب الفشل الباهظة التكاليف ويؤدي إلى التوصل لطرق تحسين الأداء في مختلف الأنظمة. ويعتمد بناء الأنظمة التي تمثل النشاطات الجديدة بالاعتماد المباشر على قدرة الإنسان على التحكم في بيئته وعلى إمكانياته في بناء أو إيجاد نماذج لأنماط أنشطة الحياة المختلفة التي تتميز بها تلك البيئة.

إن عملية بناء النموذج يعد وسيلة مهمة لرؤية الواقع حيث أن محاولة وصف واقع ما هو إلا إعداد نموذج أولي لهذا الواقع وإنه لمن الممكن تصميم الكثير من النماذج الرياضية التي تمثل أنظمة علمية لمعالجة مشكلات واقعية.

ومن أشهر النماذج المستخدمة في بحوث العمليات:

- **نموذج المسار الحرج.**
- **نموذج الطريق الأقصر.**

- نموذج ضبط المخزون.

- نماذج محاكاة الأنظمة Simulation system Models.

- نموذج المسار الحرج:

من أشهر النماذج المستخدمة في بحوث العمليات نموذج المسار الحرج حيث يمثل هـذا النموذج شبكة تتضمن مجموعة من الأنشطة بأحداثها التي تعبر عن تسلسلها وتتابعها وترابطها وتداخلها وتبـدأ الشبكة بحلقة تمثل بدء المشروع وينتهي بحلقة تمثل نهاية المشروع. ويمكن إضافة أنشطة وهميـة بـين الأحداث المختلفة بالشبكة وذلك للمحافظة علـى التسلسل المنطقي للأنشطة وأحداثها ويجري تحديـد الوقت المبكر والوقت المبكر والوقت المتأخر للأحداث المختلفة وكذا تحديد الزمن الراكد لجميع الأحداث وبالتالي يمكن تحديد الأحداث الحرجة التي قد تؤثر على استكمال المشروع في الوقت المحدد ويمثل المسار الحرج الذي يمر بالأحداث الحرجة أطول وقت يمكن فيه تنفيذ المشروع.

- نموذج الطريق الأقصر:

يعتبر هذا النموذج شبكة تتضمن مجموعة من الحلقات تسمى عقداً متصلة بأقواس أو وصلات وتسمى إحدى العقد بالمصدر والعقدة الأخرى المصب ويكون الهدف هو تحديـد المسار الـذي يصل بـين المصدر والمصب بحيث يكون مجموع التكلفة المتصلة بالأفرع في المسار أقل ما يمكن، ومـن التطبيقـات العديدة أن أحد الأفراد يسكن في مدينة معينة ويعمل في مدينة أخرى ويبحـث عـن طريق بـري يجعـل وقت القيادة أقل ما يمكن وقد سجل هذا الشخص وقت القيادة بالدقيقة على الطرق السريعة بـين المـدن المتوسطة حيث يمكن تمثيل هذه المدن بعقد والطرق السريعة بالأفرع وتكون التكلفة المرتبطة بالأفرع هو وقت السفر والمصدر هو

المدينة التي يعيش فيها والمصب هو المدينة التي يعمل بها والهدف هو البحث عن أقصر طريق.

- **نموذج ضبط المخزون:**

تعد نماذج ضبط المخزون في المؤسسات الإنتاجية من أهم المشكلات التي تواجهها الإدارة لأنه توجد عوامل متضاربة وضاغطة على زيادة أو نقصان مستويات المخزون سواء كانت مواد خام أو مواد أولية أو منتجات حيث يكون الهدف من النماذج الرياضية هو عملية ضبط المخزون ليتم تحديد الحجم الأمثل للطلب سواء كان للشراء مباشرة أو للتصنيع داخلياً وكذا تحديد نقطة إعادة الطلب بشرط أن تكون التكلفة الكلية أقل ما يمكن حيث تشمل التكلفة الكلية عادة:

- تكلفة إعداد الطلبية
- تكلفة التخزين.

- **نماذج محاكاة الأنظمة Simulation system Models:**

تتميز النماذج الرياضية بمقدرتها على التعبير عن روح وجوهر الأنظمة قيد الدراسة والمعالجة وعلى ربط العلاقات الأساسية بين مختلف العناصر بأساليب واضحة إلا أن هناك العديد من المشاكل المعقدة التي عادة ما يصعب تمثيلها بنماذج رياضية لذلك يمكن اللجوء إلى نماذج المحاكاة التي تعتمد على فكرة محاكاة الأنظمة قيد الدراسة من خلال تقليد طريقة أدائها وسلوك التفاعلات التي تجري بين عناصرها وبذلك يمكن محاكاة النظام الحقيق بأنظمة نظرية حتى يمكن التنبؤ بسلوكها وتفاعلاتها ويستخدم في ذلك الحاسبات الألية حتى يمكن إخراج صورة مطابقة للأنظمة الحقيقية والتوصل إلى نقاط الضعف فيها لمعالجتها.

5-7 مهام الإدارة Management Functions:

إن من أهم الأمور في العملية الإدارية هو عملية الفهم الواضح لماهية الإدارة وما هي مهامها ووظائفها بغض النظر عن حجم أو النشاطات المؤسسة أو حجم النشاطات لكل قسم أو دائرة في المؤسسة، إن عمل أي مدير في الأغلب يتضمن مظهرين أساسيين هما:

- المظهر التقني أو الوظيفي Technical Aspect

إن هذا المظهر يتعلق بالعمل الذي سوف يتم تنفيذه في قسم أو دائرة معينة ضمن المنظمة أو المؤسسة والذي هو تحت مسئولية هذا المدير.

- المظهر الإداري Managerial Aspect

وهذا المظهر يتعلق بالجانب البشري أو الإنساني والذي يقوم حقيقة بتنفيذ الأعمال في قسم أو دائرة ما والذي هو تحت مسئولية هذا المدير.

إن المظهر التقني يختلف تطبيقه من مدير إلى آخر حيث أن عمل مدير المصنع أو مدير المبيعات يختلف عن عمل المدير المالي أو مدير المكتب حتى أن الأداء التقني أو المهمة الفنية لنفس المدير قد تختلف من شخص إلى آخر ومثال على ذلك أنه يمكن لشخصين أن يقوما بعمل الشاي بطريقتين مختلفتين إلا أن نتيجة العمل تكون بنفس الهدف وهو انتاج إبريق الشاي.

إن عملية إدارة الأفراد تعتبر فن حيث أن التنبؤ بأعمال الناس عملية صعبة وغير قابلة للتنبؤ لذا يعتبر المظهر الإداري يتطلب مهارة كبيرة في القيادة حيث أن الأفراد في المؤسسات يتطلب انجاز أعمالهم العديد من النشاطات والتدريب والنصح والتوجيه والتحفيز والمراقبة والتنظيم،حيث أنه لا بد أن تكون أعمالهم منظمة

ومنسقة ومرتبطة بعضها مع بعض كفريق عمل موحد من أجل تحقيق الأهداف الموضوعة بطريقة فعالة وبأقل تكلفة ممكنة.

إن الهدف لا بدّ أن يكون إما الإنتاج أو مبيعات عنصر أو عناصر ما أو تقديم خدمة بشكل فعّال حيث أنه فقط المدير الماهر يستطيع أن يقوم بدمج أعمال كلّ الفريق لكي يقوموا بعملهم بجدّ وبنشاط وبأقل تكلفة ممكنة. إن المظهر الإداري لكلّ عمل مدير يمكن تقسيمه بشكل واسع إلى ستة وظائف أو نشاطات إدارية لا بدّ أن يقوم بها كل مدير سواء كان مدير مبيعات أو مدير مكتب أو مدير مصنع أو مدير مشروع ...الخ وهذه الوظائف الستة هي:

1. **التخطيط ووضع الخطط**

2. **التنظيم**

3. **التنسيق**

4. **التحفيز والتشجيع**

5. **المراقبة**

6. **التحليل**

أولاً: التخطيط والخطط:

وهي من أهم الوظائف الإدارية التي تتطلب من المدير أن يقرر كيفية تحقيق الأهداف الموضوعة للمشروع أو لدائرة في المؤسسة بطريقة اقتصادية وفاعلة وكما تمّ وضع تصاميمها في الخطط الموضوعة.

إن عملية التخطيط هي النشاط الذي من خلاله يتم صنع أو وضع وتشكيل الخطط حيث أن هذه الخطط تمثل خارطة الطريق إلى تحقيق الأهداف. فعندما يتم

وضع الأهداف لمشروع أو مؤسسة ما فإن عملية التخطيط تصبح ضرورية لبيان كيفية تحقيق هـذه الأهداف ضمن أطر العمل والسياسات التي تمّ وضعها. إن عملية التخطيط عملية ضرورية في الإدارة وفي كل نواحي الحياة فنحن كأفراد لا بد لنا من التخطيط حتى لابسط العمليات وكمثال على ذلك فإن عملية التسوق تحتاج إلى وضع خطة يتم فيها تحديد العديد من العناصر مثل:

- ما هو الطريق الذي يجب أن اسلكه لكي أذهب إلى المتجر؟

- ما هي وسيلة النقل التي يجب أن استقلها للوصول إلى المتجر؟

- ما هي المنتجات التي يجب أن اشتريها؟

- ما هي المتاجر التي يجب أن ازورها مرتبة بأولوية معينة؟

- ما هي الطريق التي يجب علي الرجوع فيها إلى البيت.... الخ؟

إن عملية التخطيط في الشركات مبنية على المستويات الإدارية والتي يمكن تقسيمها إلى ثلاثة مستويات أساسية هي:

1. الإدارة العليا.

2. الإدارة الوسطى.

3. مدير التشغيل أو عملية الإشراف.

1. الإدارة العليا:

إن الإدارة العليا والتي تكون مسئولة عن عمليات التخطيط الاستراتيجي البعيد المـدى تمثل بالأفراد الأكبر سناً أو ذوي الخبرة الطويلة في إدارة الشركة. في الأعمال التجارية على سبيل المثال فإن الإدارة ا لعليا في أي مؤسسة تعمل على وضع الخطط الاستراتيجية البعيدة المدى مثل الخطة الخمسية أو العشرية أي وضع

خطط لما ستكون عليه المؤسسة من الآن ولغاية خمسة أو عشرة سنوات، حيث أن هذه العملية تسمى بالتخطيط الاستراتيجي والذي يهدف إلى وضع الأهداف التي تتعلق بالشركة لسنتين أو ثلاثة أو خمسة أو حتى عشرة سنوات وتتم فيها أيضاً وضع السياسات المتعلقة بالعمل التجاري مثل نظام البيع والشراء والعقود ونظام التعاقد مع الموظفين ونظام العقاب والمكافأة وغيرها من سياسات الشركة. حيث أن هذا التخطيط عادة يتعلق بشكل أساسي بوضع الشركة أو المشروع بشكل عام وليس لكلّ قسم أو دائرة منفردة.

إن أعضاء الإدارة العليا هم المسئولون عن عملية التخطيط الاستراتيجي أو التكتيكي ويعني كيفية تحقيق الأهداف الإستراتيجية للشركة أو المؤسسة وهذا يتضمن وضع خطط قصيرة المدى يمكن أن يصل مداها إلى سنة واحدة.

2- الإدارة الوسطى:

وهي الإدارة التي تكون وظيفتها الأساسية وضع الخطط لما لا يزيد عن عام واحد فقط فعلى سبيل المثال تكون مسئولية العميد في كلية تقنية المعلومات لجامعة ما أن يعمل على وضع الخطط اللازمة و الضرورية وتوفير كل المصادر الضرورية للعملية التعليمية خلال فصل دراسي أو سنة دراسية كاملة فيجب عليه أن يوفر كادر الهيئة التدريسية بشكل كامل وتجهيز القاعات وتوفير البيئة المناسبة لنجاح العملية التعليمية خلال الفصل. إن هذه الإدارة تقوم بتنفيذ الخطط الاستراتيجية التي تمّ وضعها من قبل الإدارة العليا وذلك بوضع خطط قصير المدى من الممكن أن يتراوح بين الشهر والسنة الواحدة.

3- مدير التشغيل أو عملية الإشراف:

حيث تكون مسئولية المشرف أو المدير في هذه المرحلة التأكد من العمل اليومي ووضع الخطط اليومية من أجل سير العمل بشكل طبيعي وبدون توقف.

فعلى سبيل المثال تكون مسئولية المدير في هذا المستوى التأكد من أن كافة الموظفين والعمال قـد حضـروا إلى المؤسسة وقاموا بإنجاز أعمالهم بشكل تام والتأكد من أن كلّ الأجهزة والماكينات تعمل بشـكل طبيعـي فإذا ما حدث أن تغيب أحد العمال أو تعطلت إحدى الأجهزة الموجودة في المؤسسة فهنا يجب على المـدير أن يضع خطة فورية لاصلاح الخلل الذي وقع وبشكل سريع.

إن عملية التخطيط لا بدّ من أن تكون مرنة من أجل أن يتم تعديلها وتحسينها بشكل سهل وسريع فعلى سبيل المثال:

ربما قرر مدير خدمات تقنية المعلومات كيفية قيام موظف ما بتغطية عمل موظف آخـر يكـون في إجازة، حيث قام بالتخطيط وإعادة الترتيبات اللازمة من أجل اتمـام العمـل بشـكل مطلـوب، ولكـن وعلى فرض أن موظفاً آخر سقط مريضاً واضطر إلى اعطائه إجازة مرضية هنا يوجـد مـوظفين غـائبين لـذا يجب عليه أن يقوم بتغيير الخطط وتحديد كيفية إعادة جدولة العمل بوجود موظفين غائبين.

إن العديد من عمليات التخطيط الروتينية هي علميات تلقائية محوسبة تتطلـب أداءً بسـيطاً مـن المدير حيث أن معظم قراراته سوف تكون مبنيـة عـلى أدائـه السـابق وخبراتـه السـابقة في إدارة المشـروع وأيضاً هناك العديد من الخطط التي تتطلب العمل الشاق في البحث والتحـري قبـل اتخـاذ القرار وهـذه تحتاج إلى العديد من الدراسات وجمع المعلومات وعقد الاجتماعات من أجل الوصول إلى القرار الصائب.

ثانياً: التنظيم Organizing:

بعد أن يتم وضع الخطط وتمّ وضع اطار العمل يجب على المدير القيام بعملية التنظيم للمصادر المادية للمشروع أو المؤسسة مثل:

- مصادر القوى البشرية

- المواد والأدوات

- المعدات و الأجهزة

- مواقع العمل والأثاث وغيره

إن عملية التنظيم تتطلب ليس فقط القيام بتوجيه واعطاء التعليمات لعـدد مـن المـوظفين لبـدء العمل بل تتطلب العديد من التجهيزات والاعدادات الضرورية لإكمال العمل ونجاح المشروع منها:

- يجب أن يكون هناك عدد من الموظفين ضروري لتنفيذ كلّ العمل الضروري.

- كلّ موظف يجب أن يعرف ما هو عمله بالضبط وعند الضرورة يجب اعطاءه التدريب المناسب لتنفيذ العمل وكيف يعمل وينجز العمل ومتى يجب أن يتمّ العمل... الخ.

- كلّ المواد والأدوات التي يجب أن يتمّ استخدامها وتكون ضروريـة لانجـاز العمـل لا بـدّ مـن توفيرها في الوقت المناسب والمكان المناسب وبالكمية المناسبة.

- كلّ الخدمات والمنافع الضرورية يجب توفيرها مثل الكهرباء، والماء، والوقود ... الخ.

- يجب أن يتمّ توفير أفضل الأجهزة والمعدات ضمن المصادر المالية المعقولة للمؤسسـة وأن تقـوم بعملها على أفضل وجه بدون تعطيل أو توقف كمـا يجـب أن يـتمّ تـوفير التـدريب للمـوظفين عليها عند الضرورة.

- يجب أن يتمّ توفير كلّ المستهلكات مثل الأقراص والأوراق والملفات وغيرها من الأدوات كحبر الطابعة يجب، أن تتوفر بالوقت المناسب والمكان المناسب.

إذن يبدو أنه من الواضح أن عملية التنظيم يمكن تلخيصها على أنها عملية إدارية لتأكيد توفر ووجود الموظف المناسب والمواد المناسبة والمعدات الصحيحة في المكان المناسب في الوقت المناسب وفي الكمية المناسبة حتى يتم انجاز العمل بشكل مناسب يسير وفق الخطط الموضوعة بدون تأخير أو توقف أو عقبات.

ثالثاً: التنسيق:

إن عملية التنسيق قريبة ومرتبطة جداً من عملية التنظيم حيث أن عملية التنسيق ضرورية جداً من أجل نجاح عملية التنظيم ، لذا فإن عملية التنسيق تتطلب التأكيد على أن كل الجهود والطاقات في الشركة تعمل معاً بشكل تام وفي نفس الاتجاه من أجل تحقيق الأهداف العامة للمشروع.

إن عملية التنسيق هي عملية ضرورية لكلّ من الإدارة العليا والوسطى وعمليات الإشراف فعلى سبيل المثال فإن المدير العام يجب أن يعمل على تأكيد أن النشاطات والجهود والطاقات لكل الأقسام في الشركة تسير بشكل متوازن وبتعاون كبير فعلى سبيل المثال لا بدّ أن يكون هناك تنسيق بين كلّ أقسام الشركة من أجل القيام بالعمل فقسم المبيعات يجب أن يعمل بالتنسيق مع قسم الإنتاج ومع قسم المحاسبة والتسويق وذلك بدوام الاتصال بين كلّ الأقسام لذا لا بدّ من أن يكون هناك وسائل اتصالات فعالة بين الأقسام لتسهيل العمل والتنسيق فيما بينهم.

إن عملية التنسيق لا تحصل ببساطة لوحدها بل يجب أن يتمّ التخطيط لها. إن العلاقة بين التخطيط والتنظيم والتنسيق يمكن ملاحظتها من الشكل التالي 7-1.

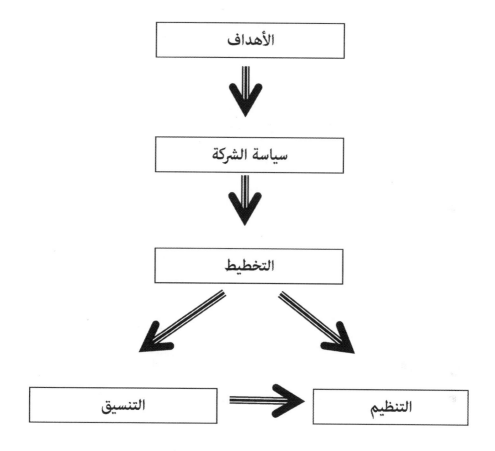

الشكل 7-1 العلاقة بين التخطيط والتنظيم والتنسيق

رابعاً: التحفيز والتشجيع:

إن عملية التحفيز هي عملية مباشرة تتعلق بالقوى البشرية التي تعمل في مشروع معين وهي تتطلب وتتعلق بتشجيع كل الأفراد المعنيين لكي يعملوا بشكل جيد وبجد وبنشاط بإرادتهم وفي طريقة اقتصادية ليعملوا لمصلحة الشركة ومصلحتهم.

إن أهداف المشروع سواء كانت محوسبة أم لا يمكن فقط تحقيقها من خلال الجهود التي يقوم بها هؤلاء الأفراد لذا يحتاج هؤلاء الأفراد إلى حافز وتشجيع من أجل أن يقوموا بعملهم على أكمل وجه. إلا أن هذا التحفيز أو الحافز قد يختلف من فرد إلى آخر أو من مجموعة من الموظفين إلى أخرى لذا يجب على المدير أو المشرف أن يعرف كيف يقوم بوضح الحافز المناسب لكل فرد أو مجموعة من الموظفين ومن الحوافز التي يمكن توظيفها ما يلي:

- صرف المكافآت المالية حيث أن هذا الحافز يعتبر من أكثر الحوافز تأثيراً للعديد من الأفراد، حيث أن العديد من الأفراد يطمحوا أن يحصلوا على المزيد من الذين وظّفوهم (موظِفيهم) ليس فقط المال بل الرضاء أو الأمن الوظيفي أو القيام بالعمل الذي يفضلونه ويستمتعوا بأدائه والذي يشعرهم بأن مهاراتهم وامكانياتهم قد تمّ استخدامها وتوظيفها على اكمل وجه.
- العديد من الأفراد يطمحون إلى أخذ المزيد من الدورات والتدريب وزيادة مهاراتهم ومعرفتهم وهذا يعتبر حافزاً كبيراً بالنسبة لهم.
- بعض الأفراد يفضل أن يعمل من ضمن مجموعات أو فريق عمل.
- بعض الأفراد يطمحون إلى المزيد من الترقيات أو اكتساب المراكز الوظيفية الأعلى والتي فيها المزيد من السلطات والصلاحيات المعطاه لهم حيث أنهم سوف يقومون بعملهم بجد ونشاط ليثبتوا تحملهم لهذا المنصب والمسئولية الجديدة.
- بعض الأفراد يهتم كثيراً بالاعتراف فيه ويهتم كثيراً بالمعاملة والشعور فيه.
- بعضهم يحفزه العمل باعطائه ومنحه الإجازات المتكررة والتي تعمل على تجديد نشاطه في المؤسسة.

- بعض الأفراد يرغبون كثيراً بالأعمال التي تبعدهم كثيراً عن الأعمال المكتبية أو الأعمال الروتينية وبعضهم يرغب بالعمل وفق الروتين وبنفس العمل طوال الوقت.

لذا نستطيع أن نرى فإن مدى المحفزات يمكن أن يكون كبيراً لذا على المدير أن يرى الطريقة المناسبة لكل فرد أو مجموعة من تحفيزهم وتشجيعهم على العمل وهذا يتطلب تحفيز مختلف الأفراد بوسائل مختلفة.

إن عملية التحفيز تتطلب أيضاً بناء جو عمل جيد مبني على روح الثقة والتعاون بين الإدارة والأفراد، إن ظروف العمل الجيدة تساعد كثيراً على بناء علاقات عمل ممتازة تخدم مصلحة الشركة والأفراد على حد سواء.

يجب أن يكون في الشركات طريقين للاتصال بين الأفراد والإدارة وبين كل الأفراد في المؤسسة باستخدام كافة التقنيات المتوفرة والحديثة مثل:

- الهاتف الثابت والنقال.
- البريد الالكتروني الداخلي.
- الاتصال المباشر بين الأطراف.
- استخدام الحاسوب (الدردشة، مؤتمرات الصوت والنص والفيديو،...الخ).

إن الأمن الوظيفي مهم جداً لخلق بيئة من العمل الفعال، ويعمل على تشجيع الأفراد لكي يقوموا بعملهم على أكمل وجه حيث أن التهديد من الممكن أن يؤدي على المدى القصير إلى زيادة العمل ولكن على المدى البعيد فإنه يشكل خطر وتهديد للشركة حيث أنه لا يوصى به للإدارة وعلى جميع المستويات حيث يؤدي إلى هروب الأفراد وبحثهم عن شركات أخرى.

إن الأفراد يأملون وينتظرون أن ينظر إليهم ليس فقط كأجهزة ومعدات تقوم بعمل ما بل كإنسان له مشاعر وأحاسيس لا بدّ من مراعاتها لذا فهو من المهم لكل هؤلاء الذين يتعلق عملهم بالإدارة والإشراف أن يفهموا أن التحفيز الناجح من قبل المدير الجيد ينتج عنه معايير من الانضباط الذاتي للأفراد حيث عندما يكون للأفراد احترام وتقدير فإنهم سوف يكونوا على درجة كبيرة من الإخلاص لمدرائهم لكي يقوموا بعملهم بشكل جيد وبإرادتهم وبدون الحاجة إلى مراقبة مستمرة عليهم.

خامساً: المراقبة:

إن المراقبة هي عملية إدارية تهدف إلى فحص ما إذا تمّ التخطيط له قد تحقق بشكل حقيقي وفعّال وعند الضرورة تضمن المراقبة أن الإجراءات المناسبة قد تمّ أخذها بعين الاعتبار وأن العمل قد تمّ انجازه بدون تأخير.

ومن خلال اطار العمل هذا فإنه من الممكن أن نرى بأن:

- عمل كلّ الموظفين يجب أن يتمّ الإشراف والمراقبة عليه والاستمرار بتقديم المزيد من الارشاد والتوجيه والتعليمات والتدريب عند الحاجة من أجل أن يتمّ العمل على وجهه الأكمل.

- كلّ العمليات والتعاملات التجارية لا بدّ من تدقيقها والتحقيق فيها وقياس أداءها ونتائجها لما تمّ وضعه في الخطط ومدى توافقها مع المعايير والمقاييس الدولية.

إن المراقبة تتضمن التأكيد على أن الموظفين يقومون بأداء العمل المنوط بهم بحسب الطريقة الموضوعة بدون ضياع للوقت أو المصادر أو ضياع للجهد أو المواد حيث يتطلب ذلك ليس فقط عملية التوجيه والارشاد بل الإشراف والإدارة بحيث أن جهود هؤلاء الموظفين يتم استثمارها لتحقيق النتائج المرجوة وهذا كلّه يتطلب:

- تدقيق العمل

- التدريب والتعليم والارشاد والتوجيه

- التشجيع والتحفيز

إن كل الموظفين من البشر لذلك تكون جهودهم محدودة ولا يمكن ببساطة تشغيلها أو اطفائها كما تشغل أو تطفىء جهاز التلفاز حيث أنهم يتطلعوا ويعتمدوا اعتماداً كبيراً على الإدارة والتوجيه والإشراف.

إن عملية الرقابة تتطلب أيضاً عملية الحفاظ على سجلات الموظفين وأدائهم كنظام معلومات محفوظ في الحاسوب بحيث يتم تدوين كل نشاطات الموظفين واخطائهم وانجازاتهم في الحاسوب من أجل الرجوع إليها عند الحاجة لاتخاذ قرار معين، إن مثل هذه السجلات تتضمن العديد من المعلومات مثل:

- المبيعات

- الإنتاج

- المخرجات

- الابداعات

- ساعات العمل

- التجاوزات والغياب والتأخير... الخ

إن كل هذه المعلومات ضرورية من أجل اصدار التقارير والتي تزود معلومات حيوية تساعد الإدارة العليا على إجراء عمليات التحليل من أجل اتخاذ القرارات المناسبة، حيث أن الحاسوب يلعب دوراً كبيراً في عمليات الحفاظ على

السجلات وعمليات اصدار التقارير والتحاليل والتي تجعل من عملية اتخاذ القرار عملية فعالة وناجحة.

سادساً: التحليل:

إن الحاسوب يلعب دوراً كبيراً في عمليات حفظ واسترجاع المعلومات وإصدار التقارير والمجاميع المتعلقة بكافة العمليات التجارية حيث أنه يتوفر في الأسواق حالياً برمجيات كثيرة ومتعددة تساعد المدير في كل وظائفه وتساعده في اتخاذ القرارات المناسبة وفي الوقت المناسب إلا أنه من الضروري على المدراء أن يتذكروا دائماً:

- أن الكمبيوتر عبارة عن أداة فقط تساعد العملية الإدارية بشكل كبير وفعّال.

- أن الحاسوب لا يمكن أن يكون بديلاً عن العنصر البشري لقيادة المشروع.

- أن الحاسوب لا يمكنه أن يلعب دور المدير وأن يقوم بالوظائف الإدارية الستة التي تمّ شرحها أعلاه بل هو أداة لا بد من استخدامها من قبل كافة الأفراد والإدارة على اختلاف مستوياتها من أجل توفير الوقت والجهد والمال ومن أجل الحصول على المعلومات في الوقت المناسب من أجل المساعدة في اتخاذ القرار بكل شفافية ويسر وفعالية.

الفصل الثامن

إدارة الجـــودة

Managing Quality

الفصل الثامن

إدارة الجودة

Managing Quality

الأهداف التعليمية للفصل الثامن:

يهدف هذا الفصل إلى التعريف بأهم المفاهيم المتعلقة بإدارة الجودة:

ومن أهم أهداف هذا الفصل:

- معرفة المقصود بمفهوم الجودة.

- التعرف على النشاطات المتعلقة بإدارة الجودة.

- التعرف على النقاط المتعلقة بعملية التحكم ومراقبة الجودة.

- التعرف على مراحل تخطيط الجودة.

- التعرف على عملية مراقبة الجودة.

- التعرف على ماهية المراجعات التقنية الرسمية.

- التعرف على المقاييس والمعايير المتبعة لقياس الجودة.

- التعرف على الخطوات التي تتمّ من أجل التحقق من معايير الجودة للمشاريع.

1-8 ما هي الجودة؟ What is Quality

لا يمكن أن يكتمل كتاب يتحدث عن الإدارة بدون التطرق لموضوع الجودة وضمان الجودة والقضايا المتعلقة بها، حيث أن الجودة تأخذ مفهوم واسع ليس فقط فيما يخص إدارة التغيير بل أيضاً عندما تتضمن الجودة كل العمليات التي تتم خلال وقبل وأثناء تنفيذ المشاريع.

قد عرّف قاموس التراث الأمريكي الجودة بأنها خصائص أو سمات الشيء، أما اليابانيون فقط عرّفوا الجودة بأنها " الرضاء المطلق للزبون أو العميل " ورضاء الزبون يشمل رضاه عن المنتج ذو الجودة الجيدة ورضاه عن عملية الشحن والتوزيع ضمن الميزانية و الوقت المناسب، ورضاه عن طريقة العملية التجارية وبنود العقود وغيرها.

وهناك تعريف واسع الانتشار للجودة تمّ تزويده من قبل منظمة المعايير الدولية والتي تسمى بمنظمة ISO (International Organization Standardization) وهي منظمة تعنى بإصدار نشرات ومعلومات تخص المعايير والمقاييس العالية الجودة لمختلف القطاعات الصناعية كالهندسة والطب والكمبيوتر والاقتصاد وغيرها وقد عرّفت منظمة الآيزو الجودة كما يلي:

الجودة عبارة عن مجموعة من السمات أو الخصائص لمنتج أو خدمة معينة والتي تظهر مقدرتها على تلبية الحاجات الضمنية والصريحة. ويمكن سرد بعض هذه الخصائص التي يجب أن يتميز بها المنتج أو الخدمة المقدمة من المؤسسات ومنها:

- **الاعتمادية** (وهي قوة المنتج في تلبية الحاجات حيث يمكن الاعتماد عليه بشكل موثوق).

- **إعادة الاستخدام** (يمكن إعادة تدويره وإعادة استخدامه مرة أخرى).
- **السلامة والأمن:** خلوها من المخاطر أو التهديدات.
- **الرشاقة والقوة:** سرعة التشغيل وقوة المنتج وتحمله لظروف مختلفة.
- **البساطة وعدم التعقيد.**
- **قابل للتعلم.**
- **قابل للاستخدام.**
- **قابل للفهم.**
- **قابل للتأقلم** (يعمل تحت ظروف كثيرة وعديدة).
- **الفعالية.**
- **مقسم إلى أجزاء** (سهل التركيب والفك والحمل والنقل... الخ).
- **قابل للاختبار.**
- **قابل للنقل.**

2-8 تكلفة الجودة Quality Cost:

إن عملية ضمان الجودة لا تأتي بسهولة إذ لا بدّ من عملية تخطيط وتنظيم وإدارة من قبل مدير المشروع، وهناك ثلاثة نشاطات رئيسية تتعلق بإدارة الجودة وهذه النشاطات الثلاثة:

- **تأكيد ضمان الجودة:** وتتم من خلال تأسيس إطار عمل من الإجراءات أو النشاطات والمعايير والتي تؤدي إلى منتجات ومشاريع ذات جودة عالية.

- **التخطيط للجودة**: وتتمّ من خلال اختيار إجراءات مناسبة واختيار مقاييس مـن خـلال إطـار العمل هذا والذي يتم توظيفه من قبل طبيعة المشروع الجاري إدارته.

- **مراقبة الجودة**: وهي عملية تعريف وسـن العمليـات والتي تضمن أن فريـق أعضـاء المشروع يقوموا بعملهم حسب مقاييس ومعايير الجودة.

هناك ما يسمى بتكلفة الجودة وهي الثمن أو الضريبة التي لا بدّ من القيام بها لكي نضمن أن يتمّ إدارة وتنظيم المشروع بجودة عالية،وهذه التكلفة من الممكن أن يتم تقسيمها إلى ما يلي:

- **تكاليف وقائية.** هذه التكاليف تتضمن:

o التخطيط للجودة.

o مراجعات فنية رسمية ودورية لقياس نسبة الجودة.

o استخدام معدات اختبار.

o التدريب لكل الأفراد على الامتثال للمقاييس والمعايير وأداء العمل بشكل فعال.

- **تكاليف الفشل أو الخطأ أو الخلل الداخلي وهذه التكاليف تتضمن:**

o إعادة العمل مرة أخرى من الصفر

o إصلاح الخطأ أو الخلل

o عملية تحليل طور الخلل أو الخطأ

- **تكاليف الفشل أو الخطأ الناتج من خارج الشركة:**

o شكاوي ناتجة من خارج الشركة (العملاء، المزودين، شركاء العمل..الخ).

o إعادة المنتج أو عملية استبداله.

o تكاليف الدعم الفني والمساعدة.

o تكاليف عمليات الضمان والصيانة لفترة ما بعد البيع.

3-8 نموذج ضمان الجودة للمشاريع:

Model of Project Quality Assurance

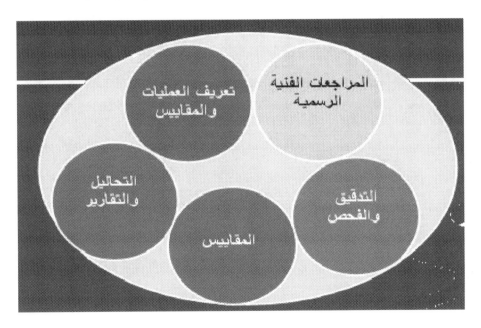

شكل 8-1 نموذج ضمان الجودة

إن عملية التحكم بالجودة تتطلب كثيراً من المراقبة لأداء فريق العمل لضمان تحقق الجودة حسب المقاييس والمعايير والإجراءات، حيث في نهاية كلّ مرحلة يجب أن يتمّ قياس ما تمّ تحقيقه ومقارنته مع المعايير والمقاييس المعتمدة في المؤسسة ومدى مطابقة ما تمّ مع هذه المرحلة وأيضاً في نهاية المشروع وعند

تسليم النتائج لابدّ من إجراء عملية القياس لمدى امتثال نتائج المشروع إلى مواصفات الجودة.

الشكل 8-1 يبين نموذج بسيط لعملية التحكم ومراقبة الجودة حيث يضم هذا النموذج خمسة نقاط أساسية هي:

- **المراجعات التقنية الرسمية.**
- **تعريف العمليات والمقاييس.**
- **المقاييس.**
- **التدقيق والفحص.**
- **التحاليل والتقارير.**

4-8 التخطيط للجودة Quality Planning:

تعتبر مرحلة تخطيط الجودة من المراحل المهمة في عملية ضمان الجودة حيث يتمّ فيها تطوير وإصدار خطة جودة شاملة للمشروع تتضمن هذه الخطة كلّ العمليات المطلوبة وكمياتها مع شرح ووصف تفصيلي على كيفية تقييم وقياس هذه العمليات طبقاً لمعايير ومقاييس الجودة حيث تعرف هذه الخطة في النهاية المعاني الحقيقية لتحقيق الجودة في عمليات المشروع ومراحله بالكامل.

خطة الجودة لا بدّ أن تتضمن عملية اختيار المعايير والمقاييس المناسبة والتي تكون مناسبة للمنتج الذي سوف يتمّ إنتاجه أو للمشروع الذي سوف يتم تنفيذه أو حتى للخدمة التي سوف يتمّ تقديمها، حيث أن كلّ معيار جديدة لا بدّ أن يتضمن منهج وأدوات جديدة لكي يتمّ تطبيقها عند تنفيذ المشروع.

هامفري أحد أساتذة الغرب في كتابه إدارة المشاريع اقترح المكونات التالية والتي يجب أن تضمها خطة الجودة وهذه المكونات هي:

• **تقديم الإنتاج.** وهي عملية وصف للمنتج وعملية تسويقه والجودة المتوقعة لهذا المنتج.

• **خطة الإنتاج.** التواريخ الزمنية الحاسمة والمسئوليات المترتبة عليها للمنتج بالتزامن مع الخطط لعملية التوزيع والتسليم وخدمات المنتج.

• **وصف العملية.** وصف لعملية التطوير التنفيذ والتي يجب أن يتمّ تطبيقها أثناء تنفيذ المشروع وإدارته.

• **أهداف الجودة.** أهداف الجودة والخطط للمنتج أو المشروع يجب أن تتضمن تعريف وتبرير للصفات والسمات التي يجب أن يتصف بها المنتج أو خطوات المشروع.

• **المخاطر وإدارة المخاطر.** المخاطر الأساسية والتي من الممكن أن تؤثر على جودة المنتج والخطوات الفعالة التي لا بدّ من القيام بها لمعالجة هذه المخاطر.

من الواضح أن خطط الجودة تختلف في التفاصيل والمعايير والمقاييس وذلك حسب طبيعة المشروع وحجمه ونوعه ونوع الأنظمة والأدوات المستخدمة في تطوير المنتج إلا أنه وعندما يتم كتابة خطط الجودة فيجب أن يتم محاولة إبقاءها مختصرة قدر الإمكان وذلك لكي يتمكن الأفراد الذين لهم علاقة بتطوير المشروع من قراءتها حيث لو أنها كانت كبيرة فلن يقرأها أحد مما يؤدي ذلك إلى عدم تحقيق الجودة في كلّ مراحل المشروع وبالتالي عدم تحقيق الجودة في المنتج النهائي.

يجب أن تتضمن خطة الجودة المعايير والمقاييس التي يجب أن يتمّ الإمتثال لها لكي تحقق الجودة والتي هي كما تمّ تعريفها في بداية هذه الوحدة سمات أو صفات شيء ما، حيث أن هناك مدى واسع وكبير لسمات الجودة والتي يجب أخذها بعين الاعتبار عند وضع خطة الجودة إلا أنه لا يمكن لمنتج معين أو مشروع معين أن يتمّ تطبيق جميع هذه الصفات عليه، فكل مشروع أو منتج من الممكن أن يتصف ببعض هذه السمات أو الخصائص وفيما يلي سرد لأهم هذه السمات والتي تساهم في ضمان الجودة ومن هذه السمات أو الخصائص:

- الامتثال للمتطلبات الموضوعة.
- عمليات التوثيق.
- الأمن والسلامة.
- تقسم المنتج إلى وحدات (من أجل سهولة الفك والتركيب والنقل والحمل..الخ).
- الاعتمادية والوثوقية (المنتج يعتمد عليه بقوة ويمكن الوثوق من قدرته على أداء العمل بشكل مضمون ولفترات طويلة دون الحاجة إلى عمليات صيانة).
- نسبة التعقيد (كلما كان هناك بساطة في التصميم كلما كان افضل).
- قابلية التعليم (يمكن تعلم المنتج بشكل سهل).
- الفعالية في الأداء والعمل.
- الرشاقة (سرعة تنفيذه للوظيفة).
- الاستخدام (يمكن استخدامه والاستفادة منه في احد جوانب الحياة).

- إعادة الاستخدام (يمكن تدويرة وإعادة استخدامه عند انتهائه مدة خدمته).
- التأقلم (مدى تأقلمه وعمله في مختلف الظروف).
- قابل للنقل (يمكن نقله بسهولة ويسر).
- الاختبار (قابل للاختبار والفحص).
- قابلية الصيانة (يمكن صيانته واصلاحه بطريقة سهلة).
- الفهم (سهل الاستخدام وسهولة فهم طريقة عمله).

5-8 مراقبة الجودة Quality Control:

عملية مراقبة ومتابعة الجودة تتضمن مراجعة كلّ النشاطات والإجراءات اللازمة لتطوير وتنفيذ وإصدار المخرجات من بداية تعيين المشروع وحتى انتهاء المرحلة الأخيرة منه وتسليم النتائج حيث يتمّ مراقبة تطبيق المعايير والمقاييس المعتمدة في المؤسسة ومدى الامتثال والالتزام بها من كلّ أعضاء فريق المشروع حيث يتمّ اختبار نتائج المشروع مع هذه المعايير في عملية مراقبة لأداء الجودة، وخلال مرحلة مراقبة الجودة لا بدّ من التأكد من عمليات التوثيق في كلّ مراحل المشروع المختلفة، ومن الممكن استخدام التقنيات الحديثة والبرمجيات ذات الفعالية العالية في قياس ومراقبة الجودة لكثير من المنتجات.

6-8 المراجعات التقنية الرسمية Formal Technical Reviews:

عمليات المراجعة لا تعتبر الوسيلة الأكثر شيوعاً لقبول وضمان الجودة للعمليات أو المنتجات حيث تتضمن هذه الوسيلة تعيين مجموعة من الأفراد من اثنين إلى أربعة مهمتهم عملية التدقيق والمراجعة لكافة المستندات المتعلقة

بالمشروع مع فريق العمل ومدير الإنتاج من التأكد من تحقيق الجودة وذلك باكتشاف المشكلات والأخطاء حيث تتمّ ذلك بإجراء لقاءات دورية عند نهاية كل مرحلة من مراحل المشروع وعند انتهاء المشروع، ويجب أن يتمّ تسجيل كلّ نتائج عمليات التدقيق والمراجعة وتوثيقها للعودة إليها فيما بعد ومن أجل تسليمها إلى المدير المسئول والذي من الممكن أن يكون مسئولاً عن عملية تصحيح وعلاج هذه الأخطاء ومن الممكن أن يكون مدير المشروع نفسه.

يمكن تلخيص دور وواجبات فريق المراجعة والتدقيق بالنقاط التالية:

- إعداد خطة لضمان الجودة خاصة بالمشروع حيث يتم تعريف الخطة بحيث تضم النقاط التالية:
  - o عمليات التقييمات التي يجب أن يتمّ تنفيذها.
  - o عمليات التدقيق والمراجعات التي يجب أن يتم تنفيذها.
  - o المعايير والمقاييس والتي يجب أن يتم تطبيقها في المشروع.
  - o الإجراءات المتخذة عند حدوث الأخطاء ومتابعتها وإصدار التقارير بشأنها.
  - o المستندات التي يجب أن يتمّ إصدارها لمجموعة فريق عمل ضمان الجودة.
  - o كمية معلومات التغذية الراجعة والتي يجب أن يتمّ تزويدها من فريق عمل المشروع.
- المشاركة في تطوير الوصف والإجراءات التي تتعلق بالمشروع.

- مراجعة جميع النشاطات لكل مرحلة من مراحل المشروع وذلك للتأكد من امتثالها مع المعايير والمقاييس المتبعة في المؤسسة ويتمّ ذلك بالقيام كما يلي:
  - تعريف ومراجعة المستندات ومتابعة ما تمّ تسليمه من نتائج العمل والتأكد من تصحيح كلّ المشكلات التي اكتشافها.
- تدقيق تصميم المنتج للتأكد من توفقه من معايير المؤسسة وذلك بمراجعة مخرج من نتائج العمل والتأكد من إجراء كافة التعديلات المطلوبة عليه.
- التأكد من عملية التوثيق في كل مراحله عمل المشروع.
- تسجيل أية أخطاء أو عدم امتثال لمعايير الجودة وإصدار التقارير حول ذلك إلى المدراء الكبار في المؤسسة حيث يتم متابعة أي تجاوزات للتأكد من حلّها.

عند عقد اللقاء أو الاجتماع المتعلق بتدقيق ضمان الجودة لا بدّ من حضور سبعة أفراد على الأقل

هم:

- قائد فريق ضمان الجودة ويكون هو المسئول في أثناء عقد الاجتماع.
- حامل للمقاييس والمعايير المتعلقة بالمؤسسة.
- مدير المشروع.
- مراجع ومدقق وهو من ضمن فريق عمل ضمان الجودة.
- ممثل للعملاء أو المزودين.
- مسجل يقوم بتسجيل كلّ ما يدور في الاجتماع.
- مسئول الصيانة وعمليات اصلاح الخطأ أو الفشل.

- يجب على مدير المشروع وفريق عمل ضمان الجودة عند انعقاد الاجتماع أن يقوموا بالعديد من التحضيرات قبل وأثناء وبعد الاجتماع ومن هذه التحضيرات:

- يجب أن يكون مستعداً، حيث يجب عليه أن يقوم بمراجعة جميع ما تمّ انجازه إلى الآن بشكل حذر ودقيق.

- في أثناء اللقاء يجب أن يتم تدقيق النتائج وما تمّ انجازه وليس الأفراد ذاتهم.

- يجب أن يتم الاجتماع بشكل هادئ وبدون عمليات صراخ أو تعصب أو غيرها حيث يجب أن يتمّ طرح الأسئلة والابتعاد عن الاتهامات.

- يجب أن يتمّ تحضير أجندة المشروع ويجب الالتزام بها.

- يجب إثارة القضايا والمشكلات ولا يجب التطرق إلى حلّها في هذا اللقاء.

- يجب تجنب مناقشة أسلوب الإدارة وأن يتمّ الالتزام بالتصحيحات الفنية.

- يجب أن يتمّ جدولة عمليات التدقيق لفريق ضمان الجودة كما تمّ جدولة نشاطات المشروع ومراحله المختلفة.

- يجب أن يتمّ تسجيل وتوثيق كلّ النتائج وتفاصيل الاجتماع.

يمكن لفريق ضمان الجودة أن يقوم بتصحيح جدول على شكل مصفوفة يتمّ تعبئتها أثناء اللقاء حيث تضم هذه العديد من النقاط وذلك حسب طبيعة المشروع والجدول التالي (8-1) يمثل مثالاً لهذه المصفوفة:

البيـــــــــان	تمّت المراجعة	تمّ تدقيق المستند كاملا	تمّ التحري والتقصي	مراجعة دورية للخطأ
تمّ انشاء الأجندة	نعم	لا	نعم	نعم
مـدير المشرـوع مثـل وشرح المنجـزات التي تمّت	نعم	لا	نعم	نعم
انشاء قائمة بالقضيات	نعم	نعم	نعم	لا
تصنيف الأخطاء	نعم	لا	لا	نعم
قائمـة اسـتخدمت لوضـع علامـة عـلى الأخطاء	نعم	نعم	لا	لا
المسجل قام بتسجيل تفاضيل اللقاء	نعم	نعم	لا	لا
يجب أن يوقع الفريق على النتائج	لا	نعم	نعم	ربما

جدول 8-1 ضمان الجودة

7-8 المقاييس والمعايير المتبعة لقياس الجودة Measures of Quality:

إن عمليات مراجعة الجودة وتدقيقها تعتبر عملية مكلفة ومستهلكة للوقت والجهد والمـال ويمكـن أن تتسبب في تأخير المشروع بعض الوقت إلا أنها تضمن أن يتم إنتاج وتطبيق المشاريع بجودة عاليـة، لـذا من المهم أن يتمّ تسريع عملية المراجعة باستخدام أدوات وذلك لجعل عملية ا لتدقيق والاختبار محوسـبة ومؤتمتة تؤدي عملها بشكل فعاّل وسريع، حيث تسعى هذه المقاييس إلى اشتقاق قيم رقمية أو

عددية لبعض الخصائص أو السمات التي تحقق الجودة حيث تتمّ عملية مقارنة هذه الأرقام مع بعضها البعض ومع الأرقام اللازم الامتثال بها والتي تحقق الجودة وقياس نسبة الجودة للمنتج النهائي.

وهناك طريقتين رئيسيتين يمكن من خلالها استخدام المقاييس والمعايير والتي يتمّ تطبيقها لقياس الجودة:

1- اصدار تنبيء عام حول النظام. وذلك بقياس الخصائص السمات لمكونات المنتج أو نشاطات مراحل المشروع ومن ثم القيام بتجميع وتكتيل هذه القيم حيث يمكن بعدها القيام بتخمين عام عن سمات النظام مثل عدد الأخطاء في النظام أو المنتج أو نسبة المادة الأولية المعينة في المنتج والذي تؤدي إلى نسبة مئوية من الجودة على سبيل المثال قد تصل جودة المنتج إلى 90% أو 49 % وهكذا.

2- لتعريف المكونات المجهولة المقاييس من الممكن أن تقوم بتعريف المكونات الفردية والتي تـمّ اقتباس خصائصها من معيار أو مقياس معين وعلى سبيل المثال يمكن قياس المكونات للكشف عن أكبر مكون يتميز بالتعقيد ويتميز بعدم الإلمام الكامل به والتي يفترض أنها سوف تتسبب بالكثير من الأخطاء أو المشكلات حيث يجب أن يتمّ التركيز على هـذه المكونات أثنـاء عمليـة المراجعة والتدقيق.

وعادة من المستحيل أن يتمّ قياس سمات جودة المنتج بشكل مباشر، فسمات الجودة مثل قابليته للصيانة وقابليته للفهم وقابليته للاستخدام هي سمات خارجية تعتمد بشكل خاص على رؤية المطورين و المنتجين والمستخدمين لهذا المنتج حيث أنها تتأثر بالكثير من العوامل ولا يوجد طريقة بسيطة يمكن من خلالها قياسها إلا أن هناك الكثير من السمات يمكن قياسها بسهولة كالحجم.

عملية فرض أن هناك علاقة موجودة بين ما يتمّ قياسه وما يراد أن يتمّ معرفته حيث أنـه يجـب أن تكون هناك علاقة واضحة ومقبولة للسمات الداخلية والخارجية للمنتج.

الشكل التالي 8-2 يبين بعض السمات الخارجية التي يمكن الاهتمام بها وبعـض السـمات الخارجيـة التي تكون مرتبطة بها ارتباطاً وثيقاً حيـث يقـترح هـذا الشـكل أن هنـاك علاقـة بـين السـمات الخارجيـة والداخلية ولكن يعرف ما هي هذه العلاقة حيث أنه إذا كان القياس المستخدم في قياس السمات الداخلية مفيداً لخصائص المنتج الخارجية فإنه يجب أن تتحقق ثلاثة شروط:

- السمات الداخلية يجب قياسها بشكل دقيق.

- يجب أن تكون هناك علاقة بين ما نستطيع أن نقيسه والسلوك الخارجي للنشـاط والـذي نحـن مهتمين بمعرفته.

- إن العلاقة مفهومة وتمّ قبولها ويمكن التعبير عنها على شكل نموذج أو معادلة أو على شكل قيم رقمية.

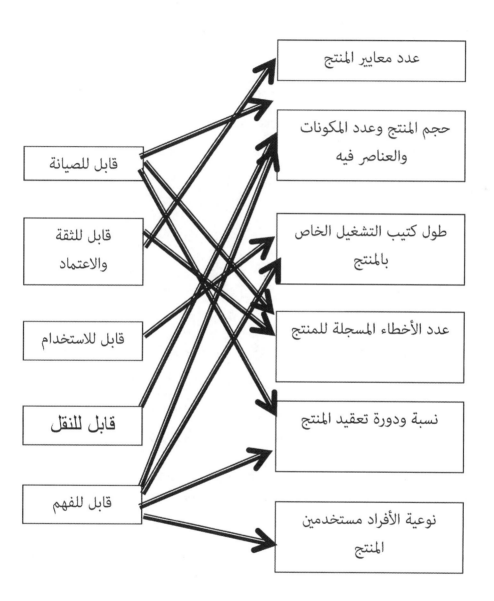

شكل 8-2 العلاقات بين السمات الداخلية والخارجية للمنتج

8-8 عملية القياس Measuring Process:

الشكل التالي 8-3 يبين خطوات وعملية القياس التي تتمّ من أجل التحقق من معايير الجودة للمشروع حيث تتكون عملية القياس من عدة خطوات هي:

- خطوة اختيار المقاييس المراد اجرائها، حيث أن المقياس الذي يؤدي إلى إجابة على بعض الأسئلة يجب أن يتمّ اختياره ومن يجب أن يتمّ تشكيله وتعريفه من أجل الحصول على الإجابات.
- خطوة اختيار المكونات التي يجب أن يتمّ تقييمها، حيث أنه ليس من الضروري أن يتمّ اختيار كل العناصر من أجل القيام بقياس المعايير عليها حيث يفضل التركيز على المكونات الجوهرية والتي يتمّ استخدامها بشكل ثابت.
- خطوة قياس خصائص المكونات والعناصر، العناصر المختارة يتمّ قياسها، والمقاييس المصاحبة لها يتم حساب قيمة المعيار لها حيث يتطلب هذا تضمين عملية معالجة تمثيل العناصر مثل التصميم والطور... الخ وذلك باستخدام بيانات تمّ جمعها بشكل تلقائي باستخدام أدوت وبرمجيات حاسوب متطورة.
- خطوة تعريف المقاييس المجهولة، بعد أن تتمّ عملية القياس للمكونات فيجب أن تبدأ عملية مقارنة هذه المقاييس مع مقاييس سابقة والتي سبق أن تمّ تسجيلها وحفظها في قواعد بيانات محوسبة عندها يتمّ البحث القيم الغير عادية أو القيم العالية لكل مقياس حيث أنه من الممكن ان تؤدي هذه إلى اكتشاف الأخطاء أو المشكلات التي تصاحب هذه المكونات ذات قيم مقاييس عالية.
- خطوة تحليل العناصر المجهولة، بعد أن يتمّ تعريف المكونات والتي لها قيم مجهولة أو عالية يجب أن يتمّ اختبار هذه العناصر ليتم التقرير فيما إذا

كانت قيم القياس المجهولة لهذه العناصر تعني أن جودة هذه العناصر لم يتمّ تحقيقها أو تمّ تحقيق الجودة فيها.

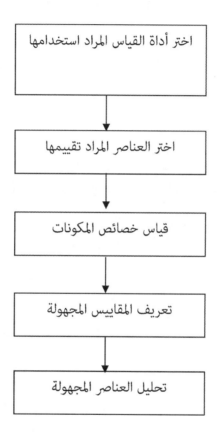

شكل 8-3 عملية قياس جودة المنتج

المراجـــع

References

- John McManus , 2003,- Information system Project Management , Prentice Hall ,UK

- Sommerville , 2004, " software engineering, 7th edition, Prentice Hall ,UK

- Laudon and Loaudon, 2004 , " management Information system ", Prentice Hall ,UK

الفصل التاسع

استخدام تقنيات الإنترنت في التطوير

Internet Technology And Change

محتويات الفصل:

الفصل التاسع

استخدام تقنيات الانترنت في التطوير

And Change Internet Technology

الأهداف التعليمية لهذا الفصل Learning Objectives:

يهدف هذا الفصل إلى تقديم أهم التقنيات المتطورة في الشركات العصرية الرقمية ومن ضمنها الانترنت والتي تستخدم كقاعدة وأساس العديد من الأعمال التجارية الإلكترونية وكوسيلة اتصالات فعّالة في العملية الإدارية، حيث يفصل هذا الفصل أساس الشبكات والبنية التحتية لها وشرح للكثير من القضايا والمصطلحات المهمة.

بعد إتمامك لهذا الفصل سوف تكون قادراً على:

- التعرف على مفهوم الانترنت والانترانت والاكسترانت.
- التعرف على مدى التجارة الإلكترونية وخصائصها العامة.
- التعرف على تقنية البنية التحتية للتجارة الإلكترونية.
- التعرف على كيفية التخطيط لبناء الانترنت ودور الاتصالات والبريد الإلكتروني في التجارة الإلكترونية.
- التعرف على مفهوم مبدأ الخادم/عميل وعملية الدعم الفني والإداري لهذا المبدأ.
- التعرف على دور كل من الانترانت والاكسترانت في التجارة الإلكترونية.
- التعرف على بعض النقاط المهمة والتي يجب أخذها بعين الاعتبار عند تبني التجارة الإلكترونية.

1-9 المقدمة Introduction:

إن عملية التغير والتطوير في المنظمات تتطلب عمليات توصيل المعرفة بين الأفراد، ومؤكد أن عملية التغيير يجب أن يتم تطبيقها حتى تصبح مفيدة حيث أنه كلما كان تطبيق عملية التغيير بشكل أوسع كانت الفائدة للمؤسسة أكثر، إن مثل هذا التطبيق في إدارة التغيير يأتي من عملية توصيل للمعرفة على طبيعتها أو على شكل يتمّ تمثيله الكترونياً إضافة إلى ذلك فإن إدارة التغيير تستفيد من المساهمات العالمية والتي من الممكن تحصيلها من وسائل الاتصالات المختلفة حيث أنه سوف يتمّ التطرق إلى العديد من تقنيات الاتصالات والتي تسمح بزيادة فاعلية توصيل المعرفة للمنظمات والأفراد.

في العصر الحديث وفي عصر ما قبل المعلومات كانت هناك طريقتين للاتصالات يتمّ تفعيلها عبر خطوط الهاتف حيث أنه من الممكن للأطراف المتصلة عبر الهاتف التحدث معاً وفي نفس الوقت وفي الوقت الحقيقي كما لو أنهما يتقابلان وجه لوجه وهذه طريقة اتصالات جيدة كانت متوفرة في ذلك الوقت.

وفي بيئة الأعمال التجارية للعصر الحديث أصبحت هناك العديد من الوسائل الرقمية والتي تستخدم للتواصل بين الأطراف حتى وإن لم يكونوا متواجدين للردّ على الهاتف مثل استخدام جهاز الرد الآلي والذي أصبح شائعاً ومستخدماً بشكل كبير وقد بقيت الاتصالات محدودة إلى أن ظهرت الحاسبات الإلكترونية الرقمية والانترنت والشبكة العنكبوتية حيث أوجدت ثورة في الاتصالات ومشاركة المعلومات عبر شبكات الحاسوب السلكية واللاسلكية.

2-9 الانترنت والاكسترانت Internet and Extranet:

- **ما هي الانترانت؟ What is Intranet**

إن الكثير من الشركات الصغيرة استفادت وتمتعت كثيراً بفوائد العمل عـبر بيئة الشبكات المحلية الانترانت وذلك لأنهم وجدوا طريقة جديدة للتعاون والتنسيق فيما بينهم أثناء العمل وعلى مدار الساعة، إن الانترانت ببساطة هي مجموعة من أنظمة توزيع للمعلومات Information Distribution Systems تقوم بتطبيق تكنولوجيا الانترنت والمعايير الخاصة بها عبر شبكة محلية داخلية للشركة أو المؤسسة، إن هذه الشبكة تربط كلّ مصادر الشركة مـن معلومات وملفات وقواعـد بيانات وأجهـزة مثل الطابعـات والماسحات الضوئية وأجهزة الفاكس مودم وبرامج مثل البريد الإلكتروني المحلي وغيرهـا بحيـث يـتمّ تبـادل المعلومات وتداولها بطريقة منظمة كلّ حسب صلاحيته المعطاه له. إن شبكة الانترانت تعتبر طريقـة مثالية لأداء العمل الجماعي بطريقة سهلة وسريعة وشيقة.

إن الانترانت ما هي إلا مشروع للاتصالات بين الموظفين في الشركات وفي مختلـف الأقسام والأفرع المختلفة للشركة، ولا بدّ من وجود فريق فني كامل للشبكة يتكون هذا الفريق من:

- **مدير للشبكة** Administrator كي يقوم بكـل العمليـات المطلوبـة مثل عملية اعطاء اسـماء الحسابات accounts والكلمات السريـة Passwords وحـلّ المشـكلات Troubleshooting الفنية والبرمجية والتي قد تطرأ أثناء العمل على الشبكة.

- **مدير لقاعدة البيانات** Database administrator وهـو مسؤول عـن إدارة قاعدة البيانات وتنظيمها في الحاسبات الرئيسية.

- **فريق فني** للصيانة وحلّ المشكلات التي قد تطرأ عند المستخدمين.

- **فريق للنسخ الاحتياطي** وللتزويد بالمستلزمات الضرورية للشبكة من أقراص نسخ وأوراق وحبر للطابعات وعمليات صيانة دورية وتنظيف للأجهزة والخادمات وغيرها من الوظائف المتعلقة بالشبكة.

إن شبكة الانترانت تعتمد على مبدأ الخادم / عميل Client/Server حيث تتكون الانترنت من ملايين من أجهزة الحاسوب المتصلة مع بعضها البعض فمنها أجهزة خاصة صغيرة يقوم الأفراد بالشبك بالانترنت عبرها، مثل جهاز الكمبيوتر الشخص أو جهاز الهاتف النقال وهناك أيضاً أجهزة كبيرة تقوم بخدمة هؤلاء الأفراد حيث تلبي كلّ طلباتهم مثل خادمات البريد الإلكتروني Mail Server حيث تقوم على الإشراف والإدارة لكلّ عمليات ارسال وتلقي البريد الإلكتروني وخادمات الويب Web Serve حيث تعمل على تحميل الصفحات إلى أجهزة المستخدمين من قواعد البيانات المحفوظة في أجهزة كمبيوتر كبيرة ذات قدرات كبيرة. يتمّ الاتصال والتواصل بين كلّ أجهزة الكمبيوتر حول العالم في الانترنت باستخدام بروتوكول TCP/IP وبروتوكولات أخرى تعتمد على نظام التشغيل المستخدم تساعد في عملية نقل المعلومات ومشاركتها بين مختلف الأجهزة، كما وأن هناك جدر نارية Firewalls تمنع شبكات أخرى ومستخدمين غير مصرح لهم من الوصول إلى شبكات محلية خاصة تمنعهم من استخدام مصادرها.

الانترانت مفيدة جداً في الأعمال الإلكترونية وخاصة من النوع B2B أو التعاملات التجارية بين الشركات، حيث تعمل على مشاركة المعلومات والتنسيق بين أقسام الشركة المختلفة مثل قسم الحسابات والمبيعات والانتاج والتسويق بشكل فعّال وسريع وبدون إعاقات، وتعمل على تقليل الجهد والتكلفة اللازمة لإجراء مختلف الأعمال والحركات التجارية المطلوبة.

9 -2-1 فوائد الانترانت Benefits of Intranet

منذ فترة طويلة والشركات تبحث عن وسيلة فعالة وغير مكلفة لزيادة الاتصالات بين الموظفين داخل الشركة وذلك لزيادة عملية التنسيق والتنظيم لتوزيع المعلومات وإجراء المخاطبات بين الموظفين من جهة والموظفين والإدارة من جهة أخرى والانترانت تعتبر الوسيلة المثلى لذلك فهي غير مكلفة ولا تحتاج إلى أجهزة ثمينة مثل أجهزة الفاكس القديمة والتي كانت تأخذ وقتاً وجهداً للارسال والاستقبال، والانترانت تعمل على الوصول الفعاّل والسريع للمعلومات ومصادر الشركة وعلى مدار الساعة بطريقة منظمة من قبل المستخدمين وكلّ حسب الصلاحيات المعطاه له وذلك للوصول إلى تطبيق أو ملف أو معلومة معينة مخزنة في جهاز الخادم الرئيسي Main Server.

إن الانترانت تعتبر وسيلة لتجميع المعلومات والمعرفة في مكان رئيسي داخل الشركة مما يمثل مصدر للمعلومات وخبرات الشركة متاح لكلّ من الإدارة والموظفين حيث يستطيع المدراء الحصول على المعلومات وتحليلها عن طريق برامج ذكية وبالتالي تساعده في اتخاذ القرارات بشكل أسرع وفعّال ومفيد للشركة لتحقيق أهدافها. لذا يمكن تلخيص فوائد الشبكات المحلية الانترانت إلى الفوائد التالية:

- مشاركة مصادر الشبكة من طابعات وأجهزة الفاكس والملفات والمجلدات بين كل المستخدمين في الشبكة.
- كفاءة الاتصال والتنسيق بين مختلف أقسام الشركة وأفرعها مما يسهل عملية الإدارة والتحكم بكل النشاطات والعمليات داخل الشركة وخارجها.
- الوصول إلى المعلومات المطلوبة بشكل سريع وفعّال من قبل كلّ المستخدمين في الشركة.
- تعتبر الانترانت وسيلة فعّالة لإجراء عمليات التدريب ونشر المعرفة والوعي والارشادات المتعلقة بالعمل والمنتجات في الشركة.

- تعتبر الانترانت وسيلة اتصالات بين الموظفين وبمختلف الأقسام وبتكلفة بسيطة جداً مقارنة مع استخدام أجهزة أخرى كالفاكس أو أجهزة التلفون.
- تساعد الانترانت في عمليات المراقبة والتحكم بالأجهزة والموظفين.

2-2-9 لماذا تحتاج الشركات إلى الانترانت؟

Why Companies Need Intranet?

الشركات الصغيرة والتي يقل عدد الموظفين فيها عن 10 موظفين لا تحتاج إلى الانترانت، إن الانترانت تقلل من استخدام الهواتف وأجهزة الفاكس وبالتالي تقلل من التكلفة وتعمل على تحسين التنسيق بين أفرع الشركة المختلفة حيث قامت الكثير من الشركات بإنشاء وبناء شبكة الانترانت بسبب كثرة الطلب من الموظفين وخاصة في قسم مصادر القوى البشرية بسبب طبيعة عملهم والتي تعتمد على كثرة الاتصالات وتبادل المعلومات والإجابة على الكثير من الأسئلة والتي تتكرر باستمرار مما يؤدي إلى الملل وسوء الخدمة لذا فإن الشركات في العالم تحتاج إلى الانترانت وذلك للأسباب التالية:

1- عندما تكون للشركة كمية ضخمة من المعلومات والمطلوب مشاركة هذه المعلومات مع الموظفين، فهي الطريقة الفعالة لإلغاء تكلفة الاتصالات ولإلغاء تكلفة نشر وبث المعلومات بين الموظفين، إن الانترانت تساعد الموظفين على ترتيب وتخزين كميات ضخمة من البيانات والتي قد تحتاج إلى مئات الآلاف من الملفات الورقية والتي يصعب تنظيمها والحصول على المعلومات المطلوبة منها عند الحاجة وفي الوقت المناسب وبشكل سريع.

2- لأن تكلفة توزيع المعلومات من خلال الانترانت تتمّ بتكلفة قليلة جداً فالانترانت تعتبر ذات كلفة بسيطة جداً وتعمل بفعالية وسرعة حيث يتمّ تداول المعلومات بثواني بدلاً من دقائق أو حتى ساعات بالطريقة اليدوية.

3- الانترانت تستطيع العمل مع مختلف أنظمة التشغيل مثل نظام التشغيل يونيكس UNIX ونظام التشغيل أبل ماكنتوش Apple Mac ونظام التشغيل ويندوز من مايكروسوفت MS-Windows فهي الطريقة السهلة لوصل مختلف المستخدمين مع مختلف انظمة التشغيل معاً.

4- إن المعلومات الموجودة على الانترانت يمكن تحديثها وتعديلها بسرعة مما تبقي الموظفين على اتصال بالمعلومات الحديثة والمعدلة بوقت قصير.

3-9 مكائن البحث Search Engine:

وهي عبارة عن برمجيات تساعد المستخدم في الحصول على المعلومات من الانترنت وقد تكون هذه المعلومات المراد البحث عنها في أحد الصور التالية:

- **بيانات نصية.**
- **بيانات صورية.**
- **مقاطع فيديو.**
- **أصوات.**
- **أفلام.**

وهناك طرق عديدة للبحث في مكائن البحث منها:

1. عبر طريقة تصنيف عناوين مواقع الويب في مجموعات مختلفة تدعى المحررات البشرية Human Editors حيث يستفاد منها للحصول على المعلومات تبعاً للموضوع ومن هذه المكائن أو ما تسمى بمحركات البحث:

- موقع ياهو yahoo.com

- موقع هوت بوت

2. تتم في هذه الطريقة القراءة من مواقع الويب بشكل تلقائي وتتم عملية تخزين النصوص حيث تسمى هذه بالزواحف الاتوماتيكية Automatic Crawlers حيث يستفاد منها في الحصول على معلومات معينة ومن أشهر هذه المحركات.

- محرك google.com

- محرك آلتا فيستا Altavista.com

- محرك اكسايت Excite.com

3. وتتم في هذه الطريقة إرسال طلب المستخدم إلى عدد من محركات البحث المختلفة وتدعى بعملية البحث الرمزي meta search ويستفاد من هذه الطريقة في الحصول على معلومات مختلفة ومنوعة ومن أشهر هذه المواقع:

- موقع Askjeeves

- موقع Savvy

9 - 4 البنية التحتية للتقنية Technical Infrastructure

إن الانترانت تعتمد على بروتوكول TCP/IP لنقل المعلومات وتبادلها بين مختلف أنظمة أجهزة الكمبيوتر وبروتوكل الانترنت IP يناسب التقنيات الجديدة والتي تمّ تطويرها واستخدامها في شبكة الانترنت والشبكات المحلية مثل تقنيات خادم/عميل Client/server، إن مبدأ الخادم والعميل يعتمد على المستخدم user فيعطيه مرونة كبيرة في استخدام المعلومات لاتخاذ القرارات بوقت قصير.

9–5 أساسيات الخادم/عميل Client/server basics

إن مبدأ الخادم/ العميل والذي تبنى عليه الانترانت يعتمد على وجود بنية تحتية متكاملة لتسهيل عملية تداول واستخدام المعلومات بمرونة وبسرعة وهي تعتمد على واجهة استخدام رسومية Graphical User Interface حيث السهولة والمتعة في الاستخدام والتي تعتمد على مبدأ الرسومات التي تمثل كائنات صورية صغيرة تدل على نشاطات أو تطبيقات معينة وتعتمد أيضاً على اختيار الأوامر من قوائم باستخدام الفأرة Mouse، إن المصطلحات والعناصر المبني منها مبدأ الخادم/عميل يمكن تلخيصها بالنقاط التالية (انظر الشكل 9 – 1).

- **العميل** Client: وهو الذي يقوم بالعمل على الشبكة ويطلب خدمة معينة من الخادم مثل الموظف أو المدير.
- **الخادم** Server: وهو جهاز كمبيوتر ذو قدرة عالية على تنفيذ التعليمات وحفظ المعلومات حيث يقوم بتزويد الخدمة والملفات وبيانات قواعد البيانات وغيرها إلى المستخدمين بسرعة وفاعلية كبيرة.
- **التبادلية** Interoperability: وهي قدرة اثنين أو أكثر من الأنظمة على تبادل المعلومات واستخدامها فيما بينهما.

- **التوسع** Scalability: وهي سهولة عملية التعديل والتطوير والتوسع بإضافة المزيد من الأجهزة.
- **واجهة المستخدم الرسومية** GUI: ميزات سهلة تستخدم للعمل على نظام التشغيل تستخدم مبدأ الرسومات واختيار الأوامر من القوائم Menu باستخدام الفأرة.
- **بناء الخادم/عميل** Client/server Architecture: وهو نموذج يقدم خدمة خادم قاعدة البيانات Database server و خادم الملفات File server، حيث يقوم بتلبية طلبات استعلامات المستخدمين Clients مباشرة باستخدام مبدأ الاستجابة عن طريق الاستعلام Query response بدلاً من نقل كلّ الملف بالكامل فيؤدي إلى تخفيض زحمة مرور البيانات وزيادة سرعة تبادل البيانات.
- **استدعاء إجراء بعيد** Remote Procedure Call: وهي مبنية على نظام الخادم/العميل بتوزيع خدمة برنامج معين إلى أكثر من عميل وبمختلف أنواع الأنظمة التشغيلية وهي أيضاً تخفض من التعقيدات في تطوير التطبيقات والتي تحتاج إلى أنظمة تشغيل مضاعفة وتحتاج أيضاً إلى برتوكولات إضافية تؤدي إلى زيادة الازدحام في نقل البيانات.

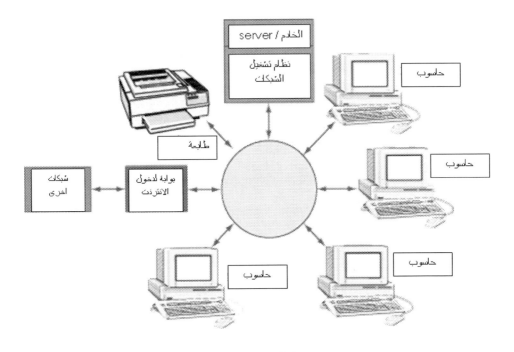

الشكل 9 - 1

شبكة محلية (انترانت) لربط ومشاركة أجهزة كبيوتر وملحقاتها مع الخادم

9 - 6 تخطيط الانترانت Intranet Planning

بوجود التقنيات الحديثة مع وجود متطلبات العملاء المختلفة وضخامة المعلومات المتبادلة وكثرة التطورات والتغييرات في تقنية المعلومات Information Technology وبشكل سريع يحتاج إلى إدارة فعّالة تتضمن تخطيط وتنظيم وتنسيق مع تبنى استراتيجية فعّالة بوجود موظفين ذوي خبرة ومهارة عالية، مما يؤدي إلى انشاء بنية تحتية قوية ومرنة تعمل بدون عوائق وقابلة للتوسع ومواكبة التطورات الحديثة في تقنية المعلومات.

إن التخطيط ضروري في عملية التصميم لشبكة الحاسوب المحلية وعملية التنفيذ والحفاظ على شبكة انترانت قوية، إن عملية التخطيط تتطلب الإعداد والتنفيذ لكل من الخطوات الستة التالية:

1. **الإعداد ووضع الخطط وتحديد الأهداف**

Preparation, Plan ahead and setting goals:

إن الخطوة الأولى يجب أن تبدأ بوضع الأهداف من إنشاء شبكة الانترانت والتخطيط لكلّ التقنيات المرتبطة بها وتحديد نوع المعدات ومصدرها. وهذا يتطلب الكثير من التحضير، حيث يجب أن يتمّ تجهيز كشف بالمتطلبات كلها مع وجود عملية توثيق لكل خطوة حتى الانتهاء من عملية إنشاء الانترانت بالكامل. يجب في هذه الخطوة تعريف من هم المستخدمين للشبكة؟ وما طبيعة المعلومات وما هي البرامج التي يجب ربطها بالشبكة؟ ونوع الربط للشبكة وما هي المعلومات والمحتويات والتي يجب أن يتم مشاركتها على الشبكة؟ وكيفية تداولها والصلاحيات المرتبطة بها.

يحب أن يضع المصممون بعين الاعتبار المخاطر التي قد تواجه هذه المعلومات من ضياع أو تلف بسبب فيروسات الحاسوب أو تلف للأجهزة أو وسائط التخزين كما يجب أن يكون هناك أجهزة لمنع انقطاع الكهرباء بشكل مفاجيء كما يجب التفكير بجدية ببرامج للحماية من لصوص وقراصنة الحاسوب والتخطيط لعمليات وبرامج النسخ الاحتياطي وكيفية حفظ هذه النسخ في خزائن مقاومة للحريق كما يجب أن تكون هناك خطط في حال انهيار النظام بشكل كامل، كلّ ذلك يحتاج إلى تخطيط وفريق كامل يعمل على وضع الخطط في حال حدوث أي مشكلة وذلك للعمل على حلّ المشكلة بشكل سريع.

2- الحصول على دعم من الادارة وتبرير لانشاء الشبكة

Provide Justification and Management support

تحضير دراسة تبرر الفوائد والعوائد المكتسبة من إنشاء الشبكة لكسب الـدعم الإداري للمشروع وذلك بحساب الفوائد والعائدات المالية ودراسة مدى قدرة شبكة الحاسوب عـلى تـوفير الجهـد والوقت والأيدي العاملة وحساب مجموع التكاليف ومقارنتها مع العائدات المالية والفوائد مع الأخذ بعين الاعتبار سهولة تحديث الشبكة وتطويرها في المستقبل وسهولة استخدامها.

3- البدء ببناء الشبكة اما بكادر محلي او بالاستعانة بطرف ثاني

Start building the Intranet In-house or by second party

بعد موافقة الإدارة العليا على الخطة الرئيسية لبناء شبكة الانترانت يجب اتخاذ القرار بشـأن بناء الشبكة باستخدام طاقم من الفنيين من داخل الشركة أو بالاستعانة بشركة أخرى للقيـام بتنفيذ المشروع وفي هذه الحالة يفضل الاستعانة بمستشار حاسوب Computer consultant وذلك ليقوم هو باختيار أحد الشركات الموثوق فيها بحيث يتمّ التعاقد معها على طريقة بناء الشبكة بفترة زمنية يتمّ تحديدها والاتفاق عليها وأيضاً يجب الاتفاق عـلى كيفية إجراء الصيانة وخدمة مـا بعـد البيع وعمليـة تـدريب العـاملين والموظفين على كيفية العمل على الشبكة وكيفية القيام بالصيانة وغيرهـا مـن الأمـور التقنيـة المطلوب إجراءها عند بناء الشبكة.

إن عملية اتخاذ القرار لبناء الشبكة محليا أو بالاستعانة بشركة أخرى تعتمـد عـلى العديـد مـن العوامل ومنها:

• هل هناك مصادر متوفرة من العنصر البشري والمعدات لبناء الشبكة محليا؟

- يجب دراسة من منهما أقل تكلفة بناء الشبكة محليا أم الاستعانة بطرف آخر؟ واختيار الأفضل.

- هل المعدات والبرمجيات والتي تدعم الشبكة متوفرة؟

- هل هناك تمويل كافي لدعم عملية انشاء الشبكة بالكامل أم لا؟

وهناك أيضاً نقاط كثيرة يجب أخذها بعين الاعتبار في حالة بناء الشبكة محلياً هي:

o يجب على الموظفين أن يكونوا على علم كافي بسياسة الشركة وعملياتها وبأهدافها وبما تحتاج إليه الشركة.

o هناك بيانات ومعلومات تكون سرية ويمكن الحفاظ على سريتها أكثر عند إنشاء الشبكة بطاقم محلي.

o عملية الصيانة والتحديث والتحسين سوف تكون أسهل.

o مع وجود البنية التحتية المناسبة فإن عملية التحديث في المستقبل سوف تكون أسرع وأسهل.

3 - تشكيل فريق لشبكة الانترانت

Form a Team for the Intranet network

في هذه المرحلة يجب بناء قسم تكنولوجيا المعلومات أو دائرة الحاسوب وفيها مختلف الموظفين من مدراء ومهندسين ومدير صيانة الشبكة وفنيين وغيرهم، يراعى في اختيار الموظفين في هذه الدائرة العديد من النقاط منها:

- الخبرة

- الكفاءة

- الأمانة

- عدم الانتماءات السياسية والتي قد تؤثر على الشركة وعملها في المستقبل.

وحيث أن دائرة الحاسوب تعتبر مركز للمعلومات من كلّ أقسام الشركة أي أنها تعتبر الشرايين الرئيسية في الشركة وهي أكثر الأقسام حساسية لأن كلّ المعلومات تصب فيها، لذا يجب أن تتم عملية التخطيط للصلاحيات وتداول البيانات بشكل دقيق وعلمي مدروس.

5- **بناء نموذج واختباره:**

Building and Testing the Prototype

يفضل قبل البدء بإنشاء شبكة الانترانت كاملة أن يقوم الفريق ببناء جزء أو نموذج أولي حيث يتم اختباره منفرداً من قبل الموظفين بوضع بعض البرامج والملفات عليه ثم القيام ببعض المهمات والوظائف على الشبكة ومن ثم اعطاء تغذية راجعة وذلك قبل البدء ببناء مشروع الشبكة ككل (الشكل 9-2).

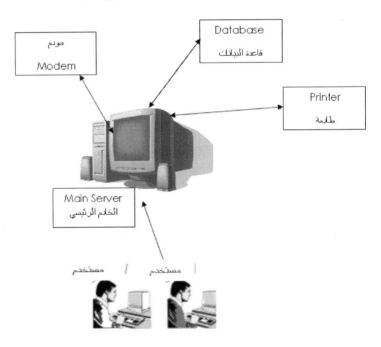

الشكل 9-2 نموذج أولي بسيط لتجربة الشبكة والتطبيقات عليها

5- الصيانة الفعّالة والدورية للنظام Effective maintenance

عملية تحديث المعلومات من العمليات المهمة وذلك على مدار الساعة لضمان فعالية الشبكة وكذلك إذا كانت الصيانة ضعيفة فإنها سوف تعطي انطباعا سيئاً للموظفين بأن هذه الشبكة لم تجلب أي شيء جديد وأن الوضع القديم أفضل حالاً.

إن الصيانة تعني استمرارية عمل الشبكة حسب المقاييس والمعايير التي وضعت من أجلها عند التخطيط لها في بادىء الأمر.

9 – 7 البريد الإلكتروني والانترانت e-mail and the Intranet

البريد الإلكتروني e-mail عبارة عن ارسال وتلقي رسائل الكترونية عبر شبكة الانترنت أو عبر شبكات لاسلكية مثل الهاتف النقال حيث يمتاز البريد الإلكتروني بالعديد من الميزات منها:

• أنه آني instant أي أن الرسائل تصل بمجرد النقر على أمر إرسال أي بسرعة الضوء.

• انه شبه مجاني وغير مكلف ولا يحتاج إلا إلى بعض الإعدادات البسيطة للبرامج المستخدمة في تلقي وارسال الرسائل.

• أنه يمكن ارسال نفس الرسالة إلى أكثر من عنوان وفي نفس الوقت.

• أنه يمكن أتمتة الرد على الرسائل بشكل آلي وبدون تدخل العنصر البشري.

• أنه أكثر التقنيات استخداما لغاية الاتصال والتخاطب بين مختلف الأفراد والشركات عبر العالم بأسره.

- أصبح البريد الإلكتروني جزءاً أساسياً لا يمكن الاستغناء عنه وخاصة في عمليات التسويق والبيع داخل الشركات وللأفراد على حد سواء.
- إن إدارة البريد الإلكتروني باستخدام برامج الحاسوب أفضل وأكثر فعالية من استخدام الكميات الضخمة من الأوراق ورسائل الفاكس وغيرها.
- أصبح البريد الإلكتروني أكثر شعبيه مثله كمثل جهاز الهاتف الخلوي حيث هناك مئات الملايين من المشتركين حول العالم بأسره يستخدمونه كل يوم.

هناك بروتوكول لدعم البريد الإلكتروني في شبكة الانترانت وهو بروتوكول SMTP أي Simple Mail Transport Protocol أو بروتوكول نقل البريد الإلكتروني البسيط وهذا البرتوكول تمّ اشتقاقه من برتوكل TCP/IP وهو مسئول عن عملية تنظيم الرسائل وارسالها إلى العناوين المناسبة ومسئول عن عملية استقبال الرسائل الإلكترونية ووضعها في صندوق البريد الخاص بالمستقبل.

مع وجود كلّ الفوائد السابقة الذكر إلا أن البريد الإلكتروني يعتبر الوسيلة الكبيرة لنشر الفيروسات عبر شبكة الانترنت ولذا يجب وضع استراتيجيات لحماية مصادر الشركة من هذه الفيروسات كوضع ماسحات للفيروسات Viruses scan لمنع الرسائل التي تحمل الفيروسات من اختراق الشبكة كما يجب أن تكون هناك استراتيجية في عملية النسخ الاحتياطي الدورية وذلك ان بعض البيانات قد يتمّ فقدها بسبب أو بآخر فيتم الرجوع إلى النسخ الاحتياطية لاستعادتها مرة أخرى.

8-9 ما هي الاكسترانت؟ What is Extranet?

عندما يكون للشركة أكثر من فرع في أكثر من مكان وفي كلّ فرع شبكة انترانت فعند ربط هاتين الشبكتين بواسطة الانترنت فعندئذ تسمى هذه الشبكة بالاكسترانت. إذن فالاكسترانت ما هي إلا استخدام تقنية الانترنت لربط أكثر من

شبكة انترانت معاً. الانترانت هي شبكة محلية يتم فيها تبادل المعلومات محلياً داخل الشركة ويتمّ نقل البيانات فيها بشكل سريع وفعّال. إن الاكسترانت تستخدم لربط فروع الشركة معاً كما أنها تربط شركاء العمل وأطراف أخرى معها بطريقة فعّالة وسريعة وعند استخدام شبكة الاكسترانت يجب على جميع الأطراف استخدام نفس برنامج التطبيق في عملية الاتصال، فمثلاً لا يجوز أن يكون أحد الأطراف يستخدم برنامج نتسكيب نافيجيتر Netscape Navigator والطرف الآخر متصفح مايكروسوفت اكسبلورر Microsoft Explorer. إن الاكسترانت تعتبر العمود الفقري لمستقبل الأعمال التجارية الإلكترونية في كل أنحاء العالم. إن الهدف الأساسي من الاكسترانت هو سرعة التنسيق والاتصال بين الفروع، وأن عملية توظيف الاكسترانت تعتمد اعتماداً كاملاً على فهم العمليات والحركات المتعلقة بالعمل التجاري من طلبيات وبيع وتسليم وغيرها من النشاطات التجارية (الشكل 9-3).

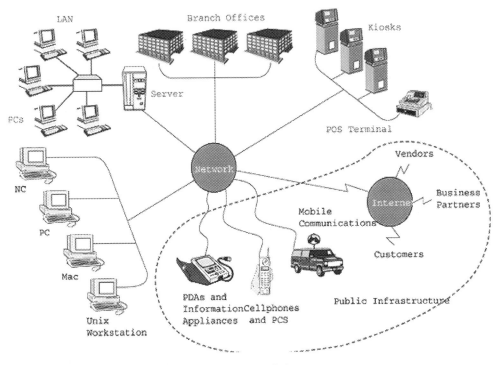

الشكل 9-3

توضيح فكرة الاكسترانت لربط أكثر من شبكة عبر الانترنت

المصدر (laudon, 2006)

9-9 نقاط يجب أخذها بعين الاعتبار Key Considerations

عند الشروع في توظيف الاكسترانت يجب الأخذ بعين الاعتبار العديد من النقاط منها:

1- تعريف المستخدمين لشبكة الاكسترانت.

2- يجب عمل قائمة بكل المتطلبات والتقنيات المطلوبة.

3- يجب تحديد كل المتطلبات الأمنية Security Requirement

4- يجب توضيح وفهم عملية إدارة شبكة الاكسترانت Extranet Administration

5- يجب فهم الوظائف المختلفة لشبكة الاكسترانت.

6- يجب تحديد الملفات والمجلدات والمعلومات اللازمة مشاركتها في الشبكة.

إن مستخدمي شبكة الاكسترانت عادة هم من الموظفين والزبائن والمولين والموزعين والمستشارين والبائعين وغيرهم حيث يجب تحديد أولويات الدخول والصلاحيات والإجراءات الأمنية لكل فئة من المستخدمين من أجل تأمين تبادل البيانات بشكل سليم وأمن وذلك باتباع طرق أمنية لنقل البيانات مثل التشفير وكلمات المرور ونوع خطوط الاتصالات وعملية مراقبة الشبكة بين الحين والآخر ويجب أن يتم اختيار موظفين من ذوي الخبرة العالية والأمانة لإدارة الشبكة.

كما يجب على الشركة أن تتأكد من طريقة استخدام الشبكة من قبل الزبائن ومدى سهولة استخدامها وهل يتطلب استخدامها بعض التدريب الخاص؟ ويجب الأخذ بعين الاعتبار البرامج المطلوبة والتي يجب على العملاء استخدامها من أجل التواصل مع الشبكة.

وأخيراً يجب على الشركة أن تختار الإدارة الجيدة والتي تقوم بإدارة شبكة الاكسترانت بشكل فعّال كما يجب على الإدارة استخدام استراتيجية معينة لجذب الموظفين ذوي الخبرة العالية وذلك بوضع حوافز معينة كأجور عالية وغيرها وذلك لتأمين بناء شبكة قوية تخدم الشركة وكلّ أصحاب المصالح.

المراجـــع

References

- Dr. Febrache, A Pathology of computer viruses, Pringer – Velag, New York , 1991.

- H. Highland, computer virus Handbook, Elsevier Advance tech. Oxford, UK(1990).

- Matt Bishop, Introduction to computer security, 2005 Pearson education inc. ISBN: 0-321-24744-2.

الفصل العاشر

استخدام تقنية المعرفة في تحسين إدارة التغيير

Using Knowledge Technologies to Enhance Managing Change

الفصل الرابع

استخدام تقنية المعرفة في تحسين إدارة التغيير

Using Knowledge Technologies to

Enhance Managing Change

الأهداف التعليمية للفصل العاشر:

يهدف هـذا الفصل إلى التعريـف بأهميـة اسـتخدام تقنيـات الـذكاء الصـناعي في إدارة المعرفـة ووظائفها من عمليات إنشاء المعرفة واكتسابها وحفظها ومشاركتها كـما يتمّ التطرق إلى بعـض الأنظمـة المبنية على المعرفة وشرح وجهات النظر المختلفة لها.

الأهداف الرئيسية لهذا الفصل هي:

- التعرف على دور التقنيات الحديثة في إدارة المعرفة.

- ما هو الذكاء الصناعي وفوائده للإدارة المعاصرة؟

- شرح وتقديم مفصل للأنظمة المبنية على المعرفة من وجهات نظر مختلفة.

- شرح وجه نظر مطوري الأنظمة المبنية على المعرفة ووجهة نظر المستخدم النهائي لهذه الأنظمة.

1-10 المقدمة Introduction

لقد أصبح اقتصاد المعلومات وتقنية المعلومات أحد التوجهات الاقتصادية الرئيسية إن لم نقل أحد أهم التوجهات الاقتصادية في كلّ العالم حيث يتميز اقتصاد المعلوماتية بسرعة تطوره ونمائه، وديناميكيته، وعدم اعتماده على أصول رأسمالية تقليدية كبيرة. إضافة إلى ذلك أنه اقتصاد عالمي لا يعرف الحدود الجغرافية، ولا الانتماء الوطني. وبما أن آليات نقله وتطويره بسيطة و عالمية الطابع و صعبة الضبط، لذا لا بدّ للمنظمات الصناعية بشكلٍ عام، والبحثية الصناعية بشكلٍ خاص، من استثمار رأسمالها المعلوماتي، وتسخيره وتطويره والاستفادة من الفرص المتاحة له كما لا بدّ لها من استثمار أفضل التقنيات الحديثة من أجل توظيفه بشكل أكثر كفاءة وفاعلية لتحقيق أفضل طريقة للوصول إلى الأهداف.

2-10 إدارة المعرفة والبحث العلمي

Scientific Research and Knowledge Management

تتشكل المعرفة، بتوفر المعلومة الصحيحة، وتلقيها من قِبَلِ باحث أو فريق عمل متخصص وقادر، ووجود حاجة فعلية لتطبيق هذه المعرفة في تطوير فكرة أو منتج، أو حلّ إشكالية معينة، فالمعلومة مهما بلغت دقتها، أو صحتها لا تعني شيء لباحث أو فريق عمل غير مختص، وذلك بسبب أن مردودها قليل إذا أن الباحث أو فريق العمل، غير معني مباشرةً في حلّ مسألة مرتبطة بماهية المعلومة المتوفرة. كما أن البحث والتطوير يهدف إلى تطوير المعرفة في المؤسسات لأهداف مختلفة، ومن خلال استراتيجيات تتمحور جميعاً حول التفوق والتميز، وزيادة الأرباح، ومن أهم هذه الاستراتيجيات:

1- استراتيجيات تطوير المعرفة في الصناعة.

2- استراتيجية تطوير المعرفة لتطوير قطاع الأعمال (التغيير).

3- استراتيجية زيادة القدرات المعرفة العلمية والثقافية في المؤسسة.

4- استراتيجية زيادة القدرات المعرفية الفردية في المؤسسة.

5- استراتيجية خلق معرفة جديدة.

إن عملية تطوير المعرفة في مراكز البحث والتطوير المستقلة عن المنظمة يتمّ من خلال العديد من النشاطات أبرزها:

- **طلب محدد من جهة محددة.**

- **تطوير معارف محددة ونقلها إلى الصناعة.**

- **تطوير معارف مشتركة.**

وتهدف إدارة المعرفة بشكلٍ عام إلى:

- o تأمين إمكانية تزويدها بالملاحظات، والتعديلات المقترحة من خلال التطبيق (الأعمال التصحيحية، والأعمال الوقائية).
- o تأمين سهولة استخدامها في عملية تطويرها، أو توليد معارف جديدة مبنية عليها.
- o تأمين سهولة الوصول إليها من قِبَلِ الباحثين العاملين في المؤسسة أو مراكز البحوث المتعاونة، دون أن يؤثر ذلك على التفريط بسرية الجوانب الحرجة فيها.

إن إدارة المعرفة تعنى بخلق علاقة تفاعلية بين العاملين في المؤسسة، أو بين المؤسسات المشاركة في برنامج إدارة المعرفة من جهة، وتطوير الإرث المعرفي، والواقع العملي من جهةٍ أخرى، لما فيه خير جميع الأطراف المشاركة. وتتمحور أعمال إدارة المعرفة في مراكز البحث والتطوير حول محوريَن رئيسيَن:

1. **إدارة المعرفة الواضحة وتطويرها.**

2. **إدارة المعرفة الضمنية وتطويرها.**

إذا أردنا إدارة المعرفة في هذيَن المحورَين، لا بدّ لنا من معالجتهما بطريقةٍ مناسبة لآلية الإدارة المتوفرة في المؤسسة، يدوية كانت، أو إلكترونية. ففي الحالة الأولى يجب أن تعالج المعطيات بالطرق الورقية، أما في الحالة الثانية فيجب أن يتمّ استخدام تقنيات المعلومات الحديثة كالحاسوب والانترنت وبرمجياته المختلفة ويجب على العاملين في المؤسسة إتقان استخدام هذه التقنيات المستخدمة للتعامل مع المعلومات المعرفية، وهذا يتطلب إعادة هيكلة المؤسس والهيكلية التنظيمية والتجهيزات، حيث تمتاز تقنية المعلومات كالحاسوب بالعديد من الميزات تجعل منها الوسط المناسب للعمل في إدارة المعرفة ومن هذه المميزات:

- **سرعة في الوصول إلى المعلومات.**
- **سهولة في التعديل.**
- **سهولة في الاستخدام.**
- **سهولة في النقل.**
- **انخفاض في الكلفة.**
- **ضمان أعلى لأمن المعلومات.**

كما أن للحاسوب فوائد واستخدامات كثيرة يصعب علينا ذكرها في هذا الكتاب وهذه الفوائد تنبع من مميزاته التي يمتاز بها ومن أهم هذه الميزات:

1- **سرعته في معالجة البيانات وإخراج النتائج.**

يستطيع الحاسوب إجراء مليارات من العمليات الحسابية والمنطقية في ثواني بسيطة، لقد أصبحت الحاسبات سريعة جداً بحيث يتواجد حاسبات سرعتها تفوق أربعة مليارات عملية حسابية أو منطقية بالثانية الواحدة 4GHz وهو ما لا يستطيع الإنسان أن يقوم به، وتعمل السرعة العالية على توفير الوقت والجهد والمال مما أدى إلى استخدامه في الشركات بسبب سرعته في استرجاع البيانات ومساعدته للإدارة في اتخاذ القرارات وإجرائه للعمليات والحركات التجارية بشكل سريع وفعّال.

2- **الدقة المتناهية في إجراء العمليات الحسابية والمنطقية.**

إن الحاسوب يستطيع أن يخرج النتائج بدقة متناهية قد تصل إلى مئات الخانات على يمين الفاصلة العشرية، وهذه النتائج تكون خالية من أي أخطاء إذا تمّ إدخالها بشكل صحيح، وإذا كان الحاسوب يخلو من الأعطال أو الفيروسات والتي تعمل على تدمير البيانات والبرامج، ويجب أيضاً وضع الحاسوب في بيئة مناسبة بحيث تكون درجة الحرارة غير مرتفعة أو منخفضة حتى لا تؤدي إلى تمدد أو تقلص بعض الدارات الإلكترونية الموجودة فيه مما يؤدي إلى عدم دقة في النتائج.

3- **القدرة على حفظ كميات هائلة من البيانات.**

إن أهم ميزة يمتاز بها الحاسوب هي القدرة على حفظ البيانات واسترجاعها بسرعة ودقة فائقة على أقراص ضوئية أو أقراص مغناطيسية Magnetic Disk أو أقراص صلبة Hard Disk بحيث يمكن حفظ ملايين الكتب في جهاز كمبيوتر

واحد. وقد أدت هذه الميزة إلى استخدام الحاسوب في الإدارة واتخاذ القرارات لسرعة الحصول على البيانات والمعلومات منه مما أدى إلى ازدياد استخدام الحاسبات الإلكترونية في إدارة أنظمة المعلومات Management Information System بشكل كبير، بحيث أصبح أداة أساسية للمدير تساعده في التخطيط والتنظيم والتنسيق والمراقبة بشكل دقيق وفعّال لإعماله كلّها.

4- القدرة على العمل بشكل متواصل بدول ملل أو كلل.

إن الحاسوب الحديث تمّ تصميمه ليعمل 24 ساعة في اليوم بدون الحاجة إلى صيانة أو الوقوع في أخطاء بحيث أصبحت الحواسيب تقاس اليوم بالسنوات بعد أن كانت قديماً تقاس بالساعات.

ونظراً لصعوبة إدارة المعرفة الضمنية آلياً، فلا بدّ من القيام بذلك بشكل يدوي يعتمد بشكل أساسي على:

- o عقد لقاءات أو ندوات علمية داخلية محددة بموضوع محدد.
- o تنظيم حلقات حوار لفرق عمل متخصصة بهدف تطوير أحد معارف المؤسسة.
- o تنظيم حلقات حوار متخصصة، وغير متخصصة لدى إدخال واعتماد معارف جديدة في المؤسسة.
- o تشجيع رفع المقترحات التطويرية ومكافآتها لأي سببٍ كان.
- o توثق جميع هذه النشاطات بشكل إلكتروني.

3-10 الذكاء الصناعي: تعريف ومنظور تاريخي:

Artificial Intelligent: Definition and Historical Perspective

تعتبر الحاسبات أدوات ممتازة في تنفيذ المهام المتكررة والمنطقية مثل العمليات الحسابية المعقدة وحفظ واسترجاع البيانات، حيث أن الحاسوب يتكون من معدات وبرمجيات، وهذه البرمجيات بدورها تعمل على تعريف الحاسوب ومكوناته وتشغيله والاستفادة منه وهذه البرمجيات مركبة على شكل برمجيات (تعليمات) يتمّ تغذيتها للحاسوب.

وهذه البرمجيات يتمّ تصميمها من قبل مصممي البرامج حيث أنه هناك برمجيات ذكية تعمل من خلال الحاسبات الالكترونية على اختلاف أنواعها من محاكاة سلوك البشر في بعض أعماله.

لذلك يمكن تعريف **الذكاء الصناعي** بأنه مجال دراسة يتكون من تقنيات حاسوبية لتنفيذ مهمات تتطلب ذكاءً عند تنفيذها من قبل البشر.

إذن فالذكاء الصناعي عبارة عن تقنيته لمعالجة المعلومات تتعلق بعمليات مثل:

- **الاستنتاج** Conclusion
- **التعلم** learning
- **الفهم** Observation
- **محاكاة أعمال البشر** Human work Simulation

كما أنه يمكن تعريف الذكاء الصناعي بدقة أكثر على أنه العلم الذي يمد الحاسبات بالمقدرة على تمثيل ومعالجه الرموز لكي يتمّ استخدامها في حلّ المشكلات المستعصية الحلّ وذلك من خلال برمجيات ونماذج محسوبة.

إن معظم أنظمة الذكاء الصناعي تـمّ إنشاءها بناءً علـى الـذكاء المتعلـق بالمعرفـة وهـذه المعرفـة متعلقة بالرموز والتي يتمّ معالجتها وذلك مـن أجـل حـلّ المشـاكل. حيـث أن فكـرة آليـات الـذكاء كانـت موجودة منذ بدء عصر المعلومات في الخمسينات حيث كان التركيز على أبحاث الـذكاء الصناعي المتعلقـة بألعاب الكمبيوتر وترجمة الآلة للغات البشرية.

ومن الأمثلة على ألعاب الذكاء الصناعي لعبة الشطرنج حيث يتطلب إعداد هـذه اللعبـة قدرات وذكاءً كبيراً.

وهناك أيضاً الكثير من الأبحاث المتعلقة بالذكاء الصناعي والتي تمّـت علـى العديـد مـن المواضيع مثل:

- فهم لغات البشر Natural Language
- التصنيف Classification
- التشخيص Diagnostic
- التصميم Learning
- تعليم الآلة Machine Learning
- التخطيط وجدولة المهام Planning and Scheduling
- الروبوتات Robotics

4-10 الأنظمة المبنية على المعرفة Knowledge Based System

يمكن تعريف النظام المبني على المعرفة بأنه نظام محوسب يستخدم مجال المعرفة للوصول إلى حلّ مشكلة ضمن هذا المجال وهذا الحلّ يتمّ استنتاجه من قبل شخص خبير ذو معرفة بهذا المجال.

للأنظمة المبنية على المعرفة الكثير مـن الفوائـد والمسـاوئ بالمقارنـة مـع غيرهـا مـن الحلـول مثل البرمجيات التطبيقية التقليدية أو تقديم الحلول من قبل البشر بدون الحاسوب ومن أهـم فوائـد الأنظمـة المبنية على المعرفة:

1. توزيع عالمي واسع للخبرة والمعرفة:

تعمل الأنظمة المبنية على المعرفة على إعادة إنتاج المعرفة والمهارات المقدمـة مـن الخـبراء والـذين لهم معرفة كبيرة بمجال معين وهذه القدرة لهذه الأنظمة تسمح بتوزيع هذه الخبرة إلى كافة أنحـاء العالم بتكلفة معقولة.

2. سهولة التعديل:

يمكن التعديل على هذه الأنظمة المبرمجة وتطويرها بسهولة وعلى فترات دورية.

3. الثبات في تقديم الإجابات:

حيث أنه لكلّ خبير طريقة مختلفة للإجابة على نفس المشكلة وحيث أنه من الممكن تقـديم أكثر من حلّ لنفس المشكلة لذا فإنه وفي ظروف مختلفة قد يؤدي كلّ ذلك إلى حـدوث أخطاء وعـثرات، ومـن ناحية أخرى فإن استخدام الأنظمة المبنية على المعرفة تقدم إمكانيـات حـلّ المشـاكل بشـكل ثابـت حيـث تقدم الأجوبة بشكل موحد في كلّ الأوقات.

4- الوصول والإتاحية Availability:

تزود الأنظمة المبنية على المعرفة بوصول كامل للمعلومات طيلة اليوم ولمدة 24 ساعة في اليـوم و7 أيام في الأسبوع حيث أن هذه الأنظمة تعمل بالحاسوب فهي لا تمرض ولا تستريح ولا تأخذ أي إجازة.

5- حفظ الخبرات:

حيث تحفظ هذه الأنظمة معارف وخبرات الخبراء الـذين عـلى وشـك أن يتقاعـدوا أو الـذين لا يتمتعون بصحة جيدة.

6- حلّ المشكلات يتطلب بيانات غير كاملة:

إن الأنظمة المبينة على المعرفة لها قدرات على حلّ المشكلات حتـى لـو كانـت البيانات غيـر كافيـة وهذه فائدة جيدة وذلك لأن البيانات نادراً ما يتمّ توفيرها بشكل كامل إلى العالم الحقيقي.

7-تفسير الحلّ:

تعمل الأنظمة المبينة على المعرفة عـلى متابعـة المعرفة المستخدمة لتوليـد الحلـول لـذا فعنـدما يستعلم بعض المستخدمين عن بعض الإيضاحات عن كيفية اشتقاق النتائج، تقوم هـذه الأنظمـة بمسـاعدة المستخدم وتعمل على توضيح وتبرير النتائج له بشكل كامل.

بالرغم من كلّ هذه الفوائد للأنظمة المبنيـة عـلى المعرفة إلا أنهـا غيـر كاملـة ولـديها العديـد مـن المساوئ والتي لا بدّ من مستخدم هذه الأنظمة أن يدركها.

1-   الإجابات قد لا تكون دائماً صحيحة.

حيث أنه في كثير من الأحيان قد يخطأ الخبراء وبالتالي فإن هذه الأنظمة التي قد تمّ تغـذيتها بهـذا الخطأ قد تقدم حلول خاطئة حيث يكون تكلفة هذه الأخطاء عاليةً جداً مثل التقاريـر المتعلقـة بالضرائب أو أنظمة المراقبة للمعدات الثمينة أو غيرها.

2- **عدم المقدرة على إدراك حدود هذه الأنظمة.**

تقدم الأنظمة المبنية على المعرفة دائماً حلولاً حتى ولو كانت هذه الحلول ليست من ضمن مجال الخبير، وبالنتيجة فإنه قد تنتج العديد من الإجابات الخاطئة.

3- **الافتقار إلى الحسّ العام.**

إن المعرفة المتعلقة بالحس العام لا يمكن تمثيلها بشكل سهل في الأنظمة المبينة على المعرفة، بعض بمقاييس الحس العام يمكن تمثيلها لكن لابدّ من القيام بذلك بشكل واضح على سبيل المثال: أنه من المعلوم وتحت ظروف طبيعية إذا قمنا بإلقاء طوبة من نافذة الدور العشرين فإنها سوف تسقط على الأرض وأنها سوف تؤدي إلى إصابات أو إلى دمار، لذا فإنه إذا ما تمّ بوضوح اختبار المطور للأنظمة المبنية على المعرفة بهذه القاعدة فإن هذه الأنظمة لن تعرف أو تدرك هذه الأمر وذلك لأن هذه الحقيقية هي معرفة عامة وليست ضمن المجال.

إن الذكاء الصناعي والأنظمة المبينة على المعرفة تمد بتقنيات معلومات مهمة تساعد في تغذية ونمو إدارة المعرفة والتغيير والسبب في ذلك هو أن الذكاء البشري ليعتمد بشكل كبير على المعرفة والذكاء الصناعي والأنظمة المبنية على المعرفة تتفاعل بشكل كبير مع المعرفة فهما يوظفان المعرفة بمختلف الأنواع وذلك لمواجهة وحلّ المشكلات.

إن طرق الذكاء الصناعي تتعلق بعمليات بحث من أجل الوصول للحلّ وهذا البحث المبني على أساليب الذكاء الصناعي يعمل على مسح المجال من أجل البحث عن ممر أو طريق يوصل بين الوضع الحالي والوضع المنشود المراد تحقيقه حيث أن هذا الممر يمثل سلسلة من الخطوات والقرارات والإجراءات والتي توصل إلى الهدف الموضوع.

إن النسخ الحديثة من أساليب الذكاء الصناعي والموجودة حالياً في الأسواق أضافت معارف عامة على شكل وظائف تقييم فعالة من أجل البحث عن أفضل ممر أو طريق وصول إلى الهدف. لذا فإن استخدام مثل هذه المعرفة ضروري جداً في تسهيل البحث عن الممر المناسب والصحيح للوصول إلى الهدف إلا أن هذه الوسائل ما زالت غير كافية لحلّ المشكلات المستصعبة والتي يسهل حلّها من قبل البشر.

5-10 الأنظمة المبنية على المعرفة من وجهات نظر مختلفة:

Knowledge Based Systems from Different Perspective

إن الأنظمة المبنية على المعرفة تذكرنا بقصة الخمس أشخاص فاقدي البصر- والذين لأول مرة واجهوا فيلاً ضخماً في طريقهم حيث أن كل واحد منهم تحسس هذا الفيل ووصفه حسب وجهة نظره، فالذي تحسس الذيل قال إن هذه أفعى، والذي تحسس قدم الفيل قال إن هذه شجرة كبيرة، والذي تحسس جسم الفيل قال إن هذا جدار, والذي تحسس أذن الفيل قال إن هذه مروحة.. الخ.

وبشكل مشابه فإن الأنظمة المبنية على المعرفة من الممكن أن تظهر بطريقة مختلفة وذلك بالاعتماد على وجهات نظر مختلفة كما في قصة الفيل والأشخاص الخمس فاقدي البصر.

إن كلّ رجل أعمى قد اختبر مظهراً محدداً حول الفيل وشكّل انطباعه بناءً على المعلومات الثابتة والمحفوظة لديه والخاصة به، لذا فعندما نتعلم الأنظمة المبنية على المعرفة يجب أن نكون حذرين وأن نتعامل مع الشكل الكلي وليس الجزئي للمعلومات والبيانات والأحداث وبدون ذلك قد نكون كهؤلاء الرجال الخمسة.

وهناك وجهتي نظر مختلفتين متعلقة بالأنظمة المبنية على المعرفة هما:

1- **وجهة نظر المستخدم النهائي** END USER **للنظام المبني على المعرفة.**

2- **وجهة مطور** Developer **النظام المبني على المعرفة.**

10-5-1 وجهة نظر المستخدم النهائي للنظام المبني على المعرفة:

وجهة النظر هذه تخص المستخدمين النهائيين للنظام وهم الأفراد الذين من أجلهم تمّ تطوير النظام المبني على المعرفة شكل 10-1يبين وجهة النظر هذه.

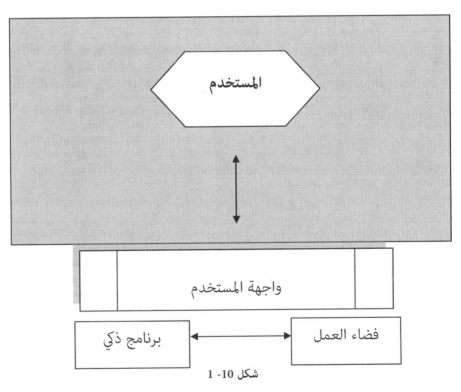

شكل 10- 1

وجهة نظر المستخدم النهائي للنظام المبني على المعرفة

ومن وجهة نظر المستخدم النهائي فإن النظام المبني على المعرفة يتكون من ثلاث مكونات أساسية هي:

1-   البرنامج الذكي Intelligent Program

وهو قلب النظام المبني على المعرفة من وجهة نظر المستخدم النهائي فهو الـذي يقدم الحلـول لمشاكل المستخدمين، وطريقة عمله لا تهم المستخدمين حيـث أن المستخدم يهتم أن هـذا النظام يعمل ويلبي طلبه وبشكل فعّال.

إن المستخدم النهائي ينظر إلى البرنامج الذكي على أنه صـندوق أسـود يحتـوي علـى المكونـات التـي تعمل على تعليم المعرفة مـن أجـل حـلّ المشكلات والإجابـة علـى الأسـئلة أو تحقيـق الأهـداف المتعلقـة بالأنظمة المبنية على المعرفة.

2-   واجهة المستخدم User Interface

وهي نافذة المستخدم إلى هذا البرنامج ومن خـلال هـذه الواجهـة يستطيع المستخدم الـتحكم في النظام لحلّ مشكلاته الحالية، حيث تزود واجهة المستخدم بالعديد من الوظائف التي تسمح للمستخدم بتعليم المعرفة، إلا أنها لا تزوده بالوصول إلى هـذه المعرفة ومـن الأمثلـة علـى الوظـائف التـي يستطيع المستخدم القيام بها من خلال واجهة المستخدم هذه ما يلي:-

أ-   تمكين البرنامج الذكي لعرض أسئلة على المستخدم تتعلق بالمشكلة.

ب-   تزود المستخدم بتوضيحات حول أسئلة معينة.

ت-   تسمح للمستخدم بالاستعلام من البرنامج الذكي حول لماذا وكيف تمّ اتخاذ قرار معين؟

ث-   عرض وطباعة النتائج.

ج-   تزود المستخدم بنتائج على شكل مخططات ورسومات بيانية.

ح-   تسمح للمستخدم بحفظ وطباعة النتائج.

3-   قاعدة البيانات المتعلقة بالمشكلة Problem specific Dbase

وهذه تحتوي على المكونات النهائية المرئية للمستخدم النهائي حيث أن قاعدة البيانات هذه تشكل **فضاء العمل** والذي من خلاله يقوم النظام بقراءة المدخلات وطباعة المخرجات له فهي تحتوي عـلى كـل المعلومات والتي يتمّ تزويدها إما بشكل تلقائي أو عبر لوحة المفاتيح حيث تحتوي قاعدة البيانات هذه على معلومات حول المشكلة الحالية (المدخلات) وتحتوي أيضاً عـلى النتائج التـي يقـوم البرنـامج الـذكي باستنتاجها حيث تضم هذه النتائج الحلول المطلوبة من المستخدم.

10-5-2 وجهة نظر المطورين للنظام المبني على المعرفة:

يسمى مطوري النظام المبني عـلى المعرفة بمهندسي المعرفة Knowledge Engineer حيـث مـن الممكن أن يبني مهندس المعرفة النظام المبني على المعرفة وذلك للتواصل الشخصي مع خبير المجال أو مـع غيره من الأشخاص ذوي المعرفة بالمجال ويتمّ ذلك من خلال سلسلة من المقابلات يجريها مهندس المعرفة مع هؤلاء الأفراد حيث يعمل هذا المهندس على استخلاص المعرفة من الأفراد وتوظيفهـا في النظام المبني على المعرفة وذلك باستخدام برامج تمثيلية للنظام مثل:الأطر والمعايير والقواعد.... الخ. (شكل 10-2).

وحالياً يتوفر العديد من الأدوات المؤتمتة والتي تساعد مهندس المعرفة في عملـه مـما تـوفر عليـه الكثير من الوقت إلا أن هناك الكثير من الوقت يضيع في إجراء سلسلة المقابلات مع الأفراد المعنيين.

ويتوفر في الأسواق التجارية العديد من الأدوات المستخدمة في الأنظمة المبنية عـلى المعرفة وهذه الأدوات عبارة عن برمجيات تساعد مهندس المعرفة في تطويره للأنظمة المبنية على المعرفة وهـذه الأدوات تسمى برامج الأنظمة الخبيرة

حيث تتوفر هذه البرامج بأسعار تتفاوت بين العشرة إلى مئة ألف دولار أمريكي، حيث يعتمد سعر هذه الأدوات على الميزات والفوائد التي تقدمها هذه الأدوات ويمكن تصنيف هذه الأدوات إلى أربعة أصناف هي:

1- البرامج الاستهلالية:

وهذه البرامج تزود مهندس النظم بأمثلة عن الحالات مع تبيان تأثير نتائجها.

2- برامج مبنية على القاعدة:

وهي من البرمجيات الشائعة الاستخدام حيث تتنوع من البسيطة إلى المعقدة حيث تمتاز هذه البرامج بواجهات مستخدم حيث تضم أشجار القرارات، حيث تعمل على حلّ مشاكل بسيطة نسبياً ومن الممكن أن تتنوع هذه البرمجيات لتحل مشاكل أكثر تعقيداً (باستخدام قاعدة إذ.... إذاً).

3- البرامج الهجينة:

وهي أكثر البرامج تعقيداً وتدعم أنواع عديدة من المعرفة حيث تسمح لهندسة المعرفة بتمثيل المعرفة بقواعد وإطارات.

4- برامج الأغراض الخاصة:

وهي مصممة لحلّ أنواع محددة من المشاكل مثل المراقبة والتشخيص.

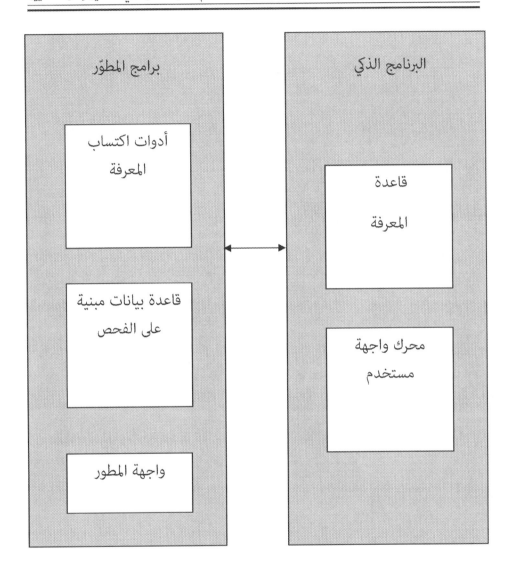

شكل 10-2 وجهة نظر المطوّر للأنظمة المبنية على المعرفة

الفصل الحادي عشر

المسائل القانونية والأخلاقية

Ethics

الفصل الحادي عشر

المسائل القانونية والأخلاقية

Ethics

الأهداف التعليمية Learning Objectives

بعد إتمامك لهذا الفصل سوف تكون قادراً على:

- معرفة وفهم أهم التحديات القانونية والأخلاقية في الأعمال التجارية
- فهم ومعرفة القضايا القانونية في ضوء مراحل الأعمال التجارية
- التمييز بين القضايا القانونية والقضاية الأخلاقية
- معرفة ماهية حقوق الملكية الفكرية لك من حقوق الطبع والعلامات التجارية واسماء المجالات وبراءات الاختراعات الرقمية.

11-1 التحديات القانونية في الأعمال الإلكترونية و التجارية:

إن أنشطة الأعمال التجارية والعلاقات القانونية الناشئة تثير في بيئتها العديد من التحديات والعقبات القانونية للنظم القانونية الحالية، تتمحور في مجموعها حول أثر استخدام الوسائل الإلكترونية في تنفيذ الأنشطة التجارية، فالعلاقات التجارية التقليدية قامت على أساس الإيجاب والقبول بخصوص أي تعاقد وعلى أساس التزام الطرفين بمضمون العقد المبرم بينهما فالبائع مثلا يقوم بتسليم المبيع بشكل مادي وضمن نشاط ايجابي خارجي ملموس، وأن يقوم المشتري بالوفاء بالثمن إما مباشرة (نقداً) أو باستخدام أدوات الوفاء البديل عن الدفع المباشر من خلال الأوراق المالية التجارية أو وسائل الوفاء البنكية التقليدية، والى هذا الحدّ فإن قواعد تنظيم النشاط التجاري سواء الداخلية أو الخارجية، وبرغم تطورها، بقيت قادرة على الإحاطة بمتطلبات تنظيم الأعمال، إذ بالرغم من تطور نشاط الخدمات التجارية والخدمات الفنية واتصال الأنشطة التجارية بعلاقات العمل والالتزامات المتعلقة بالامداد والتزويد ونقل العلوم والمعرفة و التكنولوجيا، فإن القواعد القانونية المنظمة للأنشطة التجارية والعقود يمكن أن تظل حاضرة وقادرة على محاكاة الواقع المتطور والمتغير في عالم الأعمال التقليدية الحالية، لكن الأمر يختلف بالنسبة للتجارة الكترونية، فالتغير، ليس بمفهوم النشاط التجاري، وإنما بأدوات ممارسته وطبيعة العلاقات الناشئة في ظله حيث يتوسط كل نشاط من أنشطة الأعمال الإلكترونية الكمبيوتر والانترنت والأطراف الأخرى مثل الوسطاء والمؤسسات المالية وغيرها من الشركات التي تقوم بخدمة الطرفين إما مجاناً أو برسوم معينة يتفق عليها الأطراف فيما بينهم، إن أثر وجود التقنية وهيمنتها على آلية انفاذ النشاط التجاري في ميدان الأعمال الإلكترونية، بل ضرورتها لوجود الأعمال الإلكترونية، كان لا بدّ أن يخلق عقبة وتحدياً جديداً أمام النظم القانونية الحالية المتعلقة بالأعمال التقليدية.

إذن، فما هي التحديات القانونية التي ظهرت في مجال الأعمال الإلكترونية القائمة على الانترنت أو حتى على أي شبكة كمبيوتر أو شبكة اتصالات لاسلكية كالهاتف الخلوي مثلا ؟؟

هل الأعمال الإلكترونية مجرد نشاط تجاري بين أطراف غائبين يمكن أن تطبق عليها نصوص التعاقد بين الغائبين المقررة في التشريعات المدنية للتجارة التقليدية؟؟

2-11 القضايا القانونية في ضوء مراحل الأعمال التجارية:

إن تحديد تحديات الأعمال الإلكترونية القانونية، يستلزم تصور العملية من بدايتها وحتى نهايتها بشكل عام لا تفصيلي، ومن ثم توجيه مؤشر البحث نحو استخلاص عناوين التحديات، ومن ثم بيان محتوى التحدي وما تقرر من حلول مقارنة لمواجهته.

الأعمال الإلكترونية في صورتها العامة، طلبات بضاعة أو خدمات يكون فيها الطالب في مكان غير مكان المطلوب منه الخدمة أو البضاعة، أي أن كل من الطرفين يكون في مكان مختلف ولا يمكن لهما أن يتقابلا وجها لوجه كما في الأعمال التقليدية وتتم الإجابة بشان توفر الخدمة أو البضاعة على الانترنت، وقد يكون الوضع - كما في المتاجر الافتراضية الإلكترونية - إن تكون البضاعة أو الخدمة معروضة على الانترنت يتبعها طلب الخدمة أو طلب الشراء من الزبون المتصفح للموقع، وعلى خط الانترنت أيضاً، وبالتالي يمثل الموقع المعلوماتي على الشبكة، وسيلة العرض المحددة لمحل التعاقد وثمنه أو بدله في حالة الخدمات على الانترنت (أي عبر شبكات المعلومات). وتثير هذه المرحلة (السابقة على التعاقد فعليا) مشكلات وتحديات عديدة:

1. توثق المستخدم أو الزبون من حقيقة وجود الموقع أو البضاعة أو الخدمة.

2. مشروعية ما يقدم في الموقع من حيث ملكية بضاعة أو منتج ذات الطبيعة المعنوية (مشكلات الملكية الفكرية).

3. تحديات حماية المستهلك من أنشطة الاحتيال على الانترنت ومن المواقع الوهمية أو المحتوى غير المشروع للخدمات والمنتجات المعروضة.

4. الضرائب المقررة على عائدات الأعمال الإلكترونية عبر الانترنت، ومعايير حسابها، ومدى اعتبارها قيداً مانعاً وحاداً من ازدهار الأعمال الإلكترونية. وهذه التحديات أيضاً ترافق المراحل التالية من خط نشاط الأعمال الإلكترونية، فالخصوصية والموثوقية وحماية المستهلك تحديان يسيران بتواز مع سائر مراحل أنشطة الأعمال الإلكترونية.

المرحلة التالية تتمثل في إبرام العقد، بحيث يتلاقى الإيجاب والقبول على الانترنت أيضاً، ويتم ذلك بصور عديدة بحسب محتوى النشاط التجاري ووسائل التعاقد المقررة على الموقع، أشهرها العقود الالكتروينة على الويب، والتعاقدات بالمراسلات الإلكترونية عبر البريد الإلكتروني ، وبوجه عام، تتلاقى إرادة المزود أو المنتج أو البائع مع إرادة الزبون، ويتم عقد الاتفاق على الانترنت، وهنا تظهر مشكلتين رئيستين:-

- **أولهما**:- تأكد كلّ طرف من صفة وشخص ووجود الطرف الآخر وأمانته وصدقه، بمعنى التوثق من سلامة صفة المتعاقد. وحيث أن من بين وسائل حلّ هذا التحدي ايجاد جهات محايدة تتوسط بين المتعاقدين (سلطات الشهادات الوسيطة) لجهة ضمان التوثق من وجود كلّ منهما وضمان أن المعلومات تتبادل بينهما حقيقية، وتمارس عملها على الخط من خلال

ارسال رسائل التأكيد أو شهادات التوثيق لكلّ طرف تؤكد فيها صفة الطرف الآخر.

- **وثانيهما:**- حجية العقد الإلكتروني أو القوة القانونية الإلزامية لوسيلة التعاقد، وهذه يضمنها في الأعمال التقليدية توقيع الشخص على العقد المكتوب أو على طلب البضاعة أو نحوه أو البينة الشخصية (الشهادة) في حالة العقود غير المكتوبة لمن شهد الوقائع المادية المتصلة بالتعاقد إن كان في مجلس العقد أو فيما يتصل بانفاذ الأطراف للالتزامات بعد ابرام العقد، فكيف يتم التوقيع في هذا الفرض؟ وما مدى حجيته إن تمّ بوسائل الكترونية؟ ومدى مقبولية بينته في الاثبات، وآلية تقديمه كبينة إن كانت مجرد وثائق وملفات مخزنة في النظام.

إن بيئة الأعمال الإلكترونية توجد وسائل تتفق وطبيعتها لضمان نجاح اتمام عملية الأعمال الإلكترونية ومن هنا وجدت وسيلة التوقيع الرقمي (Digital Signature) لتحقيق وظيفة التوقيع العادي.

والمرحلة الثالثة تتمثل في انفاذ المتعاقدين لالتزاماتهما، البائع أو مورد الخدمة الملزم بتسليم المبيع أو تنفيذ الخدمة، والزبون الملزم بالوفاء بالثمن، ولكل التزام منهما تحد خاص به، فالالتزام بالتسليم يثير مشكلات التخلف عن التسليم أو تأخره أو تسليم محل تتخلف فيه مواصفات الاتفاق، وهي تحديات مشابهة لتلك الحاصلة في ميدان الأنشطة التجارية التقليدية، أما دفع البدل أو الثمن، فإنه يثير اشكالية وسائل الدفع التقنية كالدفع بموجب بطاقات الائتمان، أو تزويد رقم البطاقة على الخط، وهو تحد نشأ في بيئة التقنية ووليد لها، إذ يثير أسلوب الدفع هذا مشكلة أمن المعلومات المنقولة، وشهادات الجهات التي تتوسط عملية الوفاء من الغير الخارج عن علاقة التعاقد أصلاً، إلى جانب تحديات الأنشطة الجرمية في ميدان إساءة

استخدام بطاقات الائتمان وأنشطة الاستيلاء على رقمها وإعادة بناء البطاقة لغرض غير مشروع.

يضاف إلى هذه التحديات، تحديات يمكن وصفها بالتحديات العامة التي تتعلق بالنشاط ككلّ لا بمراحل تنفيذه كتحدي خصوصية العلاقة بين المتعاقدين وخصوصية المعلومات المتداولة بينهما وتحد حماية النشاط ككلّ من الأنشطة الجرمية لمخترقي نظم الكمبيوتر والشبكات، أو ما يعرف عموماً بجرائم الكمبيوتر التي يقوم لصوص الكمبيوتر والانترنت بتنفيذها وتحدي مشكلات الاختصاص القضائي في نظر المنازعات التي تظهر بين أطراف العلاقة التعاقدية، إذ في بيئة الانترنت، تزول الحدود والفواصل الجغرافية، وتزول معها الاختصاصات المكانية لجهات القضاء، فأي قضاء يحكم المنازعة وأي قانون يطبق عليها عند اختلاف جنسية المتعاقدين، وهو الوضع الشائع في حقل الأعمال الإلكترونية وسوف يتم التطرق الى هذه التحديات في الاقسام التالية.

11- 3 المسائل القانونية والمسائل الأخلاقية:

إن من أهم العقبات والتحديات التي تحد من استخدام الأعمال الإلكترونية هي المسائل القانونية والأخلاقية والتي تعكر صفو انتشار الأعمال الإلكترونية وممارستها بشكل ناجح لجميع الأطراف. وبدءاً ذي بدء سوف نقوم بالتمييز بين المسائل القانونية والمسائل الأخلاقية فنظرياً يمكن التمييز بين القضايا القانونية الأخلاقية بشكل سريع فالقوانين والأحكام يتم سنها من قبل الحكومات ويتم تطوير هذه القوانين سنة تلو الأخرى حسب الظروف والحالات والقضايات التي تطرأ في الدولة حيث يعتبر القانون هو الجهة السائدة والمطبقة على كلّ المواطنين وبشكل حاسم وهو الذي يحكم تصرفاتهم وتعاملاتهم الاجتماعية والتجارية والاقتصادية وفي كلّ شئون حياتهم المعاصرة. فإذا قام شخص بخرق القانون أي قام بفعل غير

قانوني فسوف يتمّ التعامل معه ومعاقبته حسب القانون والنظام العام للعقوبات، وفي المقابل فالمسائل الأخلاقية هي جزء من فلسفة تتعامل مع ما يسمى بالخطأ والصواب. فما يعتبر مسألة أخلاقية ليس بالضرورة أن يكون مسألة قانونية قد يعاقب عليها القانون فالأخلاقيات هي ما تعارف عليه الناس في مجتمعاتهم بما هو صحيح أو خطأ ولكنها ليست خاضعة للقانون والعقوبات المترتبة على فعلها أو عدم فعلها.

إن الأعمال الإلكترونية خلقت العديد من القضايا القانونية والأخلاقية والتي أيضاً تختلف تصنيفها من دولة إلى أخرى ففي الولايات المتحدة الأمريكية تعتبر قضية ارسال فيض كبير من الرسائل الإلكترونية إلى شخص ما بدون موافقته قضية قانونية يعاقب عليها القانون إما في دول أخرى وخاصة الدول النامية منها فتعتبر قضية أخلاقية ولا يعاقب عليها القانون. وأيضاً كمثال آخر تخيل شركة فيها موظفين يعملون على الكمبيوتر وممكن لهم استخدام الانترنت في انجاز الكثير من أعمالهم فهل يعتبر استخدام الانترنت في المسائل الشخصية للموظفين قضية أخلاقية أم قانونية قد تؤدي إلى فصل الموظف من الشركة. وأيضاً عمليات التنصت واستراق السمع والتجسس كلها تعتبر قضايا أخلاقية أو قضايا قانونية وذلك حسب الدولة وحسب تقدمها وسنها للقوانين المتعلقة بالانترنت والأعمال الإلكترونية، فعلى سبيل المثال التوقيع الإلكتروني المطبق بين البائع والمشتري معترف فيه في الدول الغربية والأوروبية ولكن معظم الدول النامية ليس لدينها أي قانون يتعلق بالتوقيع الإلكتروني وقس على ذلك باقي المسائل المتعلقة بالانترنت والأعمال الإلكترونية. أيضاً قد تختلف نسبة الاعتراف والمعيار وقد يختلف تصنيف عملية ما على أنها قضية أخلاقية أو قانونية أي بمعنى آخر أنه ليس هناك إلى الآن أي قانون دولي موحد يتعلق بالأعمال الإلكترونية والانترنت كما هو الحال في الأعمال التقليدية فما هو أخلاقي في دولة ما قد يعتبر قانوني في دولة أخرى.

4-11 شيفرة الأخلاقيات Code of Ethics

إن العديد من الشركات تقوم بالعديد من العمليات والنشاطات من أجل منع موظفيها من استخدام الانترنت والبريد الإلكتروني في المسائل الشخصية والتي ليست لها علاقة بعمل الموظف، فبعض الشركات تقوم بوضع سياسات حول استخدام الكمبيوتر والانترنت وارسالها إلى الموظفين لكي يلتزموا بها وبعض الشركات الأخرى تقوم بعمليات مراقبة لكلّ ما يقوم به الموظف حيث تقوم باخبار الموظفين بأن الشركة لديها الحق بمراقبة وقراءة الرسائل الإلكترونية التي يقوم الموظف بارسالها من داخل الشركة وأيضاً بمراقبة كل المواقع التي يقوم الموظف بزيارتها حيث تقوم بتسجيل كلّ موقع قام بزيارته الموظف وبناء على ذلك يتمّ التعامل مع الموظف كلّ هذه الحالات تعتبر جزء من الشيفرة الأخلاقية، فهل مراقبة الموظفين ووضع كاميرات مراقبة تعتبر مسألة أخلاقية؟ وهل قراءة البريد الشخصي للموظفين تعتبر مسألة أخلاقية ولا يجوز للشركات أن تقوم بها أو أنها جائزة؟ وما تفعله الشركة هو حماية مصلحتها التجارية وحث الموظفين على الالتزام بالعمل لمصلحة الشركة وليس لمصلحته الشخصية.

هناك العديد من المنظمات من مختلف التخصصات قامت بتطوير شيفرة من الأخلاقيات لمطوري البرمجيات حيث قامت بتبنيها كل من ACM و IEEE في العام 1998 والتي تنص على ما يلي:

"أن على مديري المشاريع والموظفين أن يلتزموا ويلزموا أنفسهم بأخلاقيات المهنة عند قيامهم بعمليات التحليل والتصميم والتطوير وعمليات الاختبارات للبرامج والصيانة بحيث يقوموا بتصميم هذه البرامج حسب المتطلبات السلامة العامة والصحة والسعادة للجميع، وعلى مديري المشاريع والموظفين أن يلتزموا بالمبادىء الرئيسية الثمانية التالية:

1. **العامة** Public

على مديري المشاريع والموظفين أن يعملوا من أجل المصلحة العامة لكلّ الأفراد على الكرة الارضية.

2. **العميل وصاحب العمل** Client and Employer

على مديري المشاريع والموظفين أن يقوموا بعملهم لمصلحة عملائهم وموظفهم بما يتلائم مع المصلحة العامة.

3. **المنتج** Product

على مديري المشاريع والموظفين أن يتأكدوا أن المنتج يراعي أعلى المقاييس والمعايير العامة الممكنة والتي تتوافق مع المصلحة العامة.

4. **اتخاذ القرار** Judgment

إن مديري المشاريع والموظفين يجب أن يكون لهم القرار المستقل عند الحكم على صلاحية منتج معين ولا يخضع لمصلحة صاحب العمل فقط.

5. **الادارة** Management

على مديري المشاريع والموظفين أن يقوموا بدعم الطريقة الأخلاقية في إدارة وصيانة و تطوير المشاريع.

6. **الاحترافية** Profession

على مديري المشاريع والموظفين أن يلتزموا بالأخلاقيات والثوابت المتعلقة بالمهنة.

7. **الزمالة** Colleagues

على مديري المشاريع والموظفين أن يكونوا عادلين ومتعاونين مع زملائهم في العمل.

8. **النفس** Self

على مديري المشاريع والموظفين أن يلتزموا بتعليم أنفسهم وتطوير تعليمهم بشكل مستمر وأن يروجوا للمسائل الأخلاقية ويقوموا بنشر المبادىء الصحيحية المتعلقة بأخلاقيات المهنة.

لقد كان للحاسوب السبب الرئيسي لمقتل العديد من البشر وكان السبب في خسارة مئات الملايين من الدولارات، فكما نعرف فإن الحاسوب أصبح يستخدم في كلّ نواحي الحياة فنحن نراه حالياً في غرف العمليات في المستشفيات وهو يتحكم بنظام الطائرات المدنية والحربية وعمليات اطلاق الصواريخ إلى القمر والمريخ والفضاء الخارجي. وأيضاً الحاسوب يستخدم حاليات في التحكم بكمية الأشعة اللازمة تسليطها على الأورام الخبيثة لمرضى السرطان حيث يعمل برنامج داخل الجهاز للتحكم بالكمية، وقد حدثت حالتها توفي فيها العديد من الأشخاص في ولاية تكساس بأميريكا بسبب حصولهم على جرعات تزيد عن الحدّ المطلوب وذلك بسبب خطأ في برمجة الجهاز , أيضاً حصل تدمير لأحد المركبات الفضائية في القمر بسبب خطأ في البرنامج الذي يتحكم بحساب المسافة لهبوط المركبة على سطح القمر مما أدى إلى خسارة الآف الملايين من الدولارات وغيرها حالات كثيرة سببها عدم كفاءة البرامج المصممة أو البرامج التي تحتوي على أخطاء كثيرة لم يقوموا المبرمجين بالتصريح عنها حتى يستطيعوا أن يقوموا ببيع هذه المنتجات.

وقد قام بناءً على ذلك العديد من الباحثين والمنظمات الغير ربحية بكتابة العديد من المبادىء المتعلقة باستخدام التقنيات والكمبيوتر، حيث ظهر ما يسمى

بالوصايا العشر لأخلاقيات الحاسوب من قبل معهـد أخلاقيـات الكمبيـوتر في العـام 2002 وهـذه الوصايا العشر هي:-

1- يجب أن لا يستخدم الحاسوب في أذية الناس.

2- يجب أن لا يستخدم الحاسوب للتدخل في عمل الآخرين.

3- يجب أن لا يستخدم الحاسوب للتنصت والتجسس على ملفات الغير.

4- يجب أن لا يستخدم الحاسوب للقيام بعمليات السرقة.

5- يجب أن لا يتمّ استخدام أو نسخ الممتلكات الخاصة من برمجيات من غير أن يتمّ دفع ثمنها.

6- يجب أن لا يستخدم الحاسوب كشهادة زور كاذبة.

7- يجب أن لا يستخدم مصادر الآخرين من ملفات وبرامج بدون صلاحية وإذن مسبق.

8- لا يجوز انتهاك الملكية الفكرية للآخرين.

9- يجب أن يؤخذ بعين الاعتبار العواقب الاجتماعية لكلّ برنامج تقوم بتصميمه أو تطويره.

10- يجب دائما استخدام الحاسوب بطريقة تضمن الاعتبارات والاحترام لكـلّ البشرـ علـى وجـه الأرض.

11- 5 القضايا القانونية والأخلاقية الرئيسية في الأعمال الإلكترونية:

Major Legal and Ethical Issues.

هناك العديد مـن القضايـا القانونيـة والأخلاقيـة التـي ظهـرت عنـد اطلاق الانترنـت وعنـد إجـراء العمليات والمعاملات التجارية الإلكترونية ومن هذه القضايا:

• الخصوصية:-

إن الخصوصية تعني العديد من الأشياء للعديد من الأشخاص، وفي العموم فإن الخصوصية تعني حق المرء في يترك وشأنه وحقه في عدم خرق خصوصيته ويعتبر هذا الحق قانوناً ودستوراً في التعاملات التجارية والمالية عبر الانترنت في الدول المتقدمة كالولايات المتحدة الأمريكية. في السابق كانت عملية الحصول على المعلومات عن أشخاص أو شركات أو أسرار تجارية أو عسكرية عملية صعبة ومعقدة ومكلفة جداً، أما اليوم فبوجود الانترنت والتي تحوي مليارات من الصفحات المكونة من ملايين المعلومات الصورية والنصية والصوتية والحركية عن العديد من المواضيع والأشخاص والشركات والأسرار التجارية والتي تكون محفوظة في قواعد بيانات في العديد من الخادمات قد سهلت من عملية الحصول على المعلومات واختراق قانون الخصوصية، حيث لا يمكن أن تتمّ أي عملية بيع أو شراء قبل أن يقوم العميل بملء بيانات خاصة عنه كاسمه وعنوانه ورقم الهاتف ورقم بطاقة الاعتماد وفي كثير من الأحيان تقوم الشركات بجمع معلومات أخرى أكثر خصوصية عن الحاجات التي يفضلها وعن مرتبه وغيرها من المعلومات، حيث تكون هذه المعلومات عرضة للسرقة أو البيع أو للكشف بطرق كثيرة منها طريقة القرصنة أو قيام أحد الموظفين ببيع هذه المعلومات بدون علم الشركة مما يؤدي إلى انتهاك الخصوصية للعميل.

لذلك كله فالانترنت يمكن استخدامها للبحث عن معلومات حول الأشخاص وذلك بـ -

• قراءة المعلومات الشخصية المعلقة في المجموعات الإخبارية في الانترنت.

• بالبحث عن اسم الشخص وهويته في فهارس ومكتبات الانترنت.

• بقراءة البريد الإلكتروني للأفراد.

- بالقيام بمراقبة الموظفين في الشركة عبر الشبكات أو كاميرات المراقبة.

- بوضع أجهزة مراقبة لا سلكية ومراقبة تصرفات الموظفين وسلوكهم وأعمالهم ونشاطاتهم.

- بالطلب من الأفراد تعبئة نماذج الكترونية حولهم.

- بتسجيل نشاطات الأفراد عبر برامج متصفحات الانترنت ومراقبة عملية وسلوكهم في الانترنت.

- بدس برامج تجسس في حاسبات الأشخاص تكون مخفية في برامج تمّ تنزيلها بدون علم الأفراد حيث تقوم بعملية مسح كامل لحاسوب الفرد وارسال تقارير عـن كـلّ حركاتهم عـبر الانترنت بدون علمهم.

لذلك كلّه لا بدّ من حماية الخصوصية للأفراد ومنع أي عملية كشف لمعلومـات الأفراد بـدون إذن منهم وذلك بالمباديء والطرق التالية:-

1. **الوعي والإدراك:** يجب على المستهلكين العملاء أن يكون لديهم الحق باعطاء أو عـدم اعطاء معلومات سرية عنهم للشركات ويجب أن يكون هناك إذن مسبق عنـد رغبـة الشركة بارسال معلومات ما إلى جهة أخرى من قبل العملاء.

2. **الرضا والخيار:** لا بدّ أن يتم اعلام كـلّ العملاء عن كيفية التعامل مع معلوماتهم وكيفية حفظها وكيفية استخدامها وبماذا قبل أن يتمّ جمع هـذه المعلومـات بحيـث يكون العميـل راض كـلّ الرضا عن الطريقة التي سوف يتمّ استخدام هذه المعلومات فيها.

3. **التداول والمشاركة:** لا بدّ من أن تكون هناك طريقة تمكن العميل مـن الوصول إلى معلوماتـه وإجراء إي عمليات تعديل أو إضافة أو حذف عليها بالطريقة الصحيحة والآمنة.

4. **الأمن والتكامل:** يجب أن يكون العميل متأكداً من أن المعلومات التي قدمها هـي نفسها ولم يتمّ إجراء أي تغيير أو تبديل عليها ويجب أن يتمّ حفظها بمكان آمـن لا يمكـن أي شـخص غـير مصرح له للوصول اليها.

11- 6 حقوق الملكية الفكرية Intellectual Property Right

إن الملكية الفكرية هي كـلّ مـا يتمّ ابتكاره بجهد ذهني وعقلي ويتضـمن: الاختراعـات، والأدب والأعمال الفنية والعلامات والاسماء والصور والتصاميم المستخدمة في الأعمال، حيث يجب حماية كل هـذه الحقوق، وذلك بمنع استخدامها من غير إذن أو ببيعها بدون تصريح أو القيام بعمل نسخ لها وبيعها.

إن حقوق الملكية الفكرية يمكن تقسيمها إلى أربعة أنواع في الأعمال الإلكترونية :

1. **حقوق الطبع** Copyrights
2. **العلامات التجارية** Trademarks
3. **اسماء المجالات** Domain names
4. **براءة الاختراع** Patents

11- 6-1 حقوق الطبع Copyright

حقوق الطبع هو عبارة عن حق تمّ منحه من قبل الحكومة المفوضة للمالح حصريا حيث يمنحه هذا الحق بـ:

- إعادة نسخ العمل كلياً أو جزئياً.
- توزيـع أو تنفيـذ أو نشر هـذا العمـل إلى العامـة بـأي شـكل أو طريقـة ويتضـمن نشره أيضاً بالانترنت.
- يكون للمالك الحق بتصدير العمل إلى دولة أخرى.

11-6-2 حقوق العلامات التجارية Trademarks

العلامة التجارية هي عبارة عن رمز أو علامة تستخدمها الشركات لتعريف منتجاتهم وخدماتهم، وهذه العلامة أو الرمز يمكن أن تتكون من كلمات أو تصميمات أو أحرف أو أرقام أو أشكال أو أي خليط من الألوان أو غيرها من المعرفات، وتحتاج العلامات التجارية إلى عملية تسجيل في القطر الموجودة فيه الشركة من أجل حمايتها من قبل القانون والدولة، وحتى تكون العلامة التجارية مسجلة ومحمية من قبل القانون لا بد من أن تكون العلامة التجارية مميزة وفريدة واصلية وغير مسجلة من قبل، وعندما يتمّ تسجيلها تصبح هذه العلامة باقية وإلى الأبد بشرط أن يتمّ دفع الرسوم السنوية المستحقة على العلامة التجارية بانتظام وبدون تأخير.

ولمالك العلامة التجارية الكثير من الحقوق الحصرية منها:-

- استخدام العلامة التجارية على البضائع والخدمات التي تمّ تسجيل العلامة التجارية لها.

- اتخاذ اجراءات قانونية من أجل منع أي شخص أو أي شركة أخرى من استخدام العلامة التجارية من الغير البضاعة أو الخدمات المسجلة لها في الأصل.

11-6-3 حقوق اسماء المجالات Domain names

من أنواع العلامات التجارية في العصر الحالي هي اسماء المجالات لمواقع الانترنت، واسم المجال هو عبارة عن اسم يستخدم لتعريف عنوان الانترنت لموقع ويب لشركة معينة والذي يتكون من مجموعة من الصفحات الإلكترونية من ضمنها الصفحة الرئيسية home page والتي عادة يتمّ تحميلها عند طلب اسم المجال، ومن الأمثلة على اسماء المجالات العالمية:

http://www.islamonline.net

http://www.google.com

http://www.amrkhaled.com

http://www.yahoo.com

http://www.ayna.com

وهناك عدة أنواع من اسماء المجالات ملخصة بالجدول التالي:

Edu	للمؤسسات التعليمية كالجامعات والمعاهد والمدارس
Com	للشركات التجارية
Net	للشبكات ومقدمي خدمات الانترنت
Gov	للمؤسسات الحكومية
Mil	للمؤسسات العسكرية
Org	للمنظمات الغير ربحية

وقد تمّ حجز حرفين يتم ادراجهما في نهاية اسم المجال لتدل على اسم الدولة المضيفة للموقع والجدول التالي يلخص أهم هذه الحروف والدول التي تشير اليها:

jo	الأردن
us	الولايات المتحدة الامريكية
sy	سوريا
uk	المملكة المتحدة
Ja	اليابان
Pa	فلسطين

مثال:

http://www.ammanu.edu.jo

4-6-11 براءة الاختراع Patents

براءة الاختراع هي وثيقة تمنح صاحبها الحقوق الحصرية لاختراع أو ابتكار أو اكتشاف معين لعدد محدود من السنوات على سبيل المثال 17 سنة في الولايات المتحدة و20 سنة في المملكة المتحدة. إن براءة الاختراع وجدت لكي تعمل على حماية الاختراعات التقنية الملموسة وخاصة في مجال الصناعات التقليدية، ولم يتمّ تصميم براءة الاختراع لحماية الابداعات الفنية والأدبية، حيث يمكن أن يكون الاختراع أو الابتكار على شكل جهاز مادي ملموس أو وسيلة أو عملية لصنع جهاز.

الفصل الثاني عشر

القانون الدولي للتجارة الإلكترونية

International Law for e-Business

محتويات الفصل:

الفصل الثاني عشر

القانون الدولي للتجارة الإلكترونية

International Law for e-Business

الأهداف التعليمية للفصل الثاني عشر:

- فهم ماهية تشريعات الأعمال الإلكترونية.

- التعرف على أسس الأعمال الإلكترونية.

- فهم آلية وماهية العقد الإلكتروني.

- التعرف على أدلة الاثبات الإلكترونية.

- التعرف على مفهوم التطبيق الفعلي لقانون الأعمال الإلكترونية.

12 – 1   المقدمة Introduction

إن انتشار الأعمال الإلكترونية عبر الإنترنت وعبر الشبكات اللاسلكية بشكل واسع وعالمياً وبين مختلف الـدول والأفراد والشركات أدى إلى سـن العديد مـن القوانين والتشريعات المتعلقة بالأعمال الإلكترونية، وقد دأبت كل الدول المتقدمة كالولايات المتحدة الامريكية واوروبا وكندا إلى سـن العديد مـن القوانين التي تضبط عمليات البيع والشراء وكافة نشاطات الأعمال الإلكترونية التي تتمّ بين مختلف الأفراد، وقد دأبت أيضاً بعض الدول العربية كالمملكة الأردنيـة الهاشمية ودولة الإمارات العربية المتحدة على تنفيذ ما جاء من الالتزامات الدولية ومواكبة التطورات والمستجدات الاقتصادية وقامت بكل الوسائل مـن أجل تشجيع وتطوير حركة الاستثمار وجذب مختلف رؤوس الأموال إليها بحيث أصبحت الأردن والإمارات العربية المتحدة من أكثر الدول الجاذبة للمستثمر الأجنبي وذلك لما تمتاز به من استقرار وأمن وذلك نـاتج عن الالتزام التام بالقانون وبسنّ القوانين المحلية والتي تتواكب مع التقدم والتطور الحاصل في هذا العصر، عصر المعلومات والإنترنت وعصر الكمبيوتر. حيث قامت كل من المملكة الأردنية الهاشمية ودولة الإمارات العربية المتحدة بسن قانون خاص يسمى قانون الأعمال الإلكترونية حيث تمت تسميته بناءً على النسخة الأردنية بقانون المعاملات الإلكترونية رقم 85 لسنة 2001، بينمـا تمـت تسميته طبقاً للنسخة الاماراتيـة والمتمثلة في امارة دبي بقانون المعاملات والأعمال الإلكترونية رقم 2 لسنة 2002، وبـالرغم مـن اختلاف التسمية لقانون الأعمال الإلكترونية إلى أنه يعالج نفس المواضيع والتي تتمّ عبر أجهزة الكمبيوتر وشبكات الإنترنت وعبر الأجهزة الخلوية حيث تبين هـذه القوانين ماهيتها وآليـة القيام بهـا وتحدد طرق اثبـات مخرجاتها وتقرر لها السقف الأدنى من الحماية القانونية بكلا طرفيها المدني والجزائي.

إن الأعمال الإلكترونية تعتبر نوعاً من الأعمال الدولية وذلك لأنها تتمّ بين أفراد وشركات من مختلف الدول، فعلى سبيل المثال قد تكون هناك شركة لها موقع الكتروني مستضافاً في كندا ومالكي هذا الموقع موجودين في السويد والمشتري قد يكون من الأردن والوسيط بين البائع والمشتري قد يكون من الولايات المتحدة الامريكية، لذا فإن الأعمال الإلكترونية هي تجارة دولية وللأسف لا يوجد قانون موحد دولي يتعلق بالأعمال الإلكترونية فقد تتعارض في كثير من الأحيان القوانين المسنة في الولايات المتحدة الامريكية مع تلك الموجودة في أوروبا أو كندا، حيث أن الدول المتقدمة كافة يتحاورون حواراً قوياً وساخناً حول القواعد الأساسية للأعمال الإلكترونية كالضرائب المفروضة على المبيعات التي تتمّ عبر الشبكات الإلكترونية والرسوم الجمركية وطرق الدفع المالية عبر الإنترنت والعقود الإلكترونية وعمليات التشفير وفك التشفير وحيث أن الكثير من الدول الإسلامية والعربية غائبة ومغيبة عن هذا الحوار حيث تعتبر هذه مسألة في غاية الخطورة ولا بدّ من تداركها وعدم الاكتراث بنا إلا كدول نامية ليست شيئاً بالنسبة لهم إلا أسواق استهلاكية، ومن هنا وجدت المسافة الساحقة بين حجم التعاملات التجارية التي تتمّ عبر الإنترنت في الدول المتقدمة وتلك التي تتمّ في الدول العربية والإسلامية.

12- 2 أسس الأعمال الإلكترونية Basis of EC

لكي يتمكن البائع أو التاجر من مزاولة عمله التجاري عبر الإنترنت لا بدّ وأن تتوفر عدد من الأسس والركائز التي هي العمود الفقري والأساسي للأعمال الإلكترونية، وهذه الأسس هي:

1. **البنية التحتية:**

حيث تتمثل البنية التحتية للأعمال الإلكترونية بتوفر المعدات والبرمجيات، حيث تتكون المعدات من أجهزة حاسوب وخطوط اتصالات وخدمة الشبك والربط بالإنترنت ولابدّ من توفر البرمجيات والأدوات اللازمة في المعاملات التجارية كموقع الويب والذي يحتوي العديد من المهمات مثل برامج لاتمام عمليات الدفع المالي الإلكتروني والتحويلات المالية وغيرها.

2. **الوعي والثقافة والعامل البشري:**

حيث لابدّ لمن يرغب بالعمل التجاري عبر الإنترنت من معلومات وثقافة عامة تتعلق بكيفية التسويق وإدارة العمليات التجارية وعمليات التنظيم والتنسيق مع كافة الأطراف كالمؤسسات المالية والوسطاء، كما لابدّ من توفر الأفراد ذوي الخبرات الفنية والمؤهلات العالية لتمكنهم من إجراء كافة العمليات اللازمة لاتمام كلّ المعاملات التجارية المطلوبة الكترونياً.

3. **التشريعات والقوانين المتعلقة بالأعمال الإلكترونية:**

ويتمثل هذا المحور الأساسي في عمليات سنّ القوانين والتشريعات المحلية والقادرة على تنظيم أمور الاقتصاد الرقمي وتوضيح ماهيتها وفقاً لحاجات الدولة بحيث لا تكون هذه القوانين مجردة ترجمة غير دقيقة للقوانين العالمية المتعلقة بالأعمال الإلكترونية، حيث يجب أن تأخذ هذه القوانين الحق الكامل في الدراسة والتمحيص والبحث، وحيث تعتمد هذه التشريعات على دور الحكومة والسلطة التشريعية والتي يجب عليها وضع نظام كلي وعام وقانون كامل متكامل ينظم هذا النوع من الأعمال ليحمي جميع الأفراد والمؤسسات ويضفي على كل التعاملات الأمن والأمان والسلامة ويعزز الثقة والأمانة والمصداقية.

إن موضوع القوانين المتعلقة بالأعمال الإلكترونية أو موضوع المعاملات الإلكترونية عموماً والأعمال الإلكترونية خصوصاً ومنذ نهاية التسعينات التي ظهرت فيها الأعمال الإلكترونية ولا تزال عند معظم الباحثين والعلماء والمهتمين على حدّ سواء رغبة كبيرة في تناولها كمحور أساسي في أبحاثهم ودراساتهم ومؤلفاتهم وذلك في محاولة منهم للغوص في أعماق هذا النوع من الأعمال وكشف اللثام عن محتوياتها وملامحها وتوضيح ماهيتها وبيان نصوصها وأحكامها وطرف حمايتها وتحديد نقاط القوة ونقاط الضعف التي تتميز بها مخرجاتها في عمليات الاثبات وبيان القوانين التي يجب أن تطبق فيها.

12 - 3 التعريف التشريعي للأعمال الإلكترونية Legitimate Def. of EB

لقد برز مصطلح الأعمال الإلكترونية لأول وهلة في الولايات المتحدة الامريكية في نهاية الثمانينيات تحت اسم تبادل البيانات الكترونياً EDI(Electronic Data Interchange) ثم في بداية التسعينيات وتحديداً في العام 1993 ظهرت ما يسمى بالأعمال الإلكترونية وهي عملية تبادل البيانات والمعلومات والنقود والخدمات أو المنتجات وما يصحبها من أعمال تجارية الكترونياً وعبر شبكات الإنترنت حيث تكون المنتجات إما ملموسة يتم شحنها بالبريد العادي وإما تكون المنتجات رقمية كملفات البرامج والموسيقى والأفلام ويتمّ تنزيلاها رقميا بعد اتمام عمليات الدفع المالي. وبعد ظهور الأعمال الإلكترونية في أمريكا وكندا وأوروبا وبقية العالم بدأ الاهتمام العالمي والدولي سواء على مستوى الشركات او الأفراد او الحكومات والمنظمات الدولية بهذا النوع من الأعمال يتزايد ويتطور يوما بعد يوم، الأمر الذي دفع اللجنة المنبثقة عن الأمم المتحدة والمتخصصة بالقانون التجاري الدولي والمعروفة باسم UNCTRRAL والتي

تتكون من مجموعة من اللجان الدولية بمناقشة المسائل السياسية والأمنية ووسائل السيطرة على كافة الأنواع المختلفة من المنتجات مثل الأسلحة وتناقش لجان أخرى المسائل المتعلقة في المسائل الاقتصادية والمالية ولجان تناقش المسائل المتعلقة بمشاكل البلدان التي لا تتمتع بالحكم الذاتي وتناقش لجان أخرى المواضيع المتعلقة بالميزانية والشؤون الإدارية والشؤون القانونية حيث تقوم كل لجنة بدراسة المسائل الموكلة إليها وتقوم بتقديم توصياتها إلى الجمعية العامة للأمم المتحدة حيث يتم اتخاذ القرارات بناءً على هذه التوصيات من هذه اللجان.

لقد حاولت UNCTRRAL تضمين مشروع القانون الموحد للأعمال الإلكترونية تعريفا محددا لهذه الأعمال إلا أنه ومع ذلك جاء هذا المشروع خالياً من مثل هذا التعريف على الرغم من تعلق هذا المشروع وارتباطه الوثيق بموضوع هذه الأعمال، حيث لم يتضمن إلا تعريفاً لتبادل المعلومات عبر أجهزة الحاسوب والتي تحوي بين طياتها الأعمال الإلكترونية.

وطبقا لمشروع القانون المشار إليه تمّ تعريف عملية تبادل المعلومات الكترونية EDI بأنها نقل البيانات عبر جهازي كمبيوتر باستخدام نظام معلومات متفق عليه. وعلية واستناداً للجنة القانون الدولي فإن التعريف السابق يشمل كل استعمالات المعلومات عبر الكمبيوتر ومن ضمنها الأعمال الإلكترونية.

لقد تمّ تعريف الأعمال الإلكترونية حسب المشروع الأردني بأنها إجراءات الاتفاق بين طرفين أو عدة أطراف بوسائل الكترونية على تنفيذ عملية تجارية وفي مسألة تعريف اصطلاح الكتروني اعتباره يشمل الكهربائي والرقمي والمغناطيسي والضوئي والكهرومغناطيسي ومن الملاحظة على هذا التعريف أنه يعد مفهوم الأعمال الإلكترونية لتشمل الإجراءات التمهيدية السابقة على إتمام الأعمال الإلكترونية.

12 - 4 العقد الإلكتروني E-Contract

يتمثل نموذج العقد الإلكتروني نموذجاً من نماذج الأعمال الإلكترونية في القيام بتبادل طرفي العملية التجارية كافة المستندات والبيانات المتعلقة بعمليات الأعمال الإلكترونية حيث يتفق الطرفان البائع والمشتري على العروض والتفاوض بشأن بنود الاتفاق ومن ثم يتمّ ابرام هذا الاتفاق على شكل عقد يتم طباعته ومن ثم توقيعه الكترونيا باستخدام مفاتيح خاصة لا يعلمها إلا الطرف الموقع ولا يمكن تزويرها أبداً وهذا النوع من العقود الإلكترونية معترف فيه في معظم الدول الأوروبية وكندا والولايات المتحدة وغيرها من الدول وحتى الآن يتمّ دراسته من قبل بعض الدول العربية من أجل سنه والاعتراف فيه في المحاكم.

وبمعنى آخر فإن العملية التجارية الإلكترونية وفقاً لهذا النموذج تتمّ كأي عملية تعاقدية بين طرفين، حيث يتواجد قرار الايجاب وهو عملية عرض المنتجات أو الخدمات على موقع الويب الخاص بالشركة أو الشخص الذي يقوم بعملية البيع عبر شبكة الإنترنت كما يوجد القبول المصرح عنه من قبل المستهلك أو العميل المتصفح لموقع الويب الخاص بالشركة أو الفرد التاجر العرض للمنتج أو الخدمة المنوي شرائها أو الحصول عليها، كما يوجد أيضاً ثمن لهذا المنتج أو الخدمة المعروضة والخاص بالمبيع المتفق عليه والذي يجب أن يتمّ دفعه بطرق الدفع المالي الإلكتروني عبر الإنترنت، مما سبق يتبين بأن عناصر وبنود العقد جميعها من ايجاب وقبول واتفاق على السعر وطريقة تسليم المنتج أو الخدمة وكافة العناصر الأخرى الأساسية متوفرة، وبالتالي يمكننا القول أننا أمام عقد كامل متكامل مع ذلك إن ما يميزه أنه عقد الكتروني تمّ الاتفاق عليه وتوقيعه عبر الإنترنت

وبوسائل وأساليب جديدة تعتمد على مبدأ التشفير بالمفاتيح الخاصة السرية والعامة وهو ما يسمى بالعقد الإلكتروني.

وقد تمّ تعريف العقد الإلكتروني حسب القوانين الصادرة بأنه الاتفاق الذي يتمّ بوسائل الكترونية جزئياً أو كلياً، وكغيره من العقود لا بدّ للعقد الإلكتروني من أطراف تسمى أطراف العقد الإلكتروني وهي:-

اولاً: الموجب:

وهو المؤسسة أو الشركة أو الفرد العارض للسلع أو الخدمات ويسمى هذا الشخص بالمنشيء وفقاً لنص القانون الأردني، وهو الشخص الذي يقوم بنفسه أو بواسطة من ينيبه بانشاء أو ارسال رسالة المعلومات قبل تسلمها وتخزينها من المرسل إليه.

ثانياً: القابل:

وهو المؤسسة أو الشركة أو الشخص الذي طلب المنتج أو الخدمة أو السلعة المعروضة على شبكة الإنترنت من خلال الموقع الافتراضي للموجب أو المنشيء حيث يسمى في القانون الأردني بـ " المرسل إليه " حيث تمّ تعريفه حسب القانون الأردني بانه الشخص الذي قصد المنشيء تسليمه رسالة المعلومات.

وبمعنى آخر فإنه يجوز أن يتم ابرام العقد بين الطرفين المرسل إليه والمنشيء وانشاء العقد الإلكتروني والالتزام به من قبل الاثنين إذا استخدم لتحقيق ذلك وسائط الكترونية محوسبة وهي عبارة عن برمجيات تشمل أنظمة الكترونية لكمبيوتر يمكن أن يتصرف أو يستجيب لتصرف بشكل مستقل كلياً أو جزئيا دون إشراف أي شخص طبيعي في الوقت الذي يتم فيه التصرف أو الاستجابة له على أن تكون هذه البرمجيات والأنظمة محتوية على أكثر من نظام معلومات مبرمجة

مسبقاً للقيام بمختلف المهمات المتعلقة بالعملية التجارية حيث يعتبر هـذا التعاقد نافذاً وصحيحاً عـلى الرغم من التدخل الشخصي أو المباشر لأي شخص طبيعي في عملية ابرام هذا العقد في هذه الأنظمة.

12- 5 أدلة الاثبات الإلكترونية Electronic Evidence

تعتبر الأدلة الإلكترونية والمبنية على الحاسوب والمعلومات المخزنة عليه من صور ونصوص ومقاطع فيديو هي نوع جديد من الأدلة دخل إلى مجموعة أدلـة الاثبـات التقليديـة والكلاسـيكية وذلك لمواكبـة التطورات العلمية

والمقصود بالأدلة الإلكترونية هـي تلك المستندات المستخرجة مـن تقنيات المعلومـات الحديثـة كالحاسوب والإنترنت ورسائل البريد الإلكتروني وأجهزة الهاتف المحمول وغيرها.

إن وسائل اثبات الأدلة تختلف حسب نوع النشاط المراد إقامة الحجة عليه فيما إذا كان تعاملاً مدنياً أو كان تعاملاً تجارياً فإذا كان الأول كان الاثبات مقيداً بنوعية معينة مـن المناهج لا يجـب قانونـاً اثباته إلا بها، أما إذا كان تعاملاً تجارياً فإن أدلة الاثبات تكون حرة فيستطيع أي من أطراف هـذا التعامـل إقامة الحجة عليه واثباته بكافة الوسائل المتاحة قانوناً ولا يقيد من اطلاق هذه القاعدة سوى اثبات بعض الحالات المقررة على سبيل الاستثناء.

لذا فإن العقود التجارية وكافة التعاملات التجارية الإلكترونية إذا كانت بـين تـاجرين فإنهـا تكون قابلة للاثبات بكافة الطرق والوسائل أي دون أن يلتزم أي من طرفيها بتقديم مستند كتابي وفقاً للنظرة التقليدية لهذا المستند حيث حلت محلها المستندات والوثائق الإلكترونية المنتجة من قبل الحاسوب أو مـا اصطلح على تسميتها بمخرجات الحاسوب Computer Output.

ومخرجات الحاسوب هي عبارة عن جميع الوثائق والمستندات التي يتمّ إنشاءها في الحاسوب وبأحد تطبيقاته مثل تطبيق برنامج مايكروسوفت وورد واكسل ومخرجات البريد الإلكتروني والفاكس والتلكس ورسائل الهاتف الخلوي وقد تكون هذه المخرجات نصية أو صوتية أو على شكل أفلام فيديو حيث تبين هذه المخرجات حقيقة الأوامر التي تمّ ادخالها إلى الحاسوب وتتضمن أيضاً الحلول المناسبة لها وفقاً لطاقة الحاسوب ومدى قدرة البرامج والتعليمات فيه على حلّ وتنفيذ الأوامر المعطاه له لغرض ما.

فإذا كانت مخرجات الحاسوب مصدقة وموقعة توقيعاً معترفا فيه بدون تزوير فإن لها نفس حجة الاسناد التقليدية في الاثبات ما لم يثبت من نسبت إليه أنه لم يستخرجها أو لم يكلف أحداً باستخراجها، وعلى الرغم من اعتبار مخرجات الحاسوب كالسندات العادية إلا أن ذلك لا يعني أن من نسبت إليه لا يستطيع انكارها بل على العكس حيث يستطيع كل من الطرفين اثبات عدم صدورها أو صدورها منه بشتى الطرق حيث يحقق هذا نوعاً من الانصاف والعدالة ويشكل قيداً وسداً لباب التلاعب أو الإدعاء الكاذب في وجه من تسول له نفسه نسبة مستخرج من الحاسوب لغير صاحبه أومن استخدامه بشكل يضر بصاحبه

12 - 6 تطبيق قانون الأعمال الإلكتروني Applying EC Law

إن الأعمال الإلكترونية تواجه العديد من المشاكل القانونية والصعوبات منها ما يتعلق بطرق اثبات الأدلة ومنها ما يتعلق بالحماية القانونية بشقيها المدني والجزائي، ومنها ما يتعلق بتحديد القانون الواجب التطبيق على هذا التعامل لذا لا بدّ من تحديد القوانين المتعلقة بتطبيق مسائل الأعمال الإلكترونية سواءً وفقاً للقواعد القانونية المقررة حالياً وبيان مدى انطباقها وشمولها لهذه الأعمال، وذلك للوصول إلى حلّ عادل ودائم لمسائل القانون الواجب التطبيق على الأعمال الإلكترونية.

إن سلوك الأشخاص عادة يكون بلا ضوابط أو محددات مما يؤدي إلى الفوضى لذا لا بدّ مـن وجـود ضوابط وقواعد وقوانين منظمة ومحددة لهذا السلوك والمهذبة له والمقررة للمعيار الـذي يجـب أن يكون عليه سلوك الفرد بمواجهة الجماعة والذي أصبح أمراً لا بدّ منـه في أي مجتمـع مـن المجتمعـات الإنسـانية المختلفة. وإضافة إلى ذلك لا بدّ من توفر عامـل الارتبـاط والاحـترام والالتـزام والتقيـد بـالقوانين والقواعد والخضوع لها بشكل كامل وذلك من أجل نشر العدالة والأمن التجاري.

وبناءً على ذلك فإن وجود قواعد عامة تحكم سلوك الفرد ومرتبطة بالتزامه وخضـوعه إليهـا والتـي أوجدت ما يسمى بالقانون والذي يعرف بأنه مجموعة من القواعد التي تنظم علاقة الأفراد بعضهم ببعض وعلاقتهم مع الدولة التي يقيمون فيها، والقانون بهذا المعنى يمكن تقسيمه إلى قسمين:-

1. القانون العام.

2. القانون الخاص.

1- القانون العام:

يتضمن قواعـد عامـة تحكـم وتـنظم علاقـة الدولـة بـرعاياها والقـاطنين عـلى أقليمهـا والخاضـعين لسيادتها ويتمثل بالقانون العام الداخلي. وقواعد عامة تحكم وتنظم علاقة الدولة بغيرها من الدول حيـث يتمثل بالقانون العام الدولي.

2- القانون الخاص:

وهذا القانون يتضمن قواعد عامة تحكم وتنظم علاقة الأفراد بعضهم ببعض والتي تـنظم أيضاً علاقاتهم بدولتهم دون أن تكون هذه الدولة صاحبة السلطة والسيادة.

إن الأعمال الإلكترونية من الممكن أن تكون وطنية من كافة الوجوه كما قـد تكون أيضـاً وبـنفس الدرجة أجنبية في بعض الوجوه أي أن يكـون المنشيء لهـذه العلاقـة يرجـع الى واقعـة تمت خـارج دولة اشخاص هذه العلاقة، كما لو تمّ عقد بين أردنيين في دولة أجنبية وتعلق هذا العقد بمال موجود في المملكة العربية السعودية على سبيل المثال أو كان موضوع هذه العلاقة موجوداً خارج الدولة الأم كما لو تمّ عقد بين أردنيين على شراء بيت موجود في كندا على سبيل المثال.

إن الأعمال الإلكترونية على الأغلب من التعاملات التجارية التي تتم بين الأفراد هي علاقات تجاريـة تنشأ وتستمر وتطبق بين أفراد من جنسيات و وطن ومكان للتسليم مختلـف فهـي علـى الأغلـب تتضـمن عنصراً أو أكثر من العناصر الأجنبية التي تـدعونا بشـدة للتصـدي نحـو تحديـد القانـون الواجـب التطبيـق عليها.

لذا إن وجود قواعد تحكم مسألة تنازع القوانين مسألة يفرضها ويقتضيها التعامـل الـدولي خصوصـا وإننا نعيش الآن في عصر الإنترنت وعصر المعلومات وثورة الاتصالات حيث أصبح العالم ليس كقريـة صغيرة بل كسطح مكتب صغير يلتقي كل الأطراف معاً ومن مختلـف أنحـاء العـالم، حيـث يجـب أن يـرتبط كـل الأطراف برباط وثيق ومتين ولكن بشرط أن تتوفر شروط لقيام حالة التنازع بين الأطراف. حيث يتوجب على القاضي الناظر في مسألة التنازع ان يلغي تماما جميع الاعتبارات السياسية ومـن ضـمنها قضية عـدم الاعتراف بالحكومات، لأنه

يحكم في مسألة قانونية تتعلق بها حقوق الأفراد وغايته هي ايصال الحق لصاحبه وتحقيق التوازن والعدالة في مراكز الخصوم حتى ولو كان القانون الواجب الاتباع لحلّ القضية التي ينظر بها تقتضي تطبيق قانون دولة لا تعترف دولته بحكومتها تنفيذا للغاية المرجوة من قاعدة الاسناد والتي تستوجب أن يكون القانون الذي تشير باختصاصه هو القانون السائد بالفعل في الدول الأجنبية، حيث يتوجب على القاضي العادل أن يتحرى الدقة عند تطبيقه للقانون بحيث يتأكد من أن القانون صادر عن هيئة تشريعية وتنفيذية مستقرة على دفة الحكم في الدولة. لذا لقيام حالة التنازع بين القوانين لا بدّ من توفر شروط تتمثل في ضرورة:

- وجود عنصر أجنبي في أحد أركان العلاقة القانونية.
- توفر شروط تتمثل في ضرورة وجود عنصر أجنبي في أحد أركان العلاقة القانونية محل التنازع وهو ما اصطلح على تسميته بالبعد الدولي للعلاقة القانونية.
- وكذلك يجب أن تكون الدول والتشريعات المتنازعة متكافئة من حيث السيادة والسلطة والدرجة التشريعية.

المراجـــــــــع

- القرآن الكريم.

- السنة النبوية المطهرة.

1- القريوتي، محمد قاسم، السلوك التنظيمي، الطبعة الثانية، دار المستقبل، مطبعة بنك البتراء، عمان، 1993م.

2- الحلواني، ابتسام، التغيير ودوره في التطوير الإداري، مجلة الإدارة العامة، العدد 67، معهد الإدارة العامة، الرياض، 1411هـ.

3- السلمي، علي، إدارة الأفراد لرفع الكفاية الإنتاجية، دار المعارف، القاهرة، 1970م.

4- الحرفة، حامد، موسوعة الإدارة الحديثة للحوافز، الطبعة الأولى، الدراسة العربية للموسوعة، بيروت، 1980م.

5- فضل الله، علي، الأجور والحوافز وأثرها على رفع فاعلية الأداء، مجلة ملحوظة الخط غير متوازي الدراسات الأمنية والتدريب، العدد 25، المجلد13، أكاديمية نايف العربية، الرياض، 1419هـ.

6- عساف، عبدالمعطي، مقومات الإبداع الإداري في المنظمات المعاصرة، مجلة الإداري، مسقط، 1995م.

7- هيكل، محمد، أثر الحوافز على فاعلية الإدارة والإنتاج، مجلة الإدارة، العدد4، القاهرة، 1419هـ.

8- الحقباني، تركي، أثر المتغيرات التنظيمية على الإبداع الإداري، جامعة الملك سعود، الرياض، 1418هـ.

9- عبدالحافظ، نبيل، مهارات التفكير الابداعي وعلاقتها بعملية اتخاذ القرار، مجلة الإداري مسقط، 1995م.

10- الشلعوط، فريز محمود أحمد. (1423هـ/ 2002م). نظريات في الإدارة التربوية. الرياض: مكتبة الرشد للنشر والتوزيع. مجبر، مهدي بن إبراهيم بن محمد. (1415هـ/ 1994 م). الأمانة في الأداء الإداري (ط1). جدة: مكتبة الخدمات الحديثة.

11- موسى، صافي إمام. (1405هـ/ 1985م). استراتيجية الإصلاح الإداري وإعادة التنظيم في نطاق الفكر والنظريات (ط1). الرياض: دار العلوم للطباعة والنشر.

12- النمر، سعود بن محمد & خاشقجي، هاني يوسف & محمود، محمد فتحي و حمزاوي، محمد سيد. (1417هـ/1997م). الإدارة العامة: الأسس والوظائف (ط 4)، الرياض.

13- د. خضر مصباح طيطي (2009)، كتاب إدارة المشاريع، دار الحامد للنشر والتوزيع الأردن.

14- د. خضر مصباح طيطي (2009)، كتاب إدارة المعرفة، دار الحامد، الأردن.

مقالات من دوريات:

(1) الاتحاد الدولي للاتصالات، المكتب العربي الإقليمي، إدارة التغيير والموارد البشرية ww.ituarabic.org/11thhrmeeting/doc6.doc

(2) د. علي محمد عبد الوهاب، التغيير مناهجه- مقوماته- خطواته- مقاومته المؤتمر السنوي الأول استراتيجيات التغيير وتطوير

المنظمات، ذكر في د. سعيد يس عامر، الإدارة في ظلال التغيير، دار الإرادة للطباعة، 1996، ص 205.

(3) يحي برويقات عبد الكريم، تطبيق إدارة الجودة الشاملة في المؤسسة الصناعية دراسة حالة المؤسسة الوطنية للصناعات الالكترونية، مذكرة تخرج لنيل شهادة الماجستير، تخصص اقتصاد الإنتاج، جامعة تلمسان، السنة الجامعية 2002-2003، ص 38.

(4) فيليب أتكنسون، التغير الثقافي: الأساس الصحيح لإدارة الجودة الشاملة، بميك 1996، ص 95-98.

(5) يحي برويقات عبد الكريم، مرجع سبق ذكره، ص 126.

(6) د. علي محمد عبد الوهاب، التغيير مناهجه- مقوماته- خطواته- مقاومته المؤتمر السنوي الأول استراتيجيات التغيير وتطوير المنظمات، ذكر في د.سعيد يس عامر، مرجع سبق ذكره 214.

(7) العديلي، ناصر. (1422 هـ). "الجودة الشاملة". مجلة التدريب والتقنية، ع (26).

مراجع من شبكة الانترنت:

http://209.61.210.137/uofislam/behoth/behoth_quran/16/a1.htm

http://www.islameiat.com/doc/article.php?sid=276&mode=&order=0

http://www.scc-online.net/thaqafa/th_1.htm

http://www.cipe-egypt.org/articles/art0900.htm

http://www.hetta.com/current/mahyoob23.htm

http://www.saadbazzaz.com/index.asp?fname=articles%5C7540.htm&code=display

http://www.azzaman.com/azzaman/articles/2004/03/03-29/802.htm

http://news.naseej.com.sa/detail.asp?InSectionID=1431&InNewsItemID=123076

world.com/learn/topicbody.asp?topicid=15&sectionid=41http://www.alwatan.com.sa/daily/2002-10-19/resders.htm

http://www.mof.gov.kw/coag-news11-5.htm

http://www.ituarabic.org/11thHRMeeting/doc6.doc

http://www.mmsec.com/re-eng2.htm

http://www.itu.org.eg/Doc05/unit%203c.dochttp://www.mof.gov.kw/coag-news11.htm

مراجع أجنبية:

Irma Bacerra Fernandez , Avelino Gonzalez , Rajiv Sabherwal (2004) " knowledge Management ; Challenges , solutions and Technologies , Prentice Hall, UK

Margaret H. Dunham (2002) , Data Mining ; Introductory and Advanced Topics, ", Prentice hall, UK.

Rang Ning Tan, Michael Steinbach, Vipin Kumar, (2004) , Introduction to Data Mining , Prentice hall, UK

Allee, V (1996), "Adaptive organizations", *Executive Excellence*, Vol. 13 No.3, pp.20.

Allee, V (1997a), "Knowledge and self-organization", *Executive Excellence*, Vol. 14 No.1, pp.7.

Allee, V (1997b), "12 principles of knowledge management", *Training & Development*, Vol. 51 No.11, pp.71-4.

Allerton, H.E (1998), "News you can use", *Training & Development*, Vol. 52 No.2, pp.9-10.

Alter, A.E (1997), "Know-how pays off", *Computerworld*, Vol. 31 No.2, pp.72.

Anthes, G.H (1998), "Learning how to share", *Computerworld*, Vol. 32 No.8, pp.75-7.

Ash, J (1998), "Managing knowledge gives power", *Communication World*, Vol. 15 No.3, pp.23-6.

(1997), "CSFI knowledge bank", *The Banker*, Vol. 147 No.862, pp.15.

Bassi, L.J (1997), "Harnessing the power of intellectual capital", *Training & Development*, Vol. 51 No.12, pp.25-30.

Black, D.H, Synan, C.D (1997), "The learning organisation: the sixth discipline", *Management Accounting*, London, Vol. 75 No.10, pp.70-72.

Blake, P (1998), "The knowledge management expansion", *Information Today*, Vol. 15 No.1, pp.12-13.

Blake, P (2000), "The future of knowledge management", *Information Today*, Vol. 17 No.3, pp.11-15.

Carrillo, J (2000), *Managing Knowledge-based Value Systems*, http://www.cestec1.mty.itesm.mx/☐laava/sdsit...ag_base/legados/sc-112_oct98/mono_x2.htm,.

Chase, R.L (2000), *Knowledge Navigators*, http://www.sla.org/pubs/serial/io/1998/sep98/chase.html,.

Cole-Gomolski, B (1997a), "Chase uses new apps to ID best customers", *Computerworld*, Vol. 31 No.35, pp.49-50.

Cole-Gomolski, B (1997b), "Users loath to share their know-how", *Computerworld*, Vol. 31 No.46, pp.6.

Cole-Gomolski, B (1998), "Vendors cram knowledge-ware market", *Computerworld*, Vol. 31 No.5, pp.55-6.

Coleman, D (1998), "Learning to manage knowledge", *Computer Reseller News*, Vol. 775 pp.103-04.

Davenport, T.H, De Long, D.W, Beers, M.C (1998), "Successful knowledge management projects", *Sloan Management Review*, Vol. 39 No.2, pp.43-57.

DiMattia, S, Oder, N (1997), "Knowledge management: hope, hype, or harbinger?", *Library Journal*, Vol. 122 No.15, pp.33-5.

Duffy, J (2000), "Knowledge management: to be or not to be?", *Information Management Journal*, Vol. 34 No.1, pp.64-7.

Emery, P (1997), "Knowledge management", *Inform*, Vol. 11 No.10, pp.2.

Finerty, P (1997), "Improving customer care through knowledge management", *Cost & Management*, Vol. 71 No.9, pp.33.

lamholtz, E.G (1985), *Human Resource Accounting – Advances in Concepts, Methods, and Applications*, 2nd ed, Jossey-Bass Publishers, San Francisco, CA,.

Fleicher, C (1998), *Competitive Intelligence*, Graduate School of Management, Macquarie University, Australia,.

Forbes (1997), "Knowledge management: the era of shared ideas", *Forbes*, Vol. 160 No.6, pp.28.

Frappaolo, C (1997), "Finding what's in it", *Document World*, Vol. 2 No.5, pp.23-30.

Galagan, P.A (1997), "Smart companies", *Training & Development*, Vol. 51 No.12, pp.20-24.

Goodman, R.E, Chinowsky, P.S. (1997), "Preparing construction professionals for executive decision making", *Journal of Management in Engineering*, Vol. 13 No.6, pp.55-61.

opal, C, Gagnon, J (1995), "Knowledge, information, learning and the IS manager", *Computerworld*, Vol. 29 No.25, pp.SS1-7.

Grant, R.M (1991), "The resource-based theory of competitive advantage: implications for strategy formulation", *California Management Review*, Vol. 30 No. 3, pp.111-35.

Gröjer, J.E, Johanson, U. (1998), "Workshop Summary", *Human Resource Costing and Accounting Time for Reporting Regulation*, Work Life 2000, National Institute for Working Life, Stockholm, No.7,.

Grönhaug, K, Nordhaug, O (1992), "Strategy and competence in firms", *European Management Journal*, Vol. 10 No.4, pp.438-44.

Guth, R (1996), "Where IS cannot tread", *Computerworld*, Vol. 30 No.4, pp.72.

Guthrie, J (2000), "Intellectual capital review: measurement, reporting and management", *Journal of Intellectual Capital*, Vol. 1 No.1,.

Haanes, K, Løwendahl, B (1997), "The unit of activity: towards an alternative to the theories of the firm", in Thomas, H (Eds),*Strategy, Structure and Style*, John Wiley & Sons Ltd,.

Hibbard, J (1997), "Knowing what we know", *Information Week*, Vol. 653 pp.46-64.

Hibbard, J, Carrillo, K.M (1998), "Knowledge revolution", *Information Week*, Vol. 663 pp.49-54.

Infield, N (1997)), "Capitalising on knowledge", *Information World Review*, Vol. 130 pp.22.

(1997), "Knowledge equals power", *InfoWorld*, InfoWorld, Vol. 19 No.46,, pp.116-19.

Itami, H (1987), *Mobilising Invisible Assets*, Harvard University Press, Cambridge, MA,.

Johanson, U, Eklöv, G, Holmgren, M, Mårtensson, M (1998), *Human Resource Costing and Accounting versus the Balanced Scorecard*, Report to OECD, Working paper,.

Kao, J.J (1997), "The art and discipline of business creativity", *Planning Review*, Vol. 25 No.4, pp.6-11.

Keeler, J (2000), "Track 5: social, behavioural, cultural and ethical factors, part 2", American Society for Information Science,.

Keen, P.G.W (1997), "Let's focus on action not info", *Computerworld*, Vol. 31 No.46, pp.100.

Kirchner, S.R (1997), "'Focus on: database integration and management for call centers", *Telemarketing*, Vol. 16 No.2, pp.22-4.

Klaila, D (2000), "Knowledge management", *Executive Excellence*, Vol. 17 No.3, pp.13-14.

Koudsi, S (2000), "Actually, it is like brain surgery", *Fortune*, Vol. 141 No.6, pp.233-4.

LaPlante, A (1997), "Sharing the wisdom", *Computerworld*, Vol. 31 No.22, pp.73.

Laberis, B (1998), "One big pile of knowledge", *Computerworld*, Vol. 32 No.5, pp.97.

Løwendahl, B (1997), *Strategic Management of Professional Service Firms*, Handelshojskolens Forlag, Copenhagen,.

McKern, B (1996), "Building management performance for the 21st century", *Practising Manager*, Vol. 17 No.1, pp.13-18.

Maglitta, J (1995), "Smarten up!", *Computerworld*, Vol. 29 No.23, pp.84.

Mayo, A. (1998), "Memory bankers", *People Management*, Vol. 4 No.2, pp.34-8.

Napahiet, J, Ghoshal, S (1998), "Social capital, intellectual capital, and the organisational advantage", *Academy of Management Review*, Vol. 23 No.2, pp.244-66.

Nerney, C (1997), "Getting to know knowledge management", *Network World*, Vol. 14 No.39, pp.101.

Nonaka, I., Takeuchi, H (1995), *The Knowledge-Creating Company*, Oxford University Press, Oxford,.

Ostro, N (1997), "The corporate brain", *Chief Executive*, Vol. 123 pp.58-62.

Papows, J (1998), "The rapid evolution of collaborative tools: a paradigm shift", *Telecommunications*, Vol. 32 No.1, pp.31-2.

(1998), "The people factor", *People Management*, Vol. 4 No.2, pp.38.

Petrash, G (1996), "Dow's journey to a knowledge value management culture", *European Management Journal*, Vol. 14 No.4, pp.365-73.

Polyani, M (1966), *The Tacit Dimension*, Routledge & Kegan Paul, London,.

Power, M (1997), *The Audit Society – Rituals of Verification*, Oxford University Press, New York, NY,.

Roberts, H (1998), "The bottom-line of competence-based management: management accounting, control and performance measurement", EAA Conference, Antwerp,.

Roos, J, Roos, G, Edvinsson, L, Dragonetti, N.C (1997), *Intellectual Capital – Navigating in the New Business Landscape,*.

Roos, R, Roos, J (1997), "Measuring your company's intellectual performance", *Longe Range Planning*, Vol. 30 No.3, pp.413-26.

Rutihinda, C (1996), *Resource-based Internationalization*, Akademitryck AB, Stockholm,.

Schaefer, M (1998), "Eight things communicators should know and do about knowledge management", *Communication World*, Vol. 15 No.2, pp.26.

(1995), "Supplement to 1995 Skandia Annual Report", *Value Creating Processes*,.

Stewart, T.A (1997), *Intellectual Capital – The New Wealth of Organizations*, Nicholas Brealey Publishing,.

Sveiby, K.E (1997), *The New Organizational Wealth. Managing & Measuring Knowledge-Based Assets*, Berrett-Koehler Publishers, Inc.,.

Symoens, J (1998), "Site server is a fine set of tools for Web site building", *InfoWorld*, Vol. 20 No.4, pp.128.

Warren, L (1999), "Knowledge management: just another office in the executive suite?", *Accountancy Ireland*,.

Watson, S (1998), "Getting to 'aha'!", *Computerworld*, Vol. 32 No.4, pp.S1-2.

Yeh, J.-H, Chang, J.-Y, Qyang, Y.-J (2000), "Content and knowledge management in digital library and museum", *Journal of the American Society for Information Science*, Vol. 51 No.4, pp.371-9.